청소년 문제와 보호 2판

이자영 · 정경은 · 하정희 공저

Youth Problem and Protection

학지사

2판 머리말

저자들이 이 책을 처음 쓰자고 모였던 날도 그리고 머리말을 쓰는 오늘도 뉴스에서는 청소년 문제가 보도되고 있다. 방황하는 청소년들을 생각하면서 그리고 그들을 위해 노력하고 있는 분들을 위해 이 책은 기획되었다. 어느새 첫 번째로 출간했던 것을 개정하며 두 번째 출간을 하게 되었다. 그러나 기쁜 마음보다는 안타까운 마음이 더 앞선다. 그만큼 우리 사회에서 청소년들의 문제가 여전히 심각하다는 것이 아닐까. 저자들은 이러한 상황에 책임감을 가지고 더욱더 정성을 기울여 이 책을 개정하고자 하였다.

이 책의 구성은 1판과 동일하게 되어 있다. 즉, 이 책은 크게 세 부분으로 나뉘어 있으며, 모두 12개의 장으로 구성하였다. 제1장과 제2장으로 구성된 제1부에서는 청소년 문제를 본격적으로 다루기 전에 청소년에 대한 기본 이해와 청소년 문제를 이해하는 데 바탕이 되는 다양한 이론을 제시하였다. 제3장부터 제11장까지로 구성된 제2부에서는 최근 청소년들이 경험하는 다양한 문제, 즉 비행, 학교폭력, 학업중단, 가출, 성문제, 인터넷 중독, 자살, 다문화 청소년, 청소년 노동 문제를 제시하였다. 특히 제3장부터 제7장까지 제시한 문제들은 비행, 학교폭력 등 전통적으로 청소년들이 경험하는 문제들로서 주로 외현적으로 나타나는 문제들이 주를 이루고 있다. 반면, 제8장에서 제11장까지는 자살이나 청소년 노동과 같이 최근 청소년들에게 심각한 사안으로 대두되고 있는 문제들이 주를 이루고 있다. 그리고 마지막 제3부인 제12장에서는 이러한 청소년들을 위해 제정된「청소년 보호법」을 제시하였다. 청소년 문제를 다룬 제3장에서 제11장까지는 해당 청소년 문제의 정의, 원인, 특징, 검사, 대처방안 등을 상세히 다룸으로써 청소년 문제를 이해하고, 이에 대처할 수 있도록 하였다. 그리고 장마다 연습문제를 두어 해당 장에서 배운 주요 내용을 정리하고 그 문제에 대해 생각해 볼 수 있도록 하였다.

구성은 개정 전과 동일하지만, 개정판에서는 변화된 청소년 문제와 제도들로 내용을 업그레이드하였다. 비행, 자살, 인터넷 중독, 학교폭력 등 다양한 청소년 문제의 현황을 파악하고 최근 동향을 추가하였다. 예를 들어, 학교폭력은 학교 내 설치된 학교폭력대책자치위원회에서 학교폭력 사건을 담당하고 조사와 심의 등을 진행하였지만, 2020년부터는 교육청에 있는 학교폭력대책심의위원회에서 진행하는 것으로 변경되었다. 이 책에서는 교육청에서 운영하고 있는 학교폭력대책심의위원회의 역할을 소개하고, 어떤 과정을 통해 학교폭력이 심의되고 있는지 등을 소개하였다. 이처럼 최근 청소년들의 문제 흐름을 파악하고, 변화된 특성 및 제도를 보완하였다. 청소년지도사나 청소년상담사로서의 꿈을 키워 가는 학생뿐 아니라 청소년에게 관심 있는 모든 사람이 이 책을 통해 청소년과 청소년들이 직면하고 있는 다양한 문제를 올바르게 이해하고, 그들에게 따뜻한 마음과 전문성을 바탕으로 다가갈 수 있기를 기대한다.

저자 일동

1판 머리말

청소년 문제가 심각하다. 어제오늘의 일은 아니지만 청소년 문제는 점점 더 심각해지고 있다. 학교폭력이 살인으로 이어지기도 하고, 학업 문제 등으로 자살을 하는 청소년 또한 상당하다. 그러나 이러한 문제가 단지 청소년에게서만 나타나는 것은 아니다. 현재 우리 사회에서는 성인들 또한 많은 사회 문제를 일으키고 있다. 지나가는 아무 관련 없는 사람을 살해하기도 하고, 자기 자식을 살해하는 등 있어서는 안 되는 일들이 너무 많이 일어나고 있다. 그러나 청소년은 우리 사회의 미래이고, 성인에 비해 변화의 가능성이 많기에 우리는 이런 청소년에게 더 많은 관심과 노력을 기울여야 한다. 이 책은 그러한 관심과 노력의 시작이라 생각한다.

청소년은 다가가는 만큼 성장하고, 노력하는 만큼 변화한다. 그러나 단순히 다가가고 노력한다고 해서 청소년이 성장하고 변화하는 것은 아니다. 거기에는 전문성이 바탕이 되어야 한다. 저자들은 이 책을 읽는 여러분에게 그 전문성을 주고 싶다. 시중에 청소년에 대한 다양한 책이 있지만, 청소년 문제에 대해 쉽고 체계적으로 정립한 책은 부족하다. 이 책을 통해 여러분이 그동안 가지고 있었던 그런 아쉬움을 충족시킬 수 있을 것이다.

이 책은 크게 세 부분으로 나뉘어 있으며, 모두 12개의 장으로 구성하였다. 제1장과 제2장으로 구성된 1부에서는 청소년 문제를 본격적으로 다루기 전에 청소년에 대한 기본 이해와 청소년 문제를 이해하는 데 바탕이 되는 다양한 이론을 제시하였다. 제3장부터 제11장까지로 구성된 2부에서는 최근 청소년들이 경험하는 다양한 문제, 즉 비행, 학교폭력, 학업중단, 가출, 성문제, 인터넷 중독, 자살, 다문화 청소년 그리고 청소년 노동 문제를 제시하였다. 특히 제3장부터 제7장까지 제시한 문제들은 비행, 학교폭력 등 전통적으로 청소년들이 경험하는 문제들로서 주로 외현적으로 나타나는 문제들이 주를 이루고 있다. 반면, 제8장에서 제11장까지는 자살이나 청소년 노동과 같이 최근 청소년들에게 심각한 문제가 되고 있는 문제들이 주를 이루고 있다. 그리고 마지막 3부인 제12장에서는 이러한 청소년들을 위해 제정된 「청소년 보호법」을 제시하였다. 청소년 문제를 다룬 제3장에서 제11장까지는 해당 청소년 문제의 정의, 원인, 특징, 검사 그리고 대처방안 등을 상세히 다룸으로써 청소년 문제를 이해하고, 이에 대처할 수 있도록 하였다. 그리고 각 장마다 연습문제를 두어 해당 장에서 배운 주요 내용을 정리하고 그 문제에 대해 생각해 볼 수 있도록 하였다.

이 책을 통해 청소년지도사나 청소년상담사로서의 꿈을 키워 가는 학생뿐 아니라 청소년에게 관심 있는 모든 사람이 청소년과 그들이 직면하고 있는 다양한 문제를 올바르게 이해하고, 청소년들에게 따뜻한 마음과 전문성을 바탕으로 다가갈 수 있기를 기대한다.

저자 일동

차례

제2부 청소년 문제행동의 유형

제1부

청소년 및 청소년 문제행동에 대한 이해

청소년과 위기청소년

청소년 시기를 흔히 질풍노도의 시기라고 한다. '강한 바람'과 '성난 파도'라는 질풍노도의 의미처럼 이 시기의 청소년은 성인도 아동도 아닌 주변인으로서 감정과 행동 등에서 과격하고 거칠며 심리적인 동요가 심한 특징을 보인다. 이러한 행동이 심해지면서 청소년들은 방황을 하기도 하고, 비행을 저지르기도 한다. 그러나 최근 청소년의 문제를 살펴보면, 한때의 방황으로 보기에는 그 문제가 매우 심각하다. 학교폭력 사건을 접하면 성인의 폭력 세상과 다를 바 없고, 그들이 저지르는 범죄의 수준도 성인들의 범죄와 큰 차이가 없다. 무엇이 이들을 이렇게 만들었는가? OECD 발표에 따르면, 우리나라 청소년의 행복 지수는 OECD 회원국 중 최하위이고, 자살 지수는 OECD 회원국 중 가장 높다. OECD 통계가 아니더라도 우리나라 청소년이 얼마나 많은 스트레스와 고통을 경험하고 있는지 모두가 공감할 것이다. 비행, 가출, 학업중단, 심지어는 자살을 할 정도로 청소년의 심리적 고통은 상당하며, 그 문제 또한 매우 심각하다. 이 책에서는 이러한 청소년과 그들의 문제행동에 대한 이해를 높이고자 한다. 청소년의 기본적인 특성을 이해하고, 청소년이 보이는 주요 문제들, 즉 학교폭력, 비행, 가출, 학업중단, 자살에 대해 심도 있게 고찰한 후 마지막으로는「청소년 보호법」에서 이를 어떻게 보호하고 있는지를 살펴볼 것이다.

이를 위해 이 장에서는 청소년에 대한 올바른 정의를 알아보고, 청소년의 다양한 문제에 영향을 주는 청소년의 신체적 · 심리적 · 생리적 변화에 대해 살펴보고자 한다. 또한 우리가 주로 관심을 가지고 있는 학교폭력, 비행 등의 문제행동을 일으켜서 보호를 받아야 하는 청소년을 '위기청소년'이라 정의하고, 이들을 위한 사회적 개입 체제에 대해 알아볼 것이다. 이렇게 청소년과 위기청소년의 주요 특징을 개관함으로써 문제행동을 하는 청소년에 대한 기본 이해의 폭을 확대하고, 우리의 미래를 짊어질 청소년에 대한 관심을 증가시키고자 한다.

1. 청소년에 대한 이해

청소년(靑少年)이란 청년과 소년을 이르는 말이라고 정의하고 있다(네이버 국어사전, 2021). 그러나 나라마다 청소년을 정의하는 기준 연령이 다르다. 주요 국가들을 살펴보면, 콩고는 청소년을 6세부터 규정하고 있으며, 네팔과 아르헨티나는 40세, 레소토는 45세까지 청소년이라고 정의를 내리고 있다. 미국의 경우는 대체적으로 18세까지로 보지만, 주에 따라 차이가 있다. 우리나라도 어느 법을 기준으로 하느냐에 따라 청소년의 기준 연령이 다르다. 청소년을 대상으로 하는 가장 대표적인 법인「청소년 기본법」에서는 청소년을 9세 이상 24세 이하인 사람으로 폭넓게 정의하고 있다. 이는「청소년 기본법」이 청소년에 대한 국가 정책의 기본 방향을 제시해야 하기 때문에 청소년에 대

표 1-1 청소년 관련법의 특징 및 연령 기준

법령	특징	대상 및 기준
「청소년 기본법」	청소년의 권리 및 책임과 가정, 사회, 국가, 지방자치단체의 청소년에 대한 책임을 정하고 청소년 정책에 관한 기본적인 사항을 규정하기 위한 법	청소년: 9세 이상 24세 이하
「청소년 보호법」	청소년에게 유해한 매체물과 약물 등이 청소년에게 유통되는 것과 청소년이 유해한 업소에 출입하는 것 등을 규제하고 청소년을 유해한 환경으로부터 보호, 구제함으로써 청소년이 건전한 인격체로 성장할 수 있도록 돕기 위한 법	청소년: 만 19세 미만인 사람. 단, 만 19세가 되는 해의 1월 1일인 사람 제외
「아동복지법」	아동이 건강하게 출생하여 행복하고 안전하게 자라나도록 그 복지를 보장하기 위한 법	아동: 만 18세 미만
「소년법」	반사회성이 있는 소년에 대한 보호처분 등을 규정하는 법	소년: 만 19세 미만
「민법」	개인의 권리와 관련된 모든 법	미성년자: 만 19세 미만
「형법」	범죄 요건과 그 법적 효과인 형사제재를 규정한 법	미성년자: 만 14세 미만
「근로기준법」	근로자의 기준을 정함으로써 근로자의 기본적 생활을 보장하고 이를 향상시키며 균형 있게 국민경제의 발전을 도모하기 위해 제정한 법	연소자: 만 18세 미만
「게임산업진흥에 관한 법」	게임산업의 기반을 조성하고 게임물의 이용에 관한 사항을 정하여 게임산업의 진흥 및 국민의 건전한 게임문화를 확립함으로써 국민경제의 발전과 국민의 문화적 삶의 질 향상에 이바지하기 위한 법	연소자: 만 18세 미만 또는 고등학교 재학 중인 학생
「공연법」	예술의 자유를 보장함과 아울러 건전한 공연활동의 진흥을 위하여 공연에 관한 사항을 규정한 법	연소자: 만 18세 미만 또는 고등학교 재학 중인 학생

한 정책 지원의 대상을 확대하여 청소년을 건전한 사회구성원으로서 육성해야 하기 때문이다. 이와는 달리, 「청소년 기본법」은 청소년의 안전과 규제를 목적으로 하고 있기 때문에 규제를 반드시 해야 하는 연령, 즉 만 19세 미만으로 정의를 하고 있다. 또한 「아동복지법」은 국제적인 기준을 따라 만 18세 미만을 아동으로 정의하고 있으며, 「소년법」에서는 소년을 만 19세 미만으로 정의하였다. 따라서 「소년법」상 만 10세에서 만 19세 미만의 청소년은 보호처분을 받도록 되어 있다. 그 외에 「근로기준법」상으로는 연소자의 연령을 만 18세 미만으로 정의하였으며, 그 결과 만 18세 미만의 연소자를 채용하는 사업장은 연령을 증명하는 가족관계기록사항에 대한 증명서와 친권자 또는 후견인의 동의서를 비치해 두어야 한다. 이에 대한 자세한 내용은 〈표 1-1〉에 자세히 기술하였다. 이처럼 청소년을 정의하는 연령은 법에 따라 차이가 있으므로 그 특성에 맞게 이해할 필요가 있다.

2. 청소년기의 특성

청소년 시기가 되면 신체적 · 생리적 변화가 급격하게 나타난다. 남자 청소년은 안드로겐(androgen)이, 여자 청소년에게는 에스트로겐(estrogen)이라고 하는 호르몬이 왕성하게 분비되면서 음모가 발달하고 월경을 시작하는 등 생리적인 변화를 경험한다. 또한 키가 급격하게 성장하고, 몸무게가 증가하게 되는데, 이러한 변화는 신체적 · 생리적 변화뿐 아니라 청소년의 심리에도 영향을 미친다.

1) 신체적 변화

청소년 시기가 되면 키와 몸무게가 급격하게 성장한다. [그림 1-1]에서 1997년, 2005년, 2007년, 2015년에 우리나라 청소년들의 연령에 따른 키를 조사한 결과를 보면, 시간이 지날수록 키가 커지기는 했지만, 전체적인 경향은 연도에 따라 차이가 없는 것으로 나타났다. 청소년 시기에서 나타나는 가장 큰 신체적 특징은 여자 청소년의 키가 남자 청소년의 키에 비해 성장이 일찍 시작된다는 것이다. 일반적으로 여자 청소년은 11세경, 남자 청소년은 13세경 시작되며, 이후 약 4년 동안 급격한 성장이 지속된다. 몸무게도 여자 청소년은 11세경, 남자 청소년은 13세경 급격히 늘어나기 시작한다. 7세까지는 남자 청소년이 여자 청소년에 비해 더 몸무게가 많이 나가는 경향이 있으나, 9세에서 14세까지는 여자 청소년이 남자 청소년에 비해 더 많이 나가

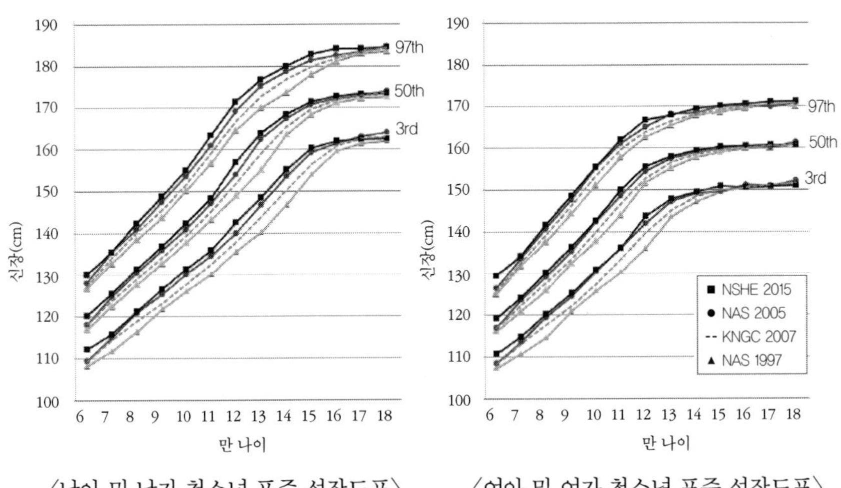

〈남아 및 남자 청소년 표준 성장도표〉 〈여아 및 여자 청소년 표준 성장도표〉

- NSHE(National school health examination) 학교건강검사
- NAS (National Anthropocentric Survey) 국민인체측정조사
- KNGC (Korea National Growth Charts) 소아청소년 성장도표

[그림 1-1] 소아 및 청소년 표준 성장도표

출처: Kim et al. (2018).

고, 그 이후에는 다시 남자 청소년이 여자 청소년에 비해 많이 나가는 경향이 있다. 남자 청소년의 몸무게는 주로 근육의 영향을 많이 받고, 여자 청소년은 피하지방의 영향을 많이 받는다.

2) 호르몬의 변화

청소년 시기가 되면 성호르몬이 분비되면서 남자 또는 여자로서 신체적 특징이 뚜렷하게 나타나는 2차 성징이 발생한다. 남자는 안드로겐을 분비하고, 여자는 에스트로겐(에스트라디올)이라는 호르몬을 분비한다. 남자 청소년은 안드로겐이 분비하면서 고환·음경이 발달하고, 정자 생산을 가능하게 한다. 그리고 발달한 고환은 남성 호르몬인 테스토스테론을 생산하여 성적인 발달을 촉진시킨다.

반면, 여자 청소년은 에스트로겐이 분비하는데, 에스트로겐은 음모 및 음경의 발달, 유방의 발달을 도우며, 자궁과 질의 발달을 자극함으로써 초경을 하게 하고, 가슴과 겨드랑이 털이 완숙해지는 등 성적 발달을 촉진한다.

3) 성적 변화

이 시기에는 호르몬의 변화로 성적인 성숙과 성의식이 변화하는 2차 성징이 나타나는데, 남성에게서 제일 먼저 나타나는 변화는 고환이 커지는 것이다. 고환이 보통 11세경에 발달하기 시작하며, 그 다음으로는 음모가 출현하고, 겨드랑이 털이 자라게 된다. 그러다 13세경이 되면 사정이 가능하게 되며, 그 후 얼굴에도 털이 나기 시작한다.

반면, 여자 청소년은 10세경 젖멍울이 처음 생기기 시작하며, 13~14세경에 음모와 겨드랑이 털이 발달한다. 그리고 그 후 키가 급등하면서 초경을 경험한다. 이를 그림으로 나타내면 [그림 1-2], [그림 1-3]과 같다.

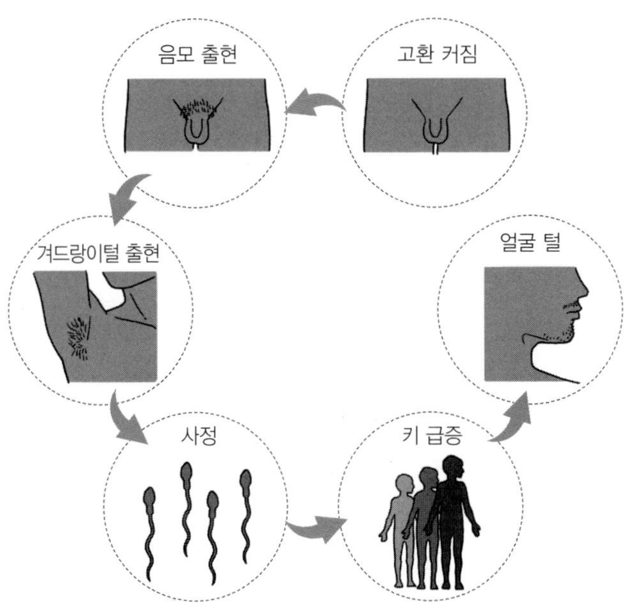

[그림 1-2] 사춘기 동안 진행되는 남자 청소년의 성적인 발달 순서

출처: 보건복지가족부, 대한의학회(2020).

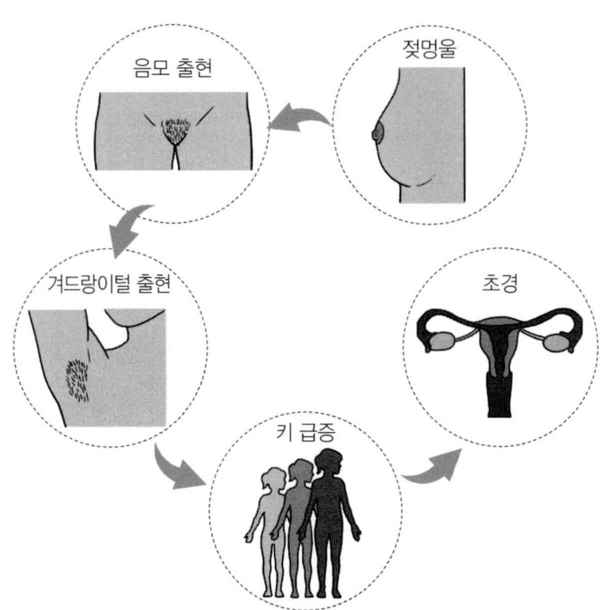

[그림 1-3] 사춘기 동안 진행되는 여자 청소년의 성적인 발달 순서

출처: 보건복지가족부, 대한의학회(2020).

4) 뇌의 변화

호르몬이 변화하면서 뇌도 함께 변화한다. 이 때 특히 관심을 가져야 할 부분은 뇌의 편도체를 포함하는 변연계(Limbic system)와 전전두엽(Prefrontal cortex)이다. 변연계는 감정에 영향을 주며, 전전두엽은 이성사회성에 중요한 영향을 미친다. 그런데 청소년기가 되면 변연계는 빠른 속도로 발달을 하는 반면, 전전두엽 부분은 상대적으로 완만하게 발달한다. 즉, 청소년은 덜 발달한 전전두엽이 이성적으로 판단을 하기 전에 이미 발달한 변연계의 영향으로 감정적으로 반응하고 행동을 하는 것이다. 청소년 시기에 미리 결과를 예측하고 계획을 세우기보다는 충동적이고 위험한 행동이 증가하는 것은 바로 이 때문이라고 할 수 있다.

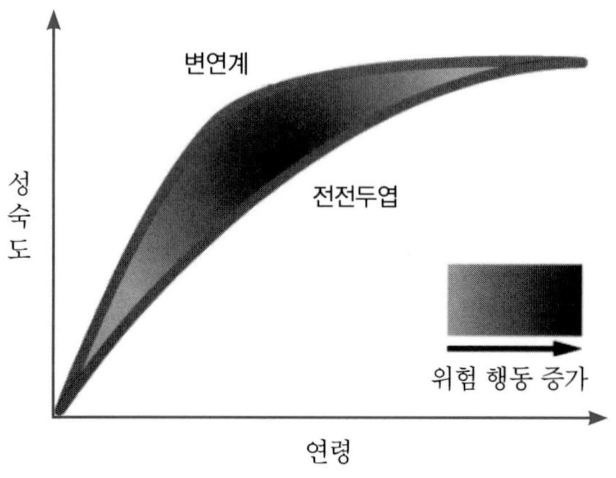

[그림 1-4] 청소년기 뇌의 발달

출처: Somerville et al.(2010).

5) 신체 변화에 따른 심리적 영향

청소년은 그 어느 시기보다 자신의 외모에 신경을 많이 쓰고 과도하게 예민해 지는 시기다. 따라서 이러한 시기에 급격한 신체적 변화는 단순히 신체적 변화만 야기하는 것이 아니라 청소년의 심리적 측면에도 많은 영향을 준다. 긍정적인 신체 변화는 청소년의 자신감을 높이고, 또래 관계에도 긍정적인 영향을 준다. 그러나 부정적인 신체 변화는 낮은 자신감, 왜곡된 자아상 등을 형성하기 때문에 또래, 학교생활 등 생활 전반에 부정적인 영향을 준다. 특히 작은 키, 비만, 지나치게 많은 여드름 등은 외적인 영향만 주는 것이 아니라 심리적으로도 위축시키고, 왜곡된 신체상 및 자아상을 갖게 하며, 이러한 경향은 남학생보다는 여학생에게서 두드러지게 나타난다.

(1) 조숙

조숙이란 또래에 비해 성장이 빠른 것을 의미한다. 일반적으로 남자 청소년은 조숙을 긍정적으로 지각한다. 즉, 남자 청소년이 조숙하다는 것은 또래 청소년들에 비해 힘이 세고 건장한 체격을 갖게 되며, 운동 능력 또한 발달한다는 것을 말한다. 따라서 그들에게 조숙은 '또래에 비해 우월하다'는 것이다. 그러나 여자 청소년은 조숙을 우월한 개념이 아니라 '또래와 다르다'는 의미로 지각한다. 따라서 조숙한 여자 청소년은 자신을 또래와 다른 사람으로 지각하기 때문에 자신감이 부족하고 위축되는 등 많은 스트레스를 경험한다.

(2) 만숙

만숙이란 또래에 비해 성장이 늦은 것을 의미한다. 일반적으로 만숙한 남자 청소년은 성인기를 준비할 시간이 많기 때문에 사고가 유연적이고, 새롭고 모호한 상황을 잘 견디며 사람을 잘 다루는 특성을 지니고 있다. 그러나 신체적 발달이 느리기 때문에 또래로부터 약한 남자 또는 어린 남자로 지각되기도 한다. 반면, 여자 청소년의 만숙은 자기표현이 적극적이고, 사교적이며, 리더십이 있어 자신 또는 또래에게 긍정적인 영향을 미친다.

6) 인지발달

태어나서 청소년기까지 지적 능력이 급격하게 발달한다. 여러 학자가 인지발달에 대해 설명을 하였으나 가장 대표적인 사람은 피아제(Piaget)라 할 수 있다. 피아제는 인간의 인지는 유기체와 환경의 상호작용에 의해 발달하며, 인지는 4단계, 즉 감각운동기, 전조작기, 구체적 조작기 그리고 형식적 조작기를 거쳐 발달한다고 하였다. 그중 청소년에게 해당하는 것은 마지막 단계인 형식적 조작기이다. 형식적 조작기는 12세 이후를 말하는 것으로 이 시기에 나타나는 대표적인 인지 특성으로 청소년은 추상적 사고, 가능성에 대한 사고, 가설 연역적 사고를 할 수 있게 된다.

(1) 추상적 사고

이 시기의 청소년은 이전과는 달리 눈에 보이지 않는 추상적인 개념을 이해할 수 있게 된다. 예를 들어, '나는 누구인가' '사람은 왜 살아가야 하는가'와 같이 눈에 보이지 않는 것을 상상하고 생각해 볼 수 있는 추상적 사고 능력을 갖추게 되며, 그 결과 대인관계, 예술, 정치, 사랑 등 다양한 영역으로 사고의 폭이 확장된다.

(2) 가능성에 대한 사고

이 시기의 청소년은 이전과는 달리 직접 경험하지 않은 가능성에 대해 사고를 할 수 있게 된다. 예를 들어, '사람이 하늘을 날 수 있다면 어떤 일이 일어날 것인가' '내가 유명 연예인이 되면 어떤 일이 일어날까'처럼 실제 일어나지 않았지만, 일어날 가능성이 있거나 자신이 꿈꾸는 일을 상상할 수 있다. 즉, 청소년의 사고가 가능성과 이상의 세계로 확장된다.

(3) 가설 연역적 사고

이 시기의 청소년은 문제가 발생했을 때 문제를 해결하기 전에 문제의 해결책을 미리 생각하고, 계획에 따라 체계적으로 검증하려고 노력한다. 즉, 발생 가능한 다양한 상황에 대해 가설을 설정하고, 이를 검증하는 연역적 사고를 하게 된다.

7) 사회인지발달

청소년 시기에 자신이나 다른 사람의 사고, 감정, 동기 등 인간의 내재적 과정에 대해 추론하는 사회인지 능력이 발달한다. 이러한 청소년의 사회인지 능력 중 청소년 시기에 대표적으로 나타나는 특징으로는 Elkind(1976)가 주장한 자아중심성 그리고 자아중심성에 따른 상상의 관중과 개인적 우화를 들 수 있다. 자아중심성(egocentrism)은 자기 자신에게 지나치게 몰입하여 자신과 타인의 관심사를 적절하게 변별하지 못하는 것으로, 상상의 관중이나 개인적 우화라는 두 개의 대표적인 특징을 지니고 있다.

(1) 상상의 관중

상상의 관중(imaginary audience)이란 자신이 사람들 중에서 중심이 되어 그들의 관심의 대상이 되고 있다고 지각하는 것을 의미한다. 청소년들이 사소한 실수에도 다른 사람들을 의식해서 당황해하고 불안해하는 것, 또는 마음에 들지 않는 머리를 했을 때 다른 사람은 관심 없는데도 계속 머리를 만지며 위축되어 걸어가는 것 등은 바로 이러한 이유 때문이다.

(2) 개인적 우화

개인적 우화란 자신과 다른 사람의 생각은 다르다는 자아중심적 사고로 자신은 독특하고 특별한 존재라고 생각하는 것을 의미한다. 흔히 청소년은 이

성을 좋아할 때 그 감정을 다른 사람들이 좋아하는 감정과는 다른 특별한 것으로 지각한다. 그래서 엄마가 이성에 대한 감정을 평범한 감정으로 취급하면 '엄마는 나를 이해 못해.'라고 생각을 하곤 한다. 이러한 생각은 위험한 행동을 야기하기도 한다. 자신은 특별하고 전능하다고 생각하기 때문에 헬멧을 쓰지 않고 오토바이를 타도 위험하지 않을 거라 생각한다. 즉, 자신은 다치는 것에서 예외라는 생각을 하며 이처럼 위험한 행동을 하곤 한다.

3. 위기청소년에 대한 이해

1) 위기청소년의 정의

청소년 중에는 가정, 학교, 사회에서 다양한 문제를 경험하고 있는 청소년이 있다. 이러한 청소년은 바라보는 시각이나 접근 방식 등에 따라 문제 청소년, 비행청소년 등 다양한 용어로 불려 왔다. 최근에는 이러한 청소년을 위기청소년으로 부르고 있다. OECD(1995)는 위기청소년(youth at risk)을 "학교에서 실패하고 직업이나 독립적인 성인의 삶으로 성공적으로 이행하지 못할 것 같은 사람, 그 결과 사회에 긍정적인 기여를 못할 것 같은 청소년"으로 정의 내리고 있다(지승희 외, 2003에서 재인용). 그러나 국내에서는 학교로 제한하지 않고, 이를 청소년 삶 전반에 걸쳐 있는 문제로 보고 있다. 구본용(2005)은 위기청소년을 다양한 위험 환경에 노출되어 행동적 · 심리적 문제를 경험할 가능성이 높고, 적절한 개입 없이는 정상적인 발달을 하기 힘든 청소년으로 정의하였으며, 윤철경 등(2006) 또한 조화로운 성장과 정상적인 생활에 필요한 기초 여건이 부족하여 사회적 · 경제적 지원이 필요한 청소년으로 정의하였다. 쉽게 말하면, 위기 청소년이란 이 책의 제2장에서 언급하고 있는 청소년 문제들, 즉 학교폭력, 학업중단, 가출, 인터넷 중독, 가출, 학업중단, 학대 등을 경험하고 있는 청소년이라 할 수 있다.

2) 위기청소년의 특성

위기청소년이 학교폭력, 학업중단, 가출과 같은 문제행동을 야기하는 개인, 가족 그리고 사회적 특성들이 있다. 개인, 가족 그리고 사회적 특성들은 문제행동을 야기하고 위기청소년이 되는 주요 원인이지만, 청소년의 다양한 문제행동은 어느 하나의 이유만으로 나타나지는 않는 것은 아니다. 예를 들어, 이혼 가정의 청소년들이 위기청소년이 될 가능성은 높지만, 모든 이혼 가정의 청소년들이 위기청소년이 되는 것은 아니다. 즉, 어떠한 요인 하나만으로 위기청소년이 되는 경우는 매우 드물다. 결론적으로 말하면, 한 청소년이 가지고 있는 개인, 가족 그리고 사회적 특성들이 상호작용하여 위기청소년이 되는 것이며, 따라서 위기청소년을 이해하기 위해서는 이러한 요인들을 다각적으로 이해할 필요가 있다.

(1) 개인 특성

위기청소년은 학습능력이 낮고, 자아존중감이 낮으며, 의사소통 능력이 낮아 대인관계 능력이 부족한 경우가 많으며, 스트레스 상황에 효과적으로 대처하는 능력도 작다(Powell & Rosen, 1999). 태생적으로 이러한 특성들을 가지고 있는 경우들도 있지만, 위기청소년은 건강한 청소년으로서 학교 및 사회에서 적응하기 위한 기본 지식, 행동, 기술 등을 적절하게 습득하지 못한 경우도 많다. 태어날 때부터 또는 이후 어린 시절이나 학교에 입학한 후에도 역기능적인 사고, 행동, 기술 등을 하기 때문에 적응을 하지 못하고, 오히려 부모 또는 교사의 훈시, 체벌 등으로 인해 문제행동이 강화된다. 또한 이러한 이유로 위기 청소년은 건강한 청소년에 비해 환경에 의해 자신의 삶이 통제되는 경우가 많기 때문에 자신의 삶에 주체적이지 못하고, 미래에 대해 부정적이며, 그 결과 매 순간 충동적으로 행동하는 특성이 있다(유성경 외, 2000).

(2) 가족 특성

위기청소년의 상당수는 가족 환경이 열악한 경우가 많다. 이혼 가정, 한부모 가정, 재혼 가정, 조손 가정, 폭력 가정 등 결손 가정에서 자라난 청소년이 많으며, 이러한 결손 가정이 아니더라도 가족구성원 간에 정서적 교류가 없거나 갈등이 심한 경우들이 많다(Bogenschneider, Small, & Riley, 1994; Heaven & Virgen, 2001; Lipsey & Derzon, 1999). 이러한 가정 속에서 자란 청소년은 정서적으로 충분한 지지와 사랑을 받지 못하기 때문에 심리적으로 취약하며, 다양한 문제행동을 할 수 있다. 특히 위기청소년이 문제행동을 일으킨 후 가정에서 충분한 관심과 지지를 보여 주는 경우 건강한 청소년으로 돌아오는 경우들이 많은 반면, 그렇지 못한 가정에 있는 위기청소년은 회복을 하지 못하고 문제행동이 지속되거나 악화되는 경우가 많다.

(3) 학교에서의 특성

청소년은 가정에서 지내는 시간 못지않게 학교에서 지내는 시간이 많다. 따라서 청소년은 교사, 친구 등과의 상호작용에 많은 영향을 받는다. 특히 위기청소년의 경우 집단따돌림으로 우울, 불안 등의 심리적 문제를 경험하기도 하고, 문제행동을 가진 친구들과의 접촉으로 문제행동이 가중되기도 하며, 지각이나 결석, 낮은 학교 성적, 불량한 수업 태도 등으로 교사들에게 혼나기도 한다(권현용, 김현미, 2011; 류진아, 2007). 이런 위기청소년에게 친구나 교사는 더 이상 보호요인이 되지 못한다. 집단따돌림, 학교 부적응 등과 관련 있는 청소년은 또래에게 소외되거나 교사와 갈등 대상이 되고, 문제행동을 하는 친구들은 그 문제행동에서 벗어나려는 청소년을 다시 문제를 일으키도록 유혹하는 역할을 한다. 따라서 위기청소년에게 일차적으로는 따뜻한 가정의 환경과 지지가 중요하지만, 대부분의 생활을 학교에서 보내고, 이 청소년에게 가장 중요한 사람이 친구인 만큼 학교 요인도 매우 중요하다.

(4) 사회적 특성

사회가 급격하게 변화하고 발전함에 따라 많은 것이 대중화, 비인간화 그리고 물질만능주의 사회가 되었다(구본용, 2005). 뿐만 아니라 청소년은 여전히 학업이나 대학입시로 인해 지나치게 경쟁적인 문화 그리고 성적과 대학에 의해 서열화된 문화 속에서 소외감, 심리적 피폐감 등을 경험한다. 이러한 심리적 고통은 그들로 하여금 다양한 문제행동을 하게 할 뿐 아니라 위기청소년에서 벗어나기도 어렵게 한다.

3) 위기청소년에 대한 개입

위기청소년에 대한 개입은 상당히 오래전부터 이루어져 왔다. 그러나 청소년 관련 기관별로 개별적으로 개입해 왔던 기존의 방법은 위기 상황에 빠진 위기청소년을 건강한 청소년으로 양성하는 데 한계가 많았다. 그 결과, 2005년 국가청소년위원회에서는 위기청소년을 체계적으로 지원하기 위해 지역사회청소년안전망(Community Youth Safety Network: CYS-Net)을 만들었으며, 그 후 「청소년복지 지원법」 제9조 및 같은 법 시행령 제4조에 위기청소년을 지원하는 것에 대한 근거를 마련하여 전국적으로 활발히 진행되고 있다. 정부 개편에 의해 국가청소년위원회에서 현재는 여성가족부로 이관하여 주관하고 있으며, 현재는 청소년안전망이라는 이름으로 한국청소년상담복지개발원을 중심으로 하여 전국의 시 · 군 · 구 청소년상담복지센터에서 실시하고 있다.

(1) 청소년안전망을 통한 위기청소년 지원체계

청소년안전망은 지역사회 시민 및 청소년 관련 기관, 단체들이 위기 상황에 빠진 청소년을 발견 · 구조 · 치료하는 데 참여하여 건강한 민주시민으로 성장하도록 지원하기 위해 협력하는 연계망을 말한다(노성덕, 김태성, 채중민, 2010). [그림 1-5]에서 보는 것과 같이 청소년 전화 1388을 통해 위기청소년을 조기에 발견하고, 시 · 군 · 구 청소년상담복지센터에서 위기청소년이 위기 수준을 진단하고 상담, 보호, 의료 등 위기청소년에게 필요한 맞춤형 서비스를 지원하고 있다. 특히 1388 청소년지원단이라 하여 학교, 교육청, 경찰서, 노동관서, 국공립 의료기관, 보건소, 청소년쉼터, 청소년수련관, 지역아동센터, 쉼터, 그룹홈 등이 위기청소년을 신속히 발굴하고 이들에게 필요한 서비스를 체계적으로 지원할 수 있도록 돕고 있다.

(2) 위기청소년 긴급 구조 및 연계

청소년안전망을 통해 위기청소년이 긴급 구조되고 연계되는 과정을 자세히 살펴보면 다음과 같다.

- 접수: 일반적으로 위기청소년은 자의 또는 타인에 의해 청소년 전화 1388을 통해 접수하나 아웃리치를 통해 사건이 접수되기도 한다.
- 긴급 출동: 접수가 되면 상황을 확인한 후 내방이 안 되는 위기청소년의 경우 긴급 출동을 한다.
- 1차 보호 조치: 출동 후 현장에서 상담을 통해 긴급 여부를 확인하고, 긴급 보호가 필요한 경우(예: 성폭력 피해자) 1차적 보호조치를 취한다.
- 입소조치: 청소년을 위험 상황에서 구조해 일시보호소에 안전하게 입소조치한다.
- 개입: 위기스크리닝척도를 통해 위험 정도를 판단하며, 그 외의 검사 및 상담 등을 통해 가정귀가, 쉼터 또는 그 외의 기관에 연계한다.

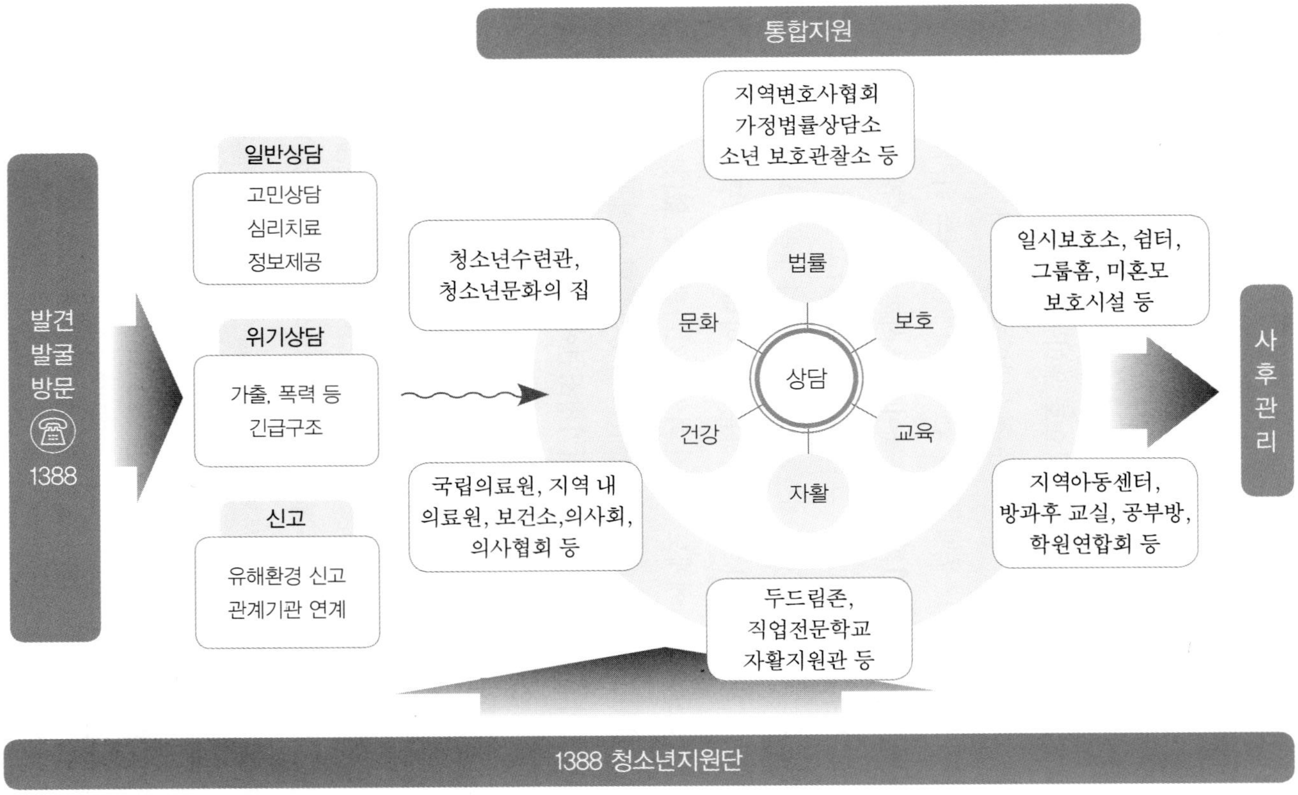

통합지원

발견
발굴
방문
1388

일반상담
고민상담
심리치료
정보제공

위기상담
가출, 폭력 등
긴급구조

신고
유해환경 신고
관계기관 연계

청소년수련관,
청소년문화의 집

국립의료원, 지역 내
의료원, 보건소,의사회,
의사협회 등

지역변호사협회
가정법률상담소
소년 보호관찰소 등

상담
법률
보호
교육
자활
건강
문화

두드림존,
직업전문학교
자활지원관 등

일시보호소, 쉼터,
그룹홈, 미혼모
보호시설 등

지역아동센터,
방과후 교실, 공부방,
학원연합회 등

사후관리

1388 청소년지원단

[그림 1-5] 지역사회 청소년 통합지원체계도

출처 : 수성구청소년상담복지센터(http://www.suseong1388.or.kr).

4. 위기청소년에 대한 태도

위기청소년 문제는 심각하다. 가출, 학업중단, 자살 등 다양한 문제를 일으키고 있는 위기청소년은 그야말로 우리 사회의 문제아가 아닐 수 없다. 그러나 그들이 정말 문제아인가? 일반적으로 우리는 그들을 문제아로서 바라보고 있다. 그러나 처음부터 문제 있는 청소년이 있을까? 아니면 문제 있는 청소년이 되고 싶어 할까? 문제행동을 한 경험이 있는 어느 위기청소년이 "저를 이렇게 만든 건 우리 사회의 어른들이고 이 사회입니다."라고 말한다면 당신은 무엇이라고 말하겠는가? "그건 너의 문제야."라고 말하겠는가? 우리 사회의 성인으로서 또는 청소년 지도자나 청소년 상담자로서 이것이 올바른 대답일까? 그들의 말에 전적으로 동의하는 것은 아니지만, 그들보다 앞선 시대를 산 사람으로서 우리에게도 주어진 책임을 간과할 수는 없다. 바꿔 말하면, 그들이 문제행동을 하는 위기청소년이 된 것은 그들만의 잘못은 아니라는 것이다. 만약 이 의견에 동의한다면 위기청소년에 대한 여러분의 시선은 변할 것이다. 그들을 문제아라고만 바라보는 것이 아니라 도움을 받아야 하는 하나의 인격체로 보게 될 것이다. 그리고 이러한 시선으로 그들을 바라볼 때 그들도 여러분에게 마음의 문을 열 것이다. 이것이 여러분이 청소년에게 갖춰야 할 첫 번째 자세다.

다음으로, 청소년의 장점을 찾는 사람이 되어야 한다. 사람은 누구나 장점과 단점이 있다. 학교를 그만두거나 가출을 하는 등 끊임없이 문제만 일으키는 것 같은 위기청소년에게도 장점과 단점이 있다. 그들을 문제아가 아닌 있는 그대로 바라본다면, 그들은 문제만 있는 것이 아니라 다양한 장점을 가진 청소년이라는 것을 알 수 있다. 실제로 가수 김장훈은 청소년 시기에 가출을 한 청소년이었고, 가수 서태지나 영화배우 정우성도 고등학교 때 학업을 중단했으며, 김영모 제과점으로 유명한 김영모 사장도 고등학교 때 학업을 중단했다. 그 외에도 청소년기에 방황을 했지만 건강한 성인이 되어서 우리 사회의 유명한 인사로 활동하고 있는 사람은 많다. 만약 그들을 우리가 단점만 있는 문제아로 보았다면, 오늘날의 그들은 없었을 것이다. 비록 청소년 시기에 문제행동을 했지만, 가수로서, 영화배우로서 그리고 제과점 사장으로서 그들이 스스로 자신의 장점을 찾고, 주변에서 그들의 장점을 발휘할 수 있도록 도와주었기 때문에 오늘날의 그들이 있는 것이다. 일반적으로 단점을 바꾸는 것은 매우 어렵다고 한다. 단점을 바꾸는 것보다는 개인이 가지고 있는 장점을 키웠을 때 그 개인의 단점이 작아진다. 위기청소년도 그들이 가지고 있는 단점에 초점을 맞추기보다는 그들이 가진 장점에 관심을 가질 때 위기청소년에서 벗어나 우리 사회에서 건강한 청소년으로 자랄 수 있을 것이다.

마지막으로, 인내력이 있는 사람이 되어야 한다. 사람은 언제 변할까? 우리는 흔히 나이가 어릴수록 변화가 쉽다고 말한다. 바꾸어 말하면, 청소년보다 성인이 변하기 어렵고, 유아보다는 청소년이 변하기 어렵다. 그런데 과연 청소년은 변할까? 가출을 하고, 비행을 저지르며, 인터넷 중독에 빠진 청소년은 여러분의 도움으로 건강한 청소년이 될 수 있을까? 여러분이 아무리 훌륭한 부모, 지도자, 상담자라 할지라도 그것은 쉽지 않다. 사람이 변화한다는 것은 매우 어려운 일이다. 여러분 대부분은 오른손잡이일 것이다. 지금부터 여러분에게 왼손으로 쓰라고 하면 금세 왼손잡이가 될 수 있을까? 흡연자에게 오늘부터 담배를 끊으라고 한다면 당장 그럴 수 있을까? 할 수는 있으나 쉽지는 않을 것이다. '작심삼일'이란 말이 왜 있겠는가? 결심을 해도 그만큼 변화를 한다는 것은 어렵기 때문이다. 그런데 사람들은 청소년에게 빠른 변화를 원한다. 인터넷 중독이었던 청소년이 인터넷을 안 하겠다고 결심을 하면 곧바로 안 하기를 원하고, 가출이나 비행을 범했던 청소년이 단번에 모범생이 되기를 원한다. 그러나 우리가 오른손잡이에서 왼손잡이가 되는 것이 힘들고, 흡연을 하다가 금연을 하는 것이 어렵듯이, 위기청소년도 변화하는 것이 어려울 수 있다. 비행을 그만하겠다는 청소년이 비행을 할 때 '그럼 그렇지.' 하는 것이 아니라 왜 다시 비행을 했는지, 그리고 어떤 점이 비행을 그만두지 못하게 했는지 따뜻한 시선으로 물어봐 줄 때 그들은 점차 비행에서 멀어질 수 있다. 즉, 사람이 변화한다는 것은 매우 힘든 일이라는 것을 인식하고, 위기청소년이 한두 번만에 변화하지 않으면 서너 번, 대여섯 번이라도 그들을 끊임없이 기다리면서 지켜봐 줄 때 그들은 건강한 청소년이 될 수 있다.

연습문제

1. 청소년기에 나타나는 사회인지발달 중 상상의 관중과 개인적 우화에 대해 설명하시오.
2. 위기청소년들이 보이는 다양한 특성 중 가정 및 학교에서의 특성에 대해 설명하시오.
3. 위기청소년 지원방안 중 하나인 청소년안전망의 개념을 설명하고 문제점에 대한 해결방안에 대해 설명하시오.

참고문헌

경기도가족여성연구원(2015). **경기도형 학교 밖 청소년 지원센터 운영모델과 정책과제**. 경기도가족여성연구원.

구본용(2005). **위기(가능)청소년 지원모델 개발연구**. 지역사회위기청소년사회안전망 구축을 위한 토론회 자료집.

구본용, 금명자, 김동일, 김동민, 남상인, 안현의, 주영아, 한동우(2005). **위기(가능)청소년지원모델개발연구**. 서울: 청소년위원회.

권현용, 김현미(2011). 질적 분석을 통한 위기청소년의 심리사회 요인. **인문학논총, 26**, 209-240.

김형수, 최한나(2009). 청소년의 위기 중복 유형 탐색. **한국심리학회지: 상담 및 심리치료, 21**(2), 521-536.

노성덕, 김태성, 채중민(2010). 지역사회청소년통합지원체계(3판). 서울: 한국청소년상담원.

류진아(2007). 위기청소년의 문제상황에 대한 사례연구. 한국놀이치료학회지, 10(2), 59-71.

보건복지가족부, 대한의학회(2010). 사춘기 동안 진행되는 남녀 청소년의 성적인 발달순서. 국가건강정보포털.

유성경, 이소래, 송수민(2000). 청소년 비행예방 및 개입전략 개발을 위한 기초연구: 비행수준별, 유형별 위험요소 및 보호요소분석. 서울: 한국청소년상담원.

윤철경, 조홍식, 김향초, 이규미, 우정자, 윤진선(2006). 위기청소년 지역사회 안전망 실태와 발전방안. 서울: 한국청소년상담개발원.

지승희, 양미진, 이자영, 김태성(2006). 위기청소년 실태조사 연구. 서울: 한국청소년상담원.

Bogenschneider, K., Small, S., & Riley, D. (1994). An ecological, risk-focused approach-youth-at-risk issues. University of Wisconsin-Madison Cooperative Extension, Technical Report #1.

Elkind, D. (1976). *Child development and education: a Piagetian perspective*. New York: Oxford University Press.

Heaven, P. C. L., & Virgen, M.(2001). Personality perceptions of family and peer influences, and males self-reported delinquency. *Personality and Individual Differences, 30,* 321-331.

Kim, J. H., Yun, S., Hwang, S. et al. (2018). The 2017 Korean National Growth Charts for children and adolescents: development, improvement, and prospects. *Korean Journal of Pediatrics, 61*(5), 135-149.

Lipsey, M. W., & Derzon, J. H. (1999). Predictors of violent or serious delinquency in adolescence and early adulthood. In R. Loeber & D. P. Farrington (Eds.), *Serious and violent juvenile offenders: Risk factors and successful interventions.* Thousand Oaks, CA: Sage.

Powell, K. M., & Rosen, L. A.(1999). Avoidance of responsibility in conducted is ordered adolescents. *Personality and Individual Differences, 27,* 327-340.

Somerville, L. H., Jones, R. M., Casey, B. J. (2010). A time of change: Behavioral and neural correlates of adolescent sensitivity to appetitive and aversive environmental cues. *Brain and cognition, 72*(10), 124-133.

네이버 국어사전. http://krdic.naver.com/detail.nhn?docid=37386800. 2016. 7. 27.에 인출.

수성구청소년상담복지센터. http://www.suseong1388.or.kr.

청소년 문제행동 이론

학교폭력, 학업중단, 가출 등 하루에도 수없이 많은 청소년이 문제행동을 하고 있다. 청소년은 왜 문제행동을 일으키는 것일까? 청소년과 매일 함께 지내는 부모는 "도대체 우리 아이가 왜 그러는지 모르겠어요." 또는 "무엇이 문제인지 모르겠어요." 라는 말을 많이 한다. 심지어 어떤 부모는 "저 애는 돌연변이예요. 우리 집에 저런 아이 없어요."라고 이야기하기도 한다. 그 애는 정말 돌연변이일까? 이 문제에 대한 답을 찾기 위해 오랜 기간 동안 많은 학자가 연구를 해 왔으며, 그것을 이론으로 정립하였다.

이 장에서는 먼저 청소년 문제행동을 정의한 후, 이를 설명하는 다양한 이론을 살펴보고자 한다. 구체적으로, ① 유전이나 체형 등 생물학적인 문제로 보는 생물학적 이론, ② 프로이트(Freud)나 에릭슨(Erikson)처럼 개인의 심리적 특성에서 비롯된다고 보는 심리학적 이론, ③ 사회구조적 문제에서 기인

한다고 보는 사회구조적 이론(아노미 이론), ④ 문제행동을 통제하는 내적·외적 요소가 약해지는 데서 기인한다는 사회통제이론, ⑤ 잘못된 가치와 태도를 학습한 데서 비롯된다는 사회학습이론 그리고 ⑥ 문제행동의 원인보다는 과정에 초점을 둔 비행과정이론(낙인이론)을 살펴볼 것이다.

어느 하나의 이론이 청소년 문제행동을 완벽하게 설명한다고 보기는 어렵다. 각각의 이론들이 한계점을 가지고 있음에도 불구하고, 청소년 문제행동을 이해하고 예방 및 대처하는 데 결정적인 역할들을 해 왔으며, 청소년에 대한 다각적인 시각을 갖게 하는 데 도움이 되어 왔다. 이에 각각의 이론들이 청소년이라는 이름으로 행해지는 문제행동을 어떻게 설명하고 있는지 살펴봄으로써 이론에 대한 비판적 시각과 함께 청소년을 다각적인 관점에서 이해하는 데 도움이 되고자 한다.

1. 청소년 문제행동의 정의

청소년 문제행동의 원인을 언급하기 전에 청소년 문제행동이란 무엇인지 그 정의부터 살펴볼 필요가 있다. 청소년 문제행동은 학자에 따라 다르게 정의하고 있으며, 비행이나 일탈 등의 개념과 혼용되어 사용되기도 한다. 김신일(1983)은 청소년의 문제행동을 다음과 같이 정의 내렸다. 청소년 문제행동을 협의의 개념으로 보았을 때는 청소년 일탈이나 비행이라는 개념으로 볼 수 있으며, 광의의 개념으로 보았을 때는 청소년이 속한 사회의 성인이나 영향력이 있는 집단에 의한 사회 가치관이 저해되는 것뿐 아니라 청소년들 스스로 자신의 가치관 또는 인간적인 삶을 위협하는 것으로 볼 수 있다. 최근에는 청소년의 문제에 초점을 맞추기보다는 청소년의 문제를 예방하는 데 더 초점을 두고 있기 때문에 협의의 개념보다는 광의의 개념이 더 선호되고 있다. 구체적으로는 [그림 2-1]과 같이 학교폭력·비행과 같은 반사회적 행동,

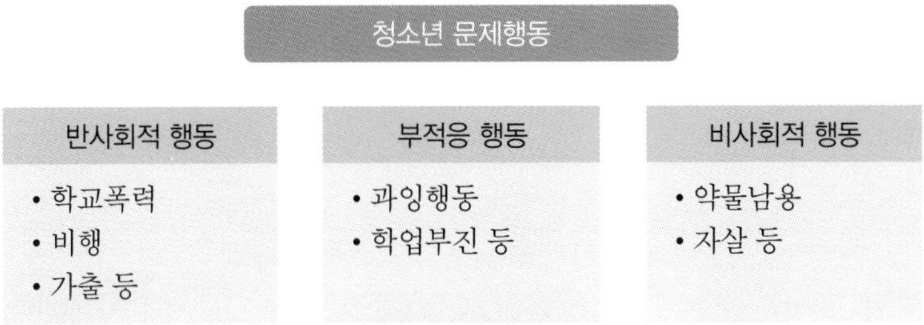

청소년 문제행동		
반사회적 행동	부적응 행동	비사회적 행동
• 학교폭력 • 비행 • 가출 등	• 과잉행동 • 학업부진 등	• 약물남용 • 자살 등

[그림 2-1] 청소년 문제행동의 범위

과잉행동 · 학업부진과 같은 부적응 행동 그리고 약물남용 · 자살과 같은 비사회적 행동으로 구분이 가능하다. 결론적으로 청소년 문제행동은 학교폭력, 자살과 같이 사회적으로 문제가 되는 행동뿐 아니라 부적응 행동까지 포함한 것이다.

2. 청소년 문제행동 관련 이론

청소년의 문제행동을 설명하는 이론들은 수없이 많이 있다. 그중 대표적인 이론으로 생물학적 이론, 심리학적 이론, 사회구조적 이론, 사회통제이론, 사회학습이론, 비행과정이론 등을 들 수 있다. [그림 2-2]는 각 이론을 도표화한 것이다.

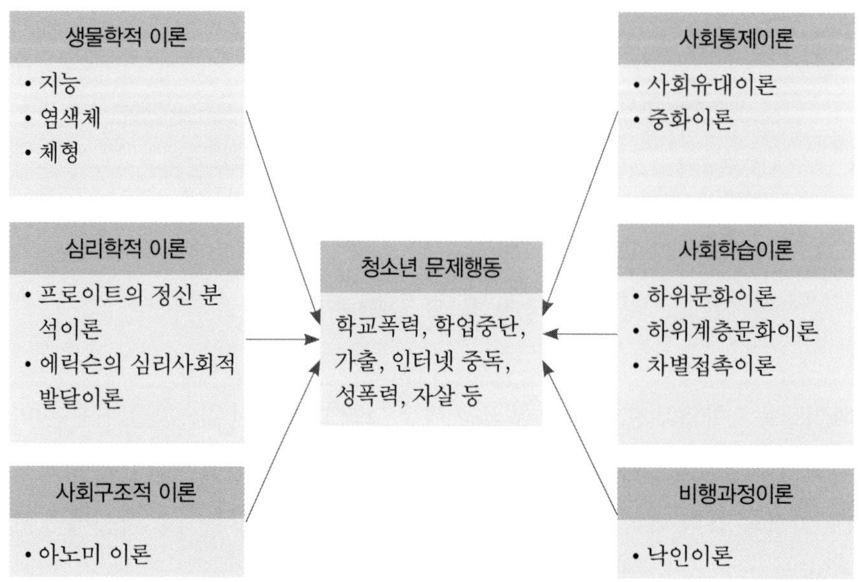

[그림 2-2] 청소년 문제행동 이해를 위한 주요 이론

1) 생물학적 이론

생물학적 이론에서는 청소년의 문제행동은 인간의 낮은 지능, 특정한 기질 또는 체질, 염색체나 신경학적 이상 등에 의해 나타난다고 한다.

(1) 지능

위기청소년이 문제행동을 하는 데에 지능은 어떤 영향을 미치는가? 약 40년 전부터 이루어진 수많은 연구에서 위기청소년은 일반청소년에 비해 지능지수(IQ)가 8~10 정도 낮은 것으로 보고되고 있다(Rutter & Giller, 1983). 웨스트와 패링턴(West & Farrington, 1973)도 IQ가 90 이하인 사람과 110 이상인 사람들의 문제행동을 비교했을 때 차이가 있는 것으로 보고하였다. 그러나 이들의 지능은 동작성 지능에서는 유의미한 차이를 보이지 않았으며, 주로 언어성 지능에서 차이가 있는 것으로 나타났다(Quay, 1987).

그렇다면 왜 지능이 문제행동을 일으키는 것일까? 일반적으로 지능이 낮은 청소년은 학습에 있어 적절한 수행을 하지 못한다. 낮은 성적은 그 자체로도 자아존중감을 낮게 할 뿐 아니라 교사나 부모의 꾸중과 비난을 야기하기 때문에 다양한 문제행동을 일으키게 되는 것이다. 그러나 문제행동을 보이는 10세 미만의 아동을 대상으로 한 연구, 심지어는 3세 아동들을 대상으로 한 연구에서도 문제행동을 보이는 아동이 그렇지 않은 아동보다 지능이 낮았다(Richman, Stevenson, & Graham, 1982)는 결과를 보면, 지능 그 자체의 문제도 있을 가능성도 있다.

(2) 유전, 체형

인간 행동이 유전과 관련이 있다는 연구는 19세기 중반 이후부터 관심을 받기 시작했으며, 특히 20세기 초 멘델(Mendel)의 유전법칙이 재발견되고 1960년대 다윈(Darwin)의 진화론이 발달하면서 활발히 진행되었다. 그중 롬브로소(Lombroso)는 다윈의 진화론에 영향을 받아 인간 행동이 자유의지에 의해 결정된다는 것을 부인하며 인간의 범죄 행동은 생물학적으로 설명되어야 한다고 보았다. 그는 인간의 범죄 행동이 하등동물의 속성, 즉 상대적으로 퇴화된 인간들이 하는 행동이라고 하였다. 그 결과, 범죄 행동을 하는 사람들은 입술이 돌출하거나 광대뼈가 이상하게 발달하고, 비대칭적인 얼굴을 갖는 등 격세유전적인 특징을 가지고 있으며, 이는 범죄를 짓지 않는 사람과 다르다고 하였다(임계령, 1999). 롬브로소의 이론에 따르면, 청소년의 문제행동 역시 이러한 격세유전의 결과로 볼 수 있다.

이러한 유전적 특성을 강조한 또 다른 연구로는 쌍생아를 대상으로 한 연구를 들 수 있다. 랑게(Lange)는 일란성 쌍둥이와 이란성 쌍둥이를 대상으로 범죄 일치율을 비교하였는데, 그 결과 범죄 일치율이 일란성 쌍둥이에서 더 높다는 결과를 제시하면서 범죄에 있어 유전적 요인이 중요하다고 하였다. 또한 주의력결핍 과잉행동장애(ADHD) 역시 일란성 쌍둥이가 이란성 쌍둥이

보다 일치율이 더 높고, 형제 중에 주의력결핍 과잉행동장애가 있는 경우 그 유병률이 높다는 점을 들어 유전이라고 주장하는 사람들도 있다. 그러나 또 다른 한편에서는 주의력결핍 과잉행동장애는 뇌손상이나 후천적 요인이 더 강하다고 하고, 동일한 유전자를 가지고 있다 하더라도 문제행동에서 차이를 보인다는 점을 들어 유전적 요인에 강하게 맞서고 있다.

또한 유전 외에 셀던(Sheldon)은 인간 행동을 체형으로 설명하고자 하였다. 그는 인간의 체형을 내배엽형(비만형), 중배엽형(투사형), 외배엽형(세장형)으로 구분하고, 체형에 따라 행동이 다르다고 하였다. 특히 그중에서도 비행청소년의 경우에는 중배엽형의 수치가 높고, 일반대학생은 외배엽형 수치가 높다는 결과를 제시함으로써 체형 특성의 중요성을 강조하였다(진계호, 2002). 그러나 이 역시 이후의 연구에서 이를 뒷받침할 만한 다양한 연구가 제시되지 않고 있다.

(3) 호르몬

호르몬과 인간의 심리적 특성과 관련된 연구가 많이 진행되면서 청소년의 문제행동 역시 호르몬과 관련이 많은 것으로 알려져 있으며, 치료에서도 호르몬을 조절하는 방식이 적극적으로 활용되고 있다. 청소년의 문제행동과 관련된 대표적 호르몬은 도파민이라 할 수 있다. 도파민은 주의 집중, 정서적 각성, 감정, 쾌락, 수면 등에 영향을 주는 것으로 도파민이 과다하면 흡연, 마약을 하게 될 뿐 아니라 정신분열증을 야기하며, 도파민이 감소하면 우울증을 야기한다. 다음으로 세로토닌이라는 호르몬이 있는데, 세로토닌은 음식 섭취, 공격성, 스트레스 반응 등에 영향을 준다. 세로토닌이 감소하면 불안, 우울, 폭력 등을 야기하게 된다. 폭력을 저지르거나 우울한 청소년은 세로토닌에 문제가 있을 수 있다.

2) 심리학적 이론

(1) 프로이트의 정신분석적 관점

인간의 심리를 설명하는 이론을 창설한 사람들 중 가장 유명한 사람으로는 프로이트를 들 수 있다. 프로이트는 인간의 성격 구조를 원초아, 자아 그리고 초자아로 설명하고 있다. 원초아(id)란 인간이 가지고 있는 본능을 의미한다. 즉, 원초아가 강한 사람은 본능에 의해 움직이기 때문에 규범을 지키기보다는 비도덕적인 행위를 많이 한다. 초자아(superego)는 도덕적인 양심을 의미한다. 따라서 초자아가 강한 사람은 원리원칙을 고수하고, 규범을 엄수하며, 도덕적이지 못한 행위가 발생할 시 불안해한다. 본능인 원초아와 도덕적 양심을 의미하는 초자아 사이에서 현실 원리에 따라 적응을 돕는 역할을 하는 것, 그것이 바로 자아(ego)다. 따라서 건강한 사람들은 자아가 발달한 사람이라 할 수 있으며, 건강하지 못한 사람은 바로 이 자아가 정상적으로 기능하지 못한 사람을 의미한다. 청소년이 문제행동을 일으키는 이유도 바로 여기에 있다. 청소년은 현실 적응을 돕는 자아나 도덕적 양심대로 움직이는 초자아가 정상적으로 기능하거나 발달하지 못해서 원초아가 통제되지 않을 때 본능대로 움직이면서 다양한 문제행동을 일으키게 된다. 특히 자아나 초자아가 통제하지 못하는 원초아의 반사회적 충동은 오이디푸스 콤플렉스로 대표되는 근친상간에 대한 욕구와 그 욕구에 대한 죄책감 그리고 벌을 받고자 하는 욕구에서 비롯되며(Freud, 1961), 욕구에 대한 충족을 조절하는 능력을 습득할 항문기에 이를 적절히 습득하지 못한 것에서 비롯되기도 한다(Alexander & Healy, 1935).

(2) 에릭슨의 심리사회적 발달이론

프로이트가 원초아를 강조한 것과는 달리 에릭슨은 자아를 강조하여 에릭슨의 이론을 자아심리학이라고도 한다. 에릭슨은 신체적 성장이나 문화적

표 2-1 에릭슨의 8단계 발달단계

단계	심리사회적 위기	나이	주요 특징
1단계	신뢰감 대 불신감	0~1세	어머니와의 상호작용을 통해 자신의 욕구를 충분히 충족시키면 신뢰감이 형성되고 그렇지 않으면 불신감이 생김
2단계	자율성 대 수치심 및 의심	1~3세	혼자 서고 말하고 배변훈련이 들어가면서 무엇이든지 혼자 하려고 하는 욕구가 생김. 이를 적절하게 발달시켜 주면 자율성이 생기지만, 부모가 통제하고 과잉보호하면 수치심 및 의심이 생김
3단계	주도성 대 죄책감	3~6세	자신의 욕구를 충족시키는 과정에서 부모로부터 적절히 독립을 하고 존중감을 갖게 되면 주도성을 획득하지만, 그렇지 않으면 죄책감을 경험
4단계	근면성 대 열등감	6~12세	학교에 입학하면서 학업 등 자신의 일을 하게 되는데 이를 열심히 해서 성공적으로 성취하면 근면성이 생기고 그렇지 않으면 열등감이 생김
5단계	정체감 대 역할 혼미	13~17세	'나는 왜 살아가야 하는가'와 같은 자신의 존재 등에 대해 고민을 하면서 자아정체감을 형성하게 되는데 올바른 자아정체감을 형성하지 못할 때 역할 혼미를 경험
6단계	친밀감 대 고립	18~35세	이성, 동성 등 인간관계에서 친밀감을 형성하는 것이 중요한 과업이나 이를 이루지 못할 경우에는 과도한 또는 형식적인 인간관계로 인해 고립감을 경험
7단계	생산성 대 침체	35~60세	자녀, 직업, 학문 등을 통해 생산성을 발달시키나, 이를 발달시키지 못할 경우 침체감이 형성됨
8단계	자아통합 대 절망	60세~	자신의 인생에 만족감을 가지고 돌아보는 사람은 자아통합을 하게 되고 그렇지 못한 사람은 절망을 경험

요인 등에 의해 나타나는 심리사회적 위기를 어떻게 극복하느냐에 따라 성격이 다르게 발달한다고 보고, 이를 8단계로 구분하였다(〈표 2-1〉 참조).

그중에서 청소년 문제행동과 관련된 단계는 바로 청소년 시기인 13~17세다. 이 시기에는 신체가 급격하게 변화하고 사회적 요구가 생기면서 청소년은 자신의 존재, 능력, 역할 등 자아정체감(ego identity)에 대해 고민을 하게 된다. 그리고 그 고민에 대해 답을 찾기 위해 동일시하는 대상을 찾거나 자신을 시험해 보기 위해 동아리나 활동에 참여해 보기도 한다. 그러나 이를 찾지 못하고 심리적 방황이 심해지면, 역할 혼미(role confusion)를 경험하게 되는데 문제행동 역시 이러한 맥락에서 나타나는 행동이라 할 수 있다. 즉, 올바른 자아정체감을 형성하지 못하고, 혼란을 경험하며 내적 위기에 직면할 때 폭력, 약물남용, 자살 등의 문제행동을 경험한다.

3) 사회구조적 이론

사회구조의 문제에 의해 문제행동이 나타난다는 사회구조적 이론은 아노미 이론으로 대표된다. 아노미 이론은 뒤르켐(Durkheim, 1950)이 처음 주창한 이론이다. 그는 사회가 산업화되면서 구성원들 간의 사회적 결속이 약화되고, 이러한 사회는 불확실성이 증가하며, 사회의 규칙이 붕괴되는 무규범(nomlessness) 상태가 되는데 이를 아노미(anomie) 상태라 정의하였다. 아노미 상태에서는 사회규칙 및 행동규범이 약화되거나 부재하기 때문에 개인들은 행동의 옳고 그름에 대한 기준이 없게 되며, 따라서 사회적 혼란이 야기된다.

그 이후 머턴(Merton, 1957)은 아노미 이론을 체계적으로 정립하였다. 머턴은 사회구조적 맥락 관점에서 청소년의 문제행동을 이해하고자 하였다. 즉, 뒤르켐이 사회규칙 및 행동규범의 부재에서 아노미 상태가 나타난다고 한 것과는 달리, 머턴은 사회가 추구하는 목표와 그 목표를 성취할 수 있는 수단과의 괴리에서 나타난 것으로 보았다. 사람들은 사회가 추구하는 가치 목표를 달성하고자 하는 욕구가 있는데, 학력, 사회경제적 지위 등에 의해 사회구조적 장벽에 부딪치고 그 결과 무능감을 경험하고 문제행동을 일으킨다는 것이다.

예를 들어, 우리나라 청소년은 대부분 좋은 성적이 일류 대학을 진학하게 하고, 일류 대학을 진학하면 사회적으로 성공한다는 문화적인 목표를 내면화하고 있다. 그런데 문제는 누구나 좋은 성적과 좋은 대학이라는 목표를 달성할 수 있는 것이 아니라는 것이다. 따라서 어떤 경우에서도 합법적으로 문화적 목표를 달성할 수 없는 청소년, 즉 성적이 좋지 않은 청소년은 존재할 수밖에 없으며, 구조적으로 이를 해결하는 것이 불가능하기 때문에 이들은 좌절을 경험하고 불만이 증가하게 되며, 결국 문제행동을 일으키게 된다.

이처럼 사회문화적 목표는 수용을 하였으나 합법적이고 제도화된 수단을 통해서는 이러한 목표를 달성하기 어렵기 때문에 아노미 상태가 되며, 이 상태에서는 비합법적인 방법을 동원하게 되는데, 이것이 곧 청소년의 문제행동이다. 결과적으로 사회구조적으로 빈곤과 같은 사회적 장벽에 많이 부딪히는 계층에 속한 청소년은 더 많은 문제행동을 일으킨다고 보기 때문에 하위계층의 문제행동을 설명하는 데는 유용하나 상류계층의 문제행동, 개인 특성에 의한 문제행동 등을 설명하는 데에는 한계가 있다.

머턴은 사회적 규범이나 제도에 적응해 가는 방식을 체제순응(동조)형, 혁신형, 의례형, 도피형, 반역(반발)형으로 구분하였으며, 혁신형이 문제행동을 일으키는 가장 대표적인 경우라 할 수 있다.

(1) 체제순응(동조)형

체제순응(conformity)형이란 그 사회나 문화가 요구하는 목표 그리고 제도화된 수단을 적극적으로 수용하고 순응하는 것을 말한다. 체제순응형 청소년은 사회가 요구하는 대로 열심히 공부하고 규칙을 엄수하면서 정상적인 방법으로 목표를 달성한다. 가장 이상적인 형태의 적응방식이다.

(2) 혁신형

혁신(innovation)형이란 그 사회나 문화가 요구하는 목표는 수용하지만 제도화된 수단은 거부하는 것을 말한다. 혁신형 청소년은 높은 성적이나 성공과 같은 사회적 목표에는 동의하지만, 그것을 달성하기 위해서는 장애물이 많기 때문에 정상적인 방법보다는 합법적이지 않은 방법으로 목표를 달성하고자 한다. 따라서 대부분 절도나 매춘, 강도 등 범죄 행동을 하는 경우가 많다. 다섯 가지 유형 중 혁신형이 위기청소년의 문제행동을 가장 잘 설명한다.

(3) 의례형

의례(ritualism)형은 사회문화적 목표를 거부한 것이 아니라 달성할 수 없다는 생각에 포기하고 제도화된 수단만을 수용하는 것을 의미한다. 의례형 청소년은 자신의 삶에 대한 목표도 없고, 만족도 떨어지지만, 규범은 잘 지킨다. 의례형의 가장 대표적인 사람은 현실에 안주하는 하위직 공무원이며, 청소년의 경우에는 뚜렷한 문제행동을 일으키지 않으면서 중하위권 성적을 유지하는 청소년이 여기에 포함된다.

(4) 도피형

도피(retreatism)형은 사회문화적 목표 그리고 제도화된 수단을 모두 거부하는 것을 의미한다. 도피형 청소년은 사회로부터 회피하여 목표의식 자체가 없는 경우가 많으며, 심지어는 일탈행동과 같이 합법적이지 않는 방법을 사용하는 것조차 시도하지 않는다. 만성적인 마약중독자, 알코올중독자가 대표적이며, 청소년의 경우에는 아무것도 하려고 하지 않는 무기력한 학업중단청소년이 포함된다.

(5) 반역(반발)형

반역(rebellion)형은 도피형과 마찬가지로 사회문화적 목표와 제도화된 수단을 모두 거부하지만, 회피하는 대신에 새로운 사회문화적 목표 그리고 제도화된 수단으로 바꾸는 것을 의미한다. 사회운동가나 히피가 대표적이다.

표 2-2 사회적 규범이나 제도에 적응해 가는 방식

적응 유형	목표	수단	특징
체제순응(동조)형	+	+	순응하며, 문제행동을 하지 않음
혁신형	+	−	비행, 범죄 등을 많이 함
의례형	−	+	뚜렷한 문제행동은 없으나 목표와 의욕 없음
도피형	−	−	마약중독자, 알코올중독자가 대표적임
반역(반발)형	±	±	사회운동가나 히피가 대표적임

4) 사회통제이론

(1) 사회유대이론

사회유대이론은 허시(Hirschi, 1969)가 주창한 것으로 청소년의 문제행동을 사회구조적인 측면에서 가장 잘 설명하고 있다. 허시(1969)는 개인과 사회 간의 유대가 약하면 문제행동이 나타난다고 하였다. 즉, 모든 청소년은 태생적으로 문제행동을 일으킬 수 있는 존재인데, 대부분의 청소년은 문제행동을 일으켰을 때 부모나 교사 등에게 처벌을 받을 것에 대한 두려움 때문에 문제행동을 자제하게 된다. 반면, 사회적 비난이나 처벌이 약할 때 자신의 행동이 잘못이라는 것을 인지하면서도 문제행동을 하게 된다. 그는 특히 사회 유대에 있어 애착, 전념(관여), 참여, 신념이라는 네 가지 요인을 제시하면서, 이 네 가지 요인이 약할수록 문제행동은 증가하게 된다고 하였다. 네 가지 요인(유대요인)의 특성은 다음과 같다.

① 애착

애착(attachment)은 자신에게 중요한 사람과의 유대관계 정도를 의미하는 것으로 크게 부모, 학교(교사) 그리고 친구에 대한 애착 등 세 가지로 구분되며, 그중 부모와의 애착이 가장 중요하다. 일반적으로 애착이 강할수록 문제행동을 일으킬 가능성이 적으며, 반대로 애착이 약할수록 문제행동을 일으킬 가능성이 크다. 이때 친구도 예외는 아니다. 문제행동이 있는 친구든 아니든 상관없이 친구와 애착이 강한 청소년은 문제행동을 일으킬 가능성이 적은데, 이는 다음에서 다룰 차별접촉이론(Sutherland, 1939)과는 대조적이라 할 수 있다.

② 전념

학업이나 원하는 직업을 성취하기 위해 노력하고 전념(commitment, 관여)하는 것을 의미하는 것으로, 공부를 잘하기 위해 열심히 전념을 다하는 청소년은 문제행동을 덜 일으킨다.

③ 참여

사회적으로 의미 있거나 가치가 있는 관습적 활동에 시간과 노력을 들여 참여(involvement)하는 것을 의미한다. 즉, 숙제, 공부, 운동, 취미 또는 장래 목표와 관련된 일에 적극적으로 참여할수록 문제행동을 할 기회가 줄어들기 때문에 자연스럽게 문제행동을 할 가능성이 낮아진다.

④ 신념

신념(belief)은 사회의 가치 및 규범체계를 수용하고 인정하는 것을 의미하는 것으로 법이나 규범을 수용하고 지키는 사람일수록 일탈행동을 할 가능성은 적으며, 이와는 달리 법이나 규범을 수용하지 않으면 이를 어기는 문제행동을 더 많이 하게 된다.

(2) 중화이론

사회통제이론 중 하나인 중화이론은 사이크스와 마차(Sykes & Matza, 1957)를 중심으로 주창되어 왔으며, 중화이론 또는 중화기술이론이라 불린다. 사이크스와 마차(1957)는 문제행동을 일으키는 청소년이 기존의 규범, 가치를 모두 거부하는 것이 아니라고 주장하면서 코헨(Cohen, 1955)의 하위문화이론을 전면 반박하였으며, 여기서 중화이론이 시작되었다. 사이크스와 마차는 청소년은 기존의 규범, 가치를 완전히 수용하는 것도 완전히 거부하는 것도 아닌 표류(drift) 상태에 있다고 하였다. 청소년은 기존의 규범, 가치를 거부하는 것이 아니라 기존의 규범에 있는 잠재적 숨은 가치(subterranean values)를 수용하고, 중화기술을 사용하여 자신의 문제행동을 합리화 · 정당화한다. 즉, 문제행동을 보이는 청소년은 문제행동이 올바른 행동이라고 하는 것이 아니라 나쁜 행동이라는 것은 알고 있으면서도 한다. 예를 들어, '어른들도 나쁜 행동을 많이 하잖아.'라며 자신의 행동을 합리화 · 정당화하면서 나쁜 행동, 즉 문제행동을 중화시키는 것이다. 이때 사용하는 중화기술은 책임의 부인, 가해의 부인, 피해자 부인, 비난자 비난, 충성심 요구 등이며, 자세히 살펴보면 다음과 같다.

① 책임의 부인

문제행동을 하는 것은 내 책임이 아니며 자신도 어쩔 수 없었다는 형태로 자신의 행동을 정당화하는 것이다. 대표적인 예로, "술에 취해서 제정신이 아니었다."라며 자신의 행동에 대한 책임을 부인하는 것을 들 수 있다.

② 가해의 부인

문제행동으로 인해 손해나 피해를 볼 사람이 없다는 것으로 자신의 행동을 정당화하는 것을 말한다. 대표적인 예로, "저 애는 부자여서 내가 돈을 뻥 뜯어도 문제가 되지 않아."라며 문제의 심각성을 부인하는 것을 들 수 있다.

③ 피해자 부인

문제행동의 피해자들은 피해를 당할 만한 행동을 했기 때문이라고 정당화하는 것을 말한다. 대표적인 예로 성폭력 가해 청소년이 피해자 여성을 보면서 피해자 여성이 짧은 치마를 입으며 유혹했다고 하거나, 학교폭력 가해 청소년이 괴롭히는 행동을 해도 피해 청소년이 반발하지 않아 좋아하는 줄 알았다고 하는 것을 들 수 있다.

④ 비난자 비난

문제행동을 하는 청소년을 비난하는 부모, 교사 등이 더 안 좋은 행동을 많이 한다고 하면서 자신의 행동을 정당화한다. 대표적인 예로, "엄마도 술 마시잖아요." 또는 "선생님도 때리잖아요."라고 하는 것을 들 수 있다.

⑤ 충성심 요구

문제행동을 하는 것은 자신이 하고 싶어서 하는 게 아니라 소속해 있는 집단에 대한 의리나 충성심 때문에 어쩔 수 없다고 정당화한다. 대표적인 예로, "친구와 의리를 지키기 위해서예요."라고 하는 것을 들 수 있다.

5) 사회학습이론

(1) 하위문화이론

코헨(1955)은 문제행동이 노동계급의 남자 청소년에게서 많이 발견되고 있다는 점에 관심을 가지고, 왜 특정 집단에서 많이 발생하는지를 연구하였으며, 이를 '지위 좌절'이라는 개념을 통해서 설명하였다. 코헨은 인간이라면 집단에 대한 소속감이나 집단으로부터의 안정감을 중요시하고 집단의 규칙을 지킴으로써 지위를 성취하고자 한다고 하였다. 그런데 지위를 얻기 위한 기준은 중산층을 기준으로 정해졌기 때문에 하위계층에 있는 사람들은 달성

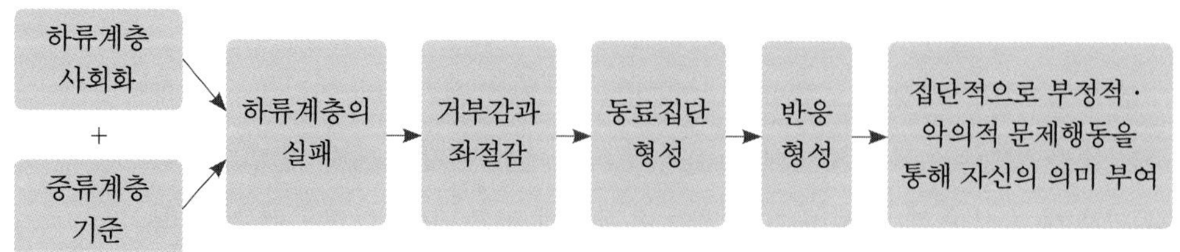

[그림 2-3] 하위문화이론 비행과정

출처: 김지훈(2016).

하기가 어렵고, 결과적으로 좌절을 경험한다. 이러한 좌절 상태를 해결하기 위해 이들은 자신들만의 하위문화를 형성하게 되는데, 코헨은 이때 형성된 문화가 건강하지 못한 문화라고 하였다. 즉, 부정적 · 쾌락주의적 · 악의적 특징의 문화를 형성하기 때문에 청소년이 문제행동을 나타내게 된다는 것이다. 예를 들어, 청소년이 대부분의 생활을 하고 있는 학교 역시 중산층의 기준을 사용하기 때문에 하위계층의 청소년은 시험을 보더라도 학교에서 원하는 높은 성적을 받기 어렵고, 결과적으로 좌절을 경험한다. 좌절을 경험한 청소년들은 자신들만의 하위문화를 이루고, 결국 학교에 반하는 문제행동을 하게 된다. 이를 정리하면 [그림 2-3]과 같다.

이러한 하위문화이론은 청소년 문제행동의 집단화 경향에 대해 잘 설명해 주는 이론이지만, 문제행동이 중산층에서도 발생하는 것을 설명하지 못하는 한계가 있다.

(2) 하위계층문화이론

코헨에 이어 밀러(Miller, 1959)는 청소년 갱 문제를 연구하는 과정에서 다른 지역과 달리 미국 보스턴 시의 우범지역에서의 갱 문제가 독특하다는 것을 발견하면서 하위계층의 문화에 관심을 가졌다. 그는 하위계층은 자신들만의 특정 가치, 규범 등을 가지고 있으며, 이러한 특정 가치가 지속되어 하층 문화가 형성된다고 하였다. 그리고 이러한 하층 문화는 그 사회가 추구하는 가치나 규범과 다르기 때문에 결과적으로 하층 문화를 따르는 것은 위법적인 행동일 수 있다고 하였다.

문제행동을 하는 청소년 역시 그 사회가 원하는 규범보다는 하위계층이 정한 특정 가치에 따라 행동하는데, 이때 하층 문화의 가치를 결정하는 요인은 다음과 같이 여섯 가지로 규정하였다.

- 말썽거리, 근심(trouble): 폭행이나 음주 등 법을 위반하는 문제행동을 하는 것으로, 이를 영웅적이고 긍정적인 것으로 생각함
- 강인성(toughness): 남성다움이나 육체적 힘을 과시함으로써 두려움을 모른다는 것을 강조함
- 재치(영리함, smartness): 실제적인 지식을 잘 알고 있어 타인을 잘 속이거나 기만하는 특징이 있으며, 도박, 사기 등이 대표적임
- 흥분(excitement) 추구: 스릴이나 모험을 추구함으로써 권태로움을 모면하고자 함
- 운명주의(fatalism): 모든 것이 자신의 의지보다는 운명에 의해 결정된다고 생각함, 잘못된 일을 운 탓으로 돌리며 정당화함
- 자율(autonomy): 경찰이나 교사 등 권위자나 권위자의 통제로부터 벗어나고 다른 사람으로부터 간섭을 안 받고자 함

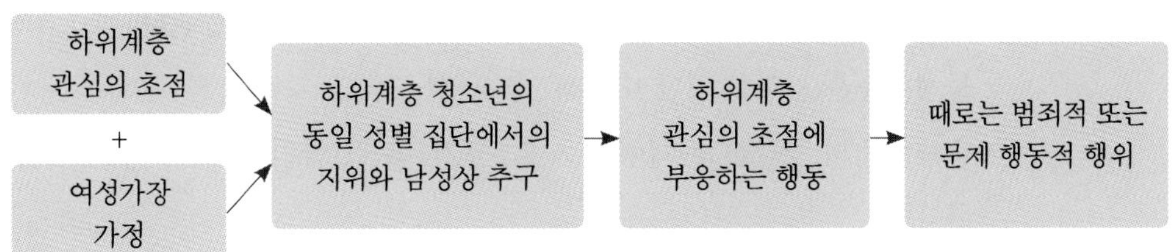

[그림 2-4] 하위계층문화이론 비행과정

출처: 김지훈(2016).

(3) 차별접촉이론

서덜랜드(Sutherland, 1939)에 의한 차별접촉이론(differential association theory)은 청소년이 보이는 문제행동은 유전되는 것이 아니라 학습되는 것이라고 정의한다. 청소년(인간)의 행동은 타인과의 상호작용과 의사소통을 통해 자연스럽게 학습되는데, 타인들이 법이나 규칙에 대해 어떠한 정의, 모방, 강화를 제공하느냐에 따라 행동이 달라진다. 정의란 특정 행동에 대해 옳고 그름, 좋고 나쁨 등을 정의하는 방향이나 태도를 말하며, 모방은 다른 사람의 행동을 보고 따라 하는 것을 말하며, 강화는 행동 후에 보상 또는 벌을 이야기한다. 이처럼 타인의 정의, 모방, 강화는 타인과의 상호작용을 통해 청소년 개인에게 영향을 주게 되며, 이때 주로 영향을 끼치는 중요한 타인은 부모나 또래집단이다. 예를 들어, [그림 2-5]처럼 어떤 청소년 주변에 비행을 하는 청소년들이 많으면, 그 청소년은 일탈 태도를 갖게 되고, 결과적으로 비행 행동을 하게 된다는 것이다.

그러나 이러한 차별접촉이론은 문제행동이 없는 환경에서 발생하는 문제행동, 같은 환경에서 어떤 청소년은 문제행동을 일으키고 어떤 청소년은 문제행동을 일으키지 않는 것 등에 대해서는 설명을 하지 못하는 한계를 가지고 있다. 그러나 그럼에도 불구하고 청소년 문제행동을 설명하는 주요 이론으로 간주되고 있는 차별접촉이론의 일곱 가지 가설은 다음과 같다.

- 문제행동은 학습된다.
- 문제행동은 타인과의 상호작용이나 모방과정을 통해 학습된다.
- 문제행동은 친밀한 집단 내에서 일어난다.
- 문제행동의 학습은 문제행동 기술, 동기, 욕구, 합리화, 태도 등도 포함한다.
- 문제행동의 동기와 충동은 법이나 규범 등에 대한 타인(환경)의 태도에 의해 결정된다.

• 문제행동에 대한 접촉 빈도, 지속기간, 주변의 문제행동 강도 등에 따라 개인의 문제행동 위험 정도가 결정된다.
• 문제행동은 단순 모방이 아니라 동기, 가치관 등 모든 것이 복합적으로 학습된다.

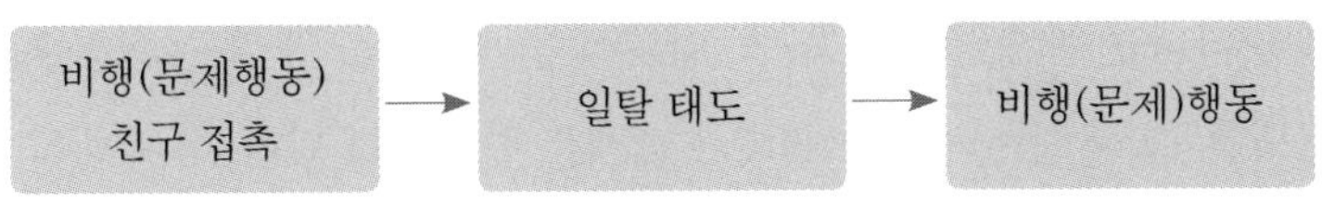

[그림 2-5] 차별접촉 모델

출처: Liska(1981).

6) 비행과정이론: 낙인이론

낙인(labeling)이란 대부분의 사람들이 지지하는 사회적 범주를 지키지 않거나 지키지 않는 것처럼 보이는 개인에게 보이는 부정적인 고정관념과 편견을 의미한다(Cooley, 1902). 이러한 낙인에 관심을 가진 사람이 베커(Becker, 1963)인데, 그는 문제 청소년이 왜 다른 사람들에게 문제 청소년으로 보이는가에 관심을 가졌다. 기존의 다른 사람들이 문제행동의 원인에만 관심을 가진 것과는 달리, 베커는 문제 청소년, 비행청소년 등으로 되는 과정에 관심을 가졌다. 즉, 청소년이 문제 청소년이 되는 것은 문제행동을 했기 때문이 아니라 그들의 행동을 문제행동으로 명명하였기 때문이라는 것이다.

청소년이 우연한 기회에 문제행동을 했을 때, 사람들이 문제 청소년으로 낙인 찍었기 때문에 청소년 스스로도 문제 청소년으로 인식을 하고 결과적으로 제2, 제3의 문제행동을 하게 된다. 예를 들어, 한 번 왕따가 되면 왕따에서 벗어나기 힘들어지고, 성범죄자가 전자발찌를 한 후 더 큰 범죄를 저지르는 것 역시 바로 이러한 낙인이론으로 설명이 가능하다. 그러나 낙인이론은 최초의 범죄(일차적 범죄)에 대해 설명이 부족하고, 사회적인 피드백 없이도 스스로 범죄자가 되는 경우 등을 설명하지 못하는 한계를 가지고 있다.

한편, 베커와 함께 낙인이론의 대표 학자인 레머트(Lemert, 1951)는 문제행동을 일차적 문제행동(primary deviance)과 이차적 문제행동(secondary deviance)으로 구분하였다. 일차적 문제행동은 초기에 개인, 문화, 사회 요인 등에 의해 하는 문제행동을 말하며, 이차적 문제행동은 일차적 문제행동들의 사회적 낙인에 의해 나타나는 문제행동이다. 즉, 일차적 문제행동을 한 후 사회적으로 낙인 찍히게 되면, 그 후에는 사회적 냉대와 제재를 경험하게 되며, 이에 대한 반작용 등으로 문제행동은 점차 더 심해진다. 따라서 문제행동은 엄격한 부모, 처벌적 교사 등 사회적 제재를 많이 가하는 집단에 속한 청소년일수록 강한 낙인으로 인해 문제행동을 반복적으로 할 가능성이 크다. 일차적 문제행동부터 낙인으로 인해 문제행동이 악화되는 일련의 과정을 여덟 단계로 정리하면 다음과 같다.

- 1단계 최초 일차적 문제행동
- 2단계 사회적 제재: 일차적 문제행동에 대해 사회적 제재가 가해짐
- 3단계 일차적 문제행동 반복: 사회적 제재에도 불구하고 일차적 문제행동을 반복하게 됨
- 4단계 강력한 사회적 제재와 반발: 초기보다 더 강력한 사회적 제재가 발생하게 되고, 이에 대한 청소년의 심리적 거부 또는 반발 또한 심해짐
- 5단계 제재를 가하는 사람에 대한 분노와 분노에서 비롯된 문제행동: 강력해진 사회적 제재에 대한 분노 그리고 이를 가한 사람에 대한 분노 등이 결합되어 더 큰 문제행동을 반복하게 됨
- 6단계 사회적 낙인: 사회가 용인하는 인내의 한계를 넘어섬으로써 문제행동을 상습적으로 하는 문제 청소년으로 낙인이 찍힘
- 7단계 낙인과 사회적 제제에 대한 반발로 인해 문제행동의 심화: 낙인과 사회의 제재에 대한 반발로 비행이 점차 악화되며 지속됨
- 8단계 사회적 낙인에 부합된 행동을 하게 됨

연습문제

1. 아노미 이론의 특징과 머턴이 주장한 다섯 가지 유형 중 혁신형에 대해 설명하시오.
2. 낙인이론의 일차적 문제행동과 이차적 문제행동에 대해 설명하시오.
3. 청소년 문제행동을 설명하는 이론 중 자신이 생각하기에 청소년 문제행동을 가장 잘 설명하는 이론을 하나 선정하여 그 이유를 설명하시오.

참고문헌

김신일(1983). **청소년문제의 실태와 개선방안 연구**. 경기: 현대사회연구소.

김지훈(2016). **2016 김지훈 정도 교정학**. 서울: 박문각.

임계령(1999). 청소년비행의 실태와 대책에 관한 연구. 청주대학교 행정대학원 석사학위논문.

진계호(2002). **형사정책**(p. 156). 경기: 대왕사.

Alexander, F., & & Healy, W. (1935). *Roots of Crime*. New York: Knopf.

Binder, C. (1988). *Measuring Performance*. CBT Directions, October 1988, 40. This is the REALLY short version! One page.

Becker, H. (1963). *Outsiders: Studies in the Sociology of Deviance*.

Cohen, A. K. (1955). *Delinquent Boys: The Culture of the Gang*. Glencoe, IL: Free Press.

Cooley, C. H. (1902). *Human Nature and the Social Order*. New York: Trow Directory.

Durkheim, E. (1950). *Leçons de Sociologie: Physique des Moeurs et Du Droit*. Paris: Presses universitaires de France/Professional Ethics and Civic Morals. London: Routledge and Kegan Paul.

Freud, S. (1961). *The Complete Psychological Works of Sigmund Freud*. London: Hogarth.

Hirschi, T. (1969). *Causes of Delinquency.* Berkeley, CA: University of California Press.

Lemert, E. M. (1951). *Social Pathology.* New York: Mcgraw-Hill.

Liska, A. E. (1981). *Perspectives on Deviance.* Englewood, NJ: Prentice-Hall, Inc.

Merton, R. K. (1957). *Social Theory and Social Structure* (2nd ed.). New York: Free Press.

Miller, N. E. (1959). Liberalization of basic S-R concepts: Extensions to conflict behavior and social learning in Sigmund Koch (Ed.), *Psychology: A study of a science*(Vol. 2). New York: McGraw-Hill.

Quay, H. C. (1987). Intelligence. In H. C. Quay (Eds)., *Hand book of Juvenile offender.* Washington, D C: U S Bureau of Prisons.

Richman, N., Stevenson, J., & Graham, P. J. (1982). *Pre-school to School: A Behavioral Study.* London: Academic Press.

Rutter, M., & Giller, H. (1983). *Juvenile Delinquency: Trends and Perspectives.* Harmondsworth, England: Penguin.

Sutherland, E. H. (1939). *Principles of Criminology* (3th ed.). Philadelphia: Lippincott.

Sykes, G., & Matza, D. (1957). Techniques of Neutralisation: A Theory of Delinquency. *American Sociological Review, Vol. 22,* 664-670.

West, D. J., & Farrington, D. P. (1973). *Who Becomes Delinquent?* London: Heinemann.

제2부

청소년 문제행동의 유형

비 행

청소년의 비행 문제는 그 적용 범위가 광범위하여 개념 정의도 쉽지 않을뿐더러 비행 문제의 해결도 단순치 않은 특성이 있다. 또한 청소년 상담실이나 학교에서 상담자나 교사나 다루기 어려워하는 문제 유형 중의 하나로 손꼽히기도 하다.

비행 문제는 청소년 자신의 개인적 특성은 물론 가족 요인, 친구 요인, 사회환경적 요인 등이 복합적으로 어우러져 나타난 우리 사회의 어두운 모습을 반영한다. 따라서 청소년의 비행 문제를 해결하기 위해서는 청소년 개인의 문제로만 떠넘기는 식의 태도를 벗어나, 청소년 비행의 현실을 파악해 보고 비행을 일으키는 요인에 대해 알아보며, 이를 해결하기 위한 다각적인 방법을 모색하는 것이 요구된다.

이 장에서는 청소년의 문제 유형으로서 비행을 이해하고 이에 대한 해결책을 찾기 위하여, 먼저 청소년 비행의 정의 및 비행청소년의 개념에 대해 살펴볼 것이다. 다음으로, 청소년 비행의 실태를 파악하고자 최근의 동향과 비행 청소년이 나타내는 문제 유형에 대해 다룰 것이다. 또한 비행 문제의 원인에 대해 개인, 가족, 학교, 또래, 지역사회 등으로 나누어 살펴볼 것이며, 마지막으로 비행 문제의 예방과 개입방법에 대해 개인, 가족, 학교, 지역사회 영역별로 다룰 것이다.

1. 청소년 비행의 이해

1) 청소년 비행의 정의

비행이란 법률적 · 도덕적 · 교육적 · 사회적 기준을 위반한 행위를 말한다. 비행은 넓은 개념으로 사용되어 실정법을 위반한 행위뿐만 아니라 여러 가지 사회규범을 위반함으로써 장차 실정법인 형법을 위반할 우려가 있는 모든 행위를 일컫는다.

이같이 비행은 규범으로부터 일탈되는 모든 행동을 칭하는 것이지만, 청소년 비행은 청소년이 저지른 법규에 저촉되는 행위는 물론 가정과 사회에서 말썽 피우는 행위, 무단결석, 음주, 약물남용, 가출 등 광범위한 사회생활 및 법률준수와 관련된 것들을 내포하는 것으로 사용된다(김경식, 1997). 청소년 비행은 법률적으로 12세 이상 19세 미만의 청소년에 의해 행해지는 우범행위, 촉법행위, 범죄행위를 일컫는다. 먼저, 우범행위란 청소년의 행위 그 자체를 범죄로 보기는 어렵지만 무단결석이나 가출처럼 범죄를 저지를 우려가 있다고 인정되는 행동을 말한다. 촉법행위는 형법 법령을 위반하였으나 형사 미성년자(14세 미만)의 행위로 형사책임을 묻지 않은 행위를 의미한다. 아울러 범죄행위는 14세 이상 20세 미만 소년의 형법 법령에 저촉되는 행위를 의미한다.

이와 같이 청소년 비행은 단순히 형법을 위반한 청소년의 범죄만을 의미하는 것이 아니라 범죄의 가능성까지도 포함하며, 더 나아가 성인일 경우에는 문제가 되지 않지만 청소년이기 때문에 문제가 되는 지위비행까지도 포함하고 있다. 따라서 청소년 비행의 적용 범위는 매우 광범위하다. 또한 한 사회의 전통, 도덕, 관습, 교육풍토, 법률에 따라 비행의 의미가 다를 수 있으며, 한 사회 내에서도 하위집단이나 개인에 따라 각각 다른 관점을 제시할 수 있다. 이러한 점에서 청소년 비행을 규정하는 데에는 사회문화적인 영향을 배제할 수 없다는 사실이 분명해 보인다.

비행청소년의 개념은 학자들에 따라 조금씩 차이는 있으나, 일반적으로는 형법 법령에 위반된 행위를 하여 처벌 또는 보호 대상이 된 청소년을 말한다. 조금 더 넓은 의미로는 음주, 흡연, 싸움, 유흥업소 출입과 성도덕 문란행위 등으로 자신 또는 타인의 덕성을 해롭게 하는 청소년을 포함하는 개념으로 이해할 수 있다(임선영 외, 2010).

2) 비행청소년의 문제 유형

비행청소년의 문제는 폭력행동, 성범죄 및 성비행, 약물남용, 비공격적 일탈행동으로 나누어 설명할 수 있다.

(1) 폭력행동

가장 흔한 비행의 유형이라 할 수 있다. 폭력행동을 일삼는 청소년은 학교에서 자주 싸움을 일으키고, 친구나 후배에게 폭력을 휘두르거나 상습적으로 금품을 갈취하기도 한다. 또한 이들 가운데에는 불량 조직을 형성하여 집단적으로 폭력행동을 일삼는 청소년도 있다.

(2) 성범죄 및 성비행

성범죄와 성비행에는 성과 관련된 가벼운 언어적인 행위부터 성폭력이나 강간 등 강력범죄에 해당하는 행위까지 포함된다. 청소년의 성범죄는 원조교제, 또래 간의 성폭력, 인터넷 채팅을 통한 성적 일탈 등을 들 수 있으며 그 종류와 강도가 점차 더 심각해지고 있다.

(3) 약물남용 문제

청소년의 마약 사용이나 환각물질 흡입 현황을 살펴볼 때, 2005년부터 2014년까지 약간의 증감이 있으나, 과거에 비해서는 증가 추세를 나타내고 있다(대검찰청, 2015). 술, 본드, 담배, 환각제, 각성제 등 여러 가지 중독성 물질을 상습적으로 남용하는 청소년이 늘어 가고 있는 실정이다.

(4) 비공격적인 일탈행동

가출, 늦은 귀가, 거짓말, 도벽, 도박 등과 같은 비공격적인 일탈행동이 이에 속한다. 많은 청소년이 자기 행동의 부적절성에 대해 알고는 있으나 행동에 대한 자제력이 부족하여 일탈을 반복한다. 비공격적인 일탈행동을 하는 청소년은 타인에게 일부러 해를 끼치려고 하기보다는 호기심과 충동성에서 비롯된 경우가 많다.

2. 청소년 비행의 현황

2009년부터 2018년까지 10년 동안의 청소년 범죄를 분석한 특성을 살펴보면 다음과 같다(대검찰청, 2020).

먼저, 전체 범죄 발생비의 추이를 살펴볼 때 소년 범죄자의 발생비 증가 폭은 다른 연령대보다 그 폭이 크지 않은 것으로 나타났다. 아울러 〈표 3-1〉을 통해 주요 범죄군별 소년범죄의 발생비 추이를 살펴보면, 재산범죄의 발생비는 2009년 소년 인구 10만 명당 434.8건에서 지속적으로 증가하여 2012년 442.4건으로 최고치를 기록하였다. 이후 대체로 감소하는 추세를 보였으며, 2018년에는 300.6건 발생하였다. 지난 10년간 소년 재산범죄 발생비는 30.6%감소하였다.

소년 강력범죄(흉악)의 발생비는 2009년 소년인구 10만 명당 34.7건에서 증가세를 보이며, 2011년 38.1건 발생한 것으로 나타났다. 이후 4년간 감소하다가 2016년부터 다소 증가하여 2018년에는 39.8건 발생하였다. 지난 10년간 소년 강력범죄(흉악)의 발생비는 14.8% 증가하였다. 소년 강력범죄(폭력)의 발생비는 2009년 소년인구 10만 명당 292.2건에서 증가하여 2012년 310건으로 최고치를 기록하였다. 이후 3년간 감소하는 경향을 보였으며 2016년부터 다소 증가하다가 2018년에는 224건 발생하였다. 2009년도에서 2018년도까지 10년간 소년 강력범죄(폭력)의 발생비는 23.3% 감소하였다. 소년 교통범죄의 발생비는 2009년 소년인구 10만 명당 182.6건에서 지속적으로 감소하였으며, 2016년부터 증가로 전환되었으나 2018년에는 86.7건이 발생하였다. 전체적으로 볼 때, 2009년도에서 2018년도까지의 10년간 소년 교통범죄의 발생비는 52.5% 감소하였다.

한편, 법무부 연수원(2020)에서 발간한 「범죄백서」를 통해 2009년부터 2018년까지의 소년범죄자의 성별 추이를 살펴보면, 2018년 소년 보호관찰대상자 성별 현황은 여성의 비율이 20.2%이다. 여성 비율은 2009년 17.1%에서 지속적으로 증가하다가 2013~2015년 동안 감소하였고, 2016년부터 다시 증가하고 있다.

소년범죄자의 보호자별 현황(법무부 연수원, 2020)을 살펴볼 때 2018년에는 실부모의 비율이 84.6%, 편부가 6.4%, 편모가 6.9%, 부모가 없는 경우가 2.1%였다. 지난 10년간 추이를 살펴보면, 실부모의 비율이 2009년 81.3% 기점에서 2013년까지 감소 경향을 보이다가 최근 다시 증가하고 있다. 이에 비해 편부와 편모의 비율은 등락의 반복은 있으나 최근 다시 감소 경향을 보이고 있다.

소년범죄자의 생활 정도별 현황(범무부 연수원, 2020)을 살펴보면, 2009년에는 하위가 60.7%로 다수를 차지하고 있고, 중위가 38.8%, 상위가 0.4%를 차지하였다. 지난 10년간 전체 소년범죄자 중 하류층의 비율이 감소한 반면, 중위층, 상위층의 비율은 증가하는 경향을 보이고 있다. 그 결과 2018년에는 상위가 1.0%, 중위가 47.8%, 하위가 51.1%를 차지하였다.

마지막으로, 범죄의 원인(법무부 연수원, 2020)을 살펴보면, 2009년부터 2018년까지의 10년간 '우발적'의 구성비가 가장 큰 부분을 차지하여 즉흥적 · 충동적인 청소년 행동양식의 위험성을 보여 주었다. 범죄 원인이 '우발적'으로 보고된 비율이 2009년에 31.1%로 최고치를 기록한 이후 감소 경향을 보여 2018년의 경우 20.1%를 기록하였다. 2018년의 범죄 원인별 구성비를 보면 '우발적'으로 보고된 비율이 20.1%로 가장 높은 비율을 차지하고 있으며, 그 다음으로는 '이욕' 10.0%, '호기심' 4.4% 등의 순으로 나타났다.

표 3-1 주요 범죄군별 소년범죄의 발생비 추이(2009~2018년) (단위: 발생비, %)

연도	재산범죄		강력범죄(흉악)		강력범죄(폭력)		교통범죄	
	발생비	증가율	발생비	증가율	발생비	증가율	발생비	증가율
2009	434.8	–	34.7	–	292.2	–	182.6	–
2010	400.7	−7.9	33.7	−2.8	250.5	−14.2	150.9	−17.3
2011	403.0	−7.3	38.1	9.9	265.2	−9.2	136.3	−25.3
2012	442.4	1.8	34.7	0.0	310.0	6.1	115.1	−36.9
2013	430.9	−0.9	34.4	−0.8	215.4	−26.3	96.2	−47.3
2014	367.4	−15.5	32.0	−7.7	196.0	−32.9	93.7	−48.7
2015	332.9	−23.4	28.2	−18.8	181.4	−37.9	989.4	−51.0
2016	352.9	−18.8	35.7	2.9	207.7	−28.9	99.4	−45.6
2017	319.3	−26.6	38.1	9.8	231.2	−20.9	105.8	−42.1
2018	300.6	−30.6	39.8	14.8	224.0	−23.3	86.7	−52.5

출처: 대검찰청(2020).

3. 비행의 원인

비행의 원인을 개인 요인, 가정 요인, 학교 요인, 또래 요인 및 지역사회 요인으로 나누어 살펴보면 다음과 같다.

1) 개인 요인

(1) 낮은 자아존중감

비행청소년은 자신에 대해 불만족하고 열등감을 크게 느끼며 자기를 수용하지 못하는 경향이 크다. 낮은 자아존중감은 여러 종류의 범죄나 폭력과 밀접한 관련이 있음을 알 수 있었다(Reston, 1995).

(2) 낮은 자기통제감

비행청소년은 자기통제력이 약하고 충동 조절에 어려움을 느낄 수 있다. 이들은 순간적인 욕구충족에 우선한 선택을 하기 때문에 장기적으로 생산적인 목표를 설정하는 데 어려움을 느낀다.

(3) 감정 인식과 표현의 어려움

비행청소년은 자신의 감정은 물론 타인의 감정이나 욕구를 객관적으로 파악하는 데 어려움을 느끼며, 적절한 방식으로 자신의 감정을 표현하기 힘들어하는 경향이 있다.

(4) 제한된 인지능력

비행청소년은 자신이 직접 겪어 보지 않은 일에 대해 관심을 갖거나 생각하기 어려워하는 특성이 있다. 이들은 자기중심적인 인지왜곡으로 인해 타인의 중립적인 행위조차도 자신을 향한 도발로 오해함으로서 공격행동을 하기도 한다. 또한 즈릴라와 골드프라이드(D'Zurilla & Goldfried, 1973)에 따르면, 이들은 문제 상황과 관련한 여러 단서에 대한 민감성이 떨어지거나 혹은 과잉 지각하며, 폭력이나 비행 이외의 또 다른 건설적인 문제해결 방식을 생성하기 어려워하는 등 다양한 부적응적인 인지 특성을 나타낸다.

(5) 부적절한 대인관계 특성

비행청소년은 다른 사람들을 관찰함으로써 학습하는 능력이 부족한 특성이 있으며, 자신이 형성한 비행 하위집단과 그 밖의 집단에서의 행동 간에 큰 차이를 나타내는 경향이 있다. 또한 일반 친구들이나 교사의 도움 및 지지를 거부하며, 자신이 형성한 하위조직 내에서의 인정과 권력을 매우 중요하게 여긴다.

(6) 내적 긴장감

애그뉴(Agnew, 1992)는 일상에서 느끼는 긴장은 부정적 감정을 유발할 수 있으며, 이는 비행의 원인이 될 수 있다고 설명하였다. 비행청소년은 우울감, 좌절감, 불안, 공포 등의 내적 긴장감을 많이 느끼며, 이를 해결하기 위한 방법으로 싸움, 가출 등의 방법을 사용하곤 한다.

2) 가정 요인

(1) 부모의 양육태도의 문제

부모가 지나치게 권위주의적이거나 방임적이며, 또는 무관심한 태도를 보이는 경우에 청소년은 일탈을 하기 쉽다. 또한 부모가 비합리적이고 일관성 없는 규제를 가하는 경우, 또는 부모-자녀 간 친밀감이 부족한 경우 역시 비행의 원인이 될 수 있다.

(2) 자녀 발달에 따른 관계 조정의 실패

자녀가 성장함에 따라서 부모-자녀 관계가 자연스럽고 건강한 방식으로 변화해 가야 한다. 그러나 자녀가 청소년이 되었지만 부모가 자녀를 여전히 초등학교 저학년처럼 대하여 지나치게 간섭하고 통제함으로써 부모-자녀 관계가 악화되는 경우가 있다. 이와 같이 부모-자녀 관계가 서로 조정되지 않으면 청소년은 부모에게 답답함과 분노를 느끼면서 일탈을 하기 쉽다.

(3) 가정불화나 학대

가정불화나 학대가 심각할 때 자녀는 정서적인 위기에 처하게 된다. 특히 청소년기에 가정불화가 심하거나 학대를 경험하는 경우 자녀는 불안감, 불안정감, 우울감 등 정서적으로 크게 동요되며, 매우 큰 스트레스를 받게 되어 이로 인해 비행을 일삼기도 한다.

(4) 가족 내 위계질서의 부재

부모가 권위와 통제력을 상실하는 경우 청소년 자녀가 자칫 부모보다 더 큰 통제력을 행사할 수 있다. 이때 부모가 이에 맞서 상황을 강압적으로 통제하려 하면 청소년은 지나친 비행행동 등으로 자신들의 행동 수위를 한 단계 높임으로써 부모의 권위를 무력화시킬 수 있다.

(5) 빈곤 가정이나 결손 가정

빈곤은 청소년을 환경적 위험에 노출시킨다는 점에서 비행의 근본적인 원인 중의 하나로 간주된다(Hannon, 2003). 절대적 빈곤 가정뿐만 아니라 심리적 차원의 상대적 빈곤 가정 역시 무력감, 열등감, 사회에 대한 반발, 반항심, 공격성, 폭력성 등을 초래할 수 있다(청소년폭력예방재단, 1996).

또한 결손 가정은 정상적인 가족의 기능을 상실한 가정이라 할 수 있는데, 이 안에서 가족구성원의 역할이 변화하게 되며 그러한 재적응 과정에서 문제가 발생하기도 한다.

3) 학교 요인

(1) 학교에 대한 낮은 애착

입시 위주의 교육, 사회 정의 실현과 사회문제에 대한 학교교육의 소극성 등으로 인해 학교교육이 관료화되며 다양한 문제점을 드러내게 된다. 이러한 환경 속에서 교사나 친구로부터 충분한 관심을 받지 못했다고 생각하는 일부 청소년들은 그 분노를 범죄나 비행으로 해소할 가능성이 많아지며, 이들은 학교에 대한 애착이 매우 낮은 특성이 있다.

(2) 학업 실패

청소년에게 있어서 학업은 그들의 자존감이라 해도 과언이 아닐 정도로 청소년의 적응에 큰 영향을 미친다. 학력 위주의 교육풍토하에서는 학교교육의 목표는 개인의 전인적인 발달이 아니라 진학이나 입시 위주의 목표가 그 중심이 된다. 따라서 학업 성적의 저하는 학생들에게 엄청난 스트레스와 분노를 유발할 수 있으며, 일부 학생들의 경우 이러한 분노와 좌절감을 일탈이나 비행으로 표현하게 된다. 또한 성취나 성공에 대한 동기가 결핍된 청소년들은 더 이상 잃을 것이 없다고 생각하기 때문에 사회적으로 수용되는 건강한 방식으로 행동해야 할 이유를 찾지 못하게 된다.

(3) 학교에서의 낙인

비행청소년의 낮은 성적, 학교 규칙 무시, 교사와의 긍정적인 관계 설정 실패 등으로 이들에 대한 교사들의 시선은 대부분 부정적이기 쉽다. 교사는 대개 비행청소년의 부적응적인 특성들과 상호작용하게 되며, 이로 인해 교사와 비행청소년과의 관계는 악순환을 거듭하게 된다.

4) 또래 요인

(1) 또래 관계를 통한 비행의 모방

비행청소년은 주변 또래집단에게 보상과 처벌을 통해 자신들의 행동을 모방하도록 부추기며, 그 행동을 상호 강화하는 특성이 있다. 특히 청소년 초기와 중기 동안 또래에 대한 동조 현상은 매우 강하다고 알려져 있듯이(Lloyd, 1985), 비행청소년들은 서로 간의 동조를 통해 자신들의 행동을 정당화할 수 있다. 만약 또래집단이 자신들의 행동에 동조하지 않을 경우엔 폭력, 따돌림 등의 집단적인 거부나 배척을 하게 되며, 이를 통해 자신들의 힘을 과시하게 된다.

(2) 따돌림 경험

집단따돌림을 당한 경우에도 비행행동을 할 가능성이 높다. 집단따돌림을 통해 건강한 또래들과의 상호작용 기회를 잃기 때문에 긍정적이고 건강한 교우관계 형성에 부정적인 영향을 초래할 수 있으며, 이로 인해 이들은 비행집단에 가담할 가능성이 있다.

5) 지역사회 요인

높은 경제 성장과 사회규범의 약화, 물질주의 가치의 팽배, 폭력에 대한 허용성, 과잉 경쟁 등의 사회 분위기에서 인간적 가치는 상대적으로 소홀해지게 된다. 이러한 환경 안에서 청소년의 불안과 긴장은 커질 수밖에 없고 이에 압도된 일부 청소년의 비행행동을 부추길 수 있다. 만일 사회가 특정 행동에 대한 명확한 규범을 세우고, 바람직하지 못한 행동에 관여하지 못하도록 제지할 수 있는 환경을 제공한다면 청소년의 비행 가능성을 상당 부분 낮출 수 있을 것이다. 또한 청소년의 비행행동에는 시공간적으로 근접한 환경이 큰 영향을 미치기 때문에, 청소년이 오랜 기간 머무르는 학교, 집 주변 등이 우범율이 높은지 파악하고 개선안을 마련하는 등의 노력이 요구된다.

4. 비행 예방과 대처

청소년 비행 문제가 심각한 만큼 문제를 해결하기 위해서는 다양한 방법을 함께 시도할 필요가 있다. 비행 문제를 해결하기 위한 방법으로서 비행청소년 당사자를 위한 예방 및 개입, 가정에서의 예방 및 개입, 학교에서의 예방 및 개입, 지역사회에서의 예방 및 개입 등의 다차원적 노력이 필요하다.

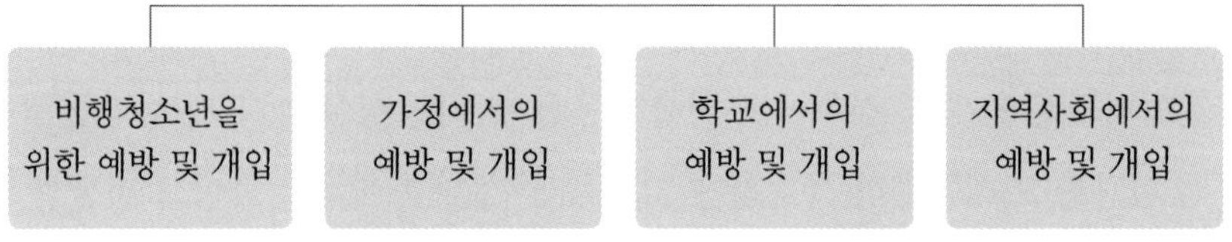

[그림 3-1] 비행에 대한 다차원적 예방 및 개입

1) 가정에서의 예방과 대처

(1) 부모가 상담에 참여하도록 적극적으로 제안하기

청소년의 비행에 대한 이야기를 듣고서 청소년 문제에 대한 가설을 정립하며, 청소년 문제를 해결하기 위해 가족구성원 가운데 누구를 상담에 참여시킬지를 미리 계획하고 결정한다. 특정 가족구성원을 상담에 참여시키려 했던 상담자의 초기 가정은 상담이 진행되면서 융통성 있는 태도로 변화할 수 있다.

부모를 상담에 참여시키려 할 때, 상담자는 청소년의 부모와 협력 체계를 구축하여 청소년의 문제를 함께 해결하려 한다는 것을 청소년에게 인식시키는 것이 무엇보다도 중요하다.

(2) 자녀의 문제와 상황에 대한 이해

부모가 자녀의 문제와 상황을 어떻게 파악하고 있는지에 대해 듣는다. 이때 부모의 마음을 공감적으로 수용하며 경청하는 자세가 필요하다. 부모는 자녀의 비행 문제의 특성과 심각성에 대해 객관적으로 인식해야 하며, 부모의 양육태도나 부모-자녀 관계가 자녀의 비행 문제에 어떤 영향을 미쳤는지에 대해 이해해야 한다. 이를 통해 만일 부모가 비행 자녀를 대하는 방식에 있어서 문제를 갖고 있는 경우, 상담자는 부모가 자녀를 올바르게 훈육하면서 가족의 응집성을 높일 수 있는 방법에 대해 안내해야 할 것이다. 또한 가족 간 지나치게 약한 유대나 지나치게 강한 유대 등 건강하지 않은 유대 관계를 이루고 있다면 이를 변화시킬 수 있도록 조력해야 할 것이다. 따라서 부모-자녀 관계가 현재보다 건강한 방식으로 변화될 수 있는 방안을 적극적으로 간구해야 할 것이다.

2) 학교에서의 예방과 대처

(1) 학교 내의 규칙 마련

학교의 교칙과 규칙을 잘 지킬 수 있는 지침을 모든 학생에게 제시하고 이를 숙지하도록 하는 것은 비행행동을 예방하는 데 효과적이며, 이를 통해 학생은 자신의 행동에 책임지는 법을 배울 수 있다.

(2) 다양한 프로그램 마련

입시 위주의 학교 분위기에서 자신이 원하는 만큼 학업 성취를 하지 못한 학생은 학교에서 더욱더 소외될 수 있으며, 공부를 잘하는 학생만이 학교에서 성취감을 느끼며 학교를 긍정적으로 지각할 수 있다. 따라서 학생의 비행을 사전에 예방하기 위해서는 입시 위주의 학교 프로그램에서 더 나아가, 청소년의 인성 함양이나 스트레스 관리를 위한 프로그램, 문제해결 기술 향상 프로그램 등을 상시 마련하여 학생의 적응을 도와야 할 것이다. 또한 정기적으로 학교폭력 예방 캠페인을 여는 것도 일탈과 비행을 예방하는 데 도움이 된다.

(3) 학교 내 연계 체제 확립

비행청소년의 지도를 위해서는 학교 내, 학교 외에서의 연계 체계가 확립되어야 한다. 학교 내에서는 상담교사, 보건교사, 생활지도부 교사와 일반 교사들이 상시 협조할 수 있는 체제를 구축하는 것이 바람직하다. 연계 체계를 활용함으로써 상호 자문이 가능할 것이며, 비행청소년에 대한 더욱 풍성한 자료를 획득할 수 있을 것이다.

3) 상담전문가의 예방과 대처

(1) 라포 형성하기

청소년에게 무조건적 존중, 수용적 태도를 통해 신뢰감과 안정감을 준다. 이때 비행청소년은 대부분 초기 양육과정이나 비행 형성과정에서 타인들로부터 거부당하고 멸시당했던 경험들로 인해 상담자의 온 정성을 자연스럽게 받아들이지 못한다. 때로는 상담자에게 도전적이고 거칠게 대함으로써 상담자의 태도를 시험하려는 시도를 반복하기도 한다. 이때 상담자는 내담자의 반복적인 시도에 초연하게 대처해야 한다. 청소년이 상담실 안에서 어떠한 이야기라도 편안하게 할 수 있도록 분위기를 조성해야 하지만, 청소년이 어떠한 행동을 하더라도 내버려 두라는 의미는 아니며, 편안하고 자유로운 분위기는 유지하되 절대 해서는 안 되는 행동에 대해서는 명확하게 안내하는 것이 바람직하다. 한편, 청소년이 위기 상황에 처해 있는 경우에는 우선적으로 안정적인 조치를 취할 수 있도록 전문기관을 소개하거나 연계하려는 시도가 필요하다.

(2) 문제 파악하기

청소년의 비행 관련한 위험요소와 보호요소를 파악한다. 여기서 위험요소는 청소년에게 문제를 일으킬 소지가 높아지도록 하는 특성이나 요소이며, 보호요소란 위험요소에 노출되었을 때 나타날 수 있는 부정적인 영향력을 중재하거나 완화시켜 문제행동이 야기될 수 있는 확률을 낮추는 요소다.

이러한 다양한 요소를 파악하기 위해 여러 가지 방법을 이용할 수 있다. 우선, 상담자와 청소년 간의 면담을 통해 청소년의 언어적 · 비언어적인 특성 중에서 위험요소와 보호요소에 대해 폭넓게 파악할 수 있다. 또한 검사를 이용할 수 있는데, 검사는 표준화 검사와 비표준화 검사로 나뉘므로 상담자는 각각의 장단점을 파악하여 청소년에게 적합한 검사를 선별하여 사용할 필요가 있다. 상담자와의 면담이나 검사 외에 청소년의 주변 사람들을 통한 자문을 이용할 수도 있다. 청소년 내담자의 부모나 교사는 내담자에 대해 관찰한 내용이나 중요한 특성들을 전달해 줄 수 있는데, 이는 청소년의 문제를 파악하는 데에 중요한 자료로 사용될 수 있다.

(3) 해결방안 찾기

청소년 사안에 맞는 적절한 해결방안을 청소년과 함께 찾는다. 만일 청소년이 현재 위기에 처해 있는 상황이라면 위기를 극복할 수 있도록 즉각적이고 적극적인 개입을 해야 할 것이다. 가령, 자살 충동을 이야기하는 청소년이라면 자살하지 않겠다는 약조를 서면으로 받는 것이 좋으며, 자살 동기를 구체적으로 탐색하고 개입해야 할 문제영역을 찾아서 해결하도록 돕는다. 이들이 현재의 고통에 압도되지 않도록 지지해 주며 갈등을 초래한 현실적인 문제들에 대한 대처방법을 모색한다.

아울러, 일반적인 비행청소년의 경우에는 청소년의 대처능력 증진에 초점을 맞춘다. 비행청소년 가운데 상당수는 대인관계에서 자기주장이나 자기표현 능력이 부족한 경우가 많다. 필요한 경우 자기주장 훈련을 연습하도록 하여 비행집단은 물론 일반 청소년과의 관계에서 이들이 건강하게 대처할 수 있는 능력을 증진시켜야 할 것이다.

4) 지역사회에서의 예방과 대처

(1) 지역사회와의 긴밀한 협조 체계 구축

학교는 지역사회 조직이나 기관과 긴밀한 협조 체계를 구축할 수 있다. 상담자는 지역사회에서 활용할 수 있는 기관 등의 자원을 파악하고, 이들과 협조 체계를 이룰 수 있는 방법을 마련해야 할 것이다. 청소년의 욕구를 충족시켜 주는 지역사회의 단체는 청소년으로 하여금 비행 집단에 가담하지 못하게 하는 예방 차원의 역할을 할 수 있다. 예를 들어, 지역사회에서는 유해업소를 규제하고 정비함으로써 청소년의 건전 문화 육성에 도움을 줄 수 있을 것이다.

지역사회는 청소년 비행 예방이나 해결을 위해 일대일로 영향을 줄 수 있지만, 더 나아가 단체 간에 상호 협력적으로 교류함으로써 문제를 예방하고 해결할 수 있다. 예를 들어, 심각한 비행청소년들을 대상으로 하여 학교와 연계를 맺은 여러 지역사회 활동에 참여시키는 것도 한 방법이 될 수 있을 것이다.

(2) 청소년을 위한 문화시설 확충

청소년이 안심하고 건전하게 놀 수 있는 문화시설과 놀이문화 육성을 위해 노력해야 한다. 청소년의 올바른 가치관 함양과 심신 단련을 위해 청소년 문화의 장을 마련해 주는 것이 필요할 것이다.

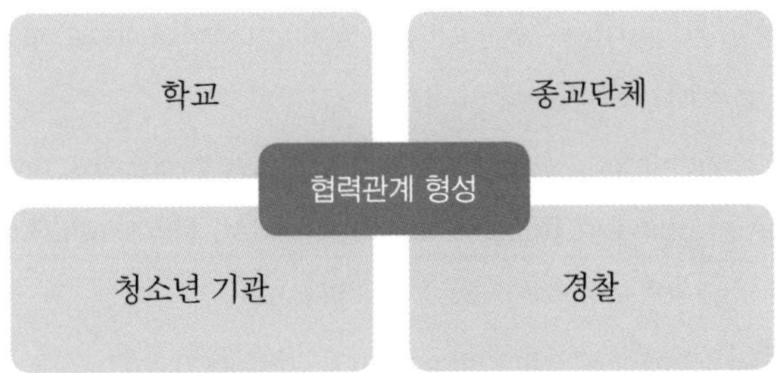

[그림 3-2] 지역사회 각 기관의 상호 협력관계 형성

연습문제

1. 비행청소년의 개념에 대해 설명하시오.
2. 비행의 원인 중 개인, 가정, 학교, 또래, 지역사회 요인을 각각 설명하시오.
3. 비행을 예방하고 대처하기 위한 방법 가운데 비행청소년 당사자를 위한 개입방법에 대해 설명하시오.
4. 비행 예방 및 대처 방안 중 지역사회의 개입방법에 대해 설명하시오.

참고문헌

김경식(1997). 중 · 고교 중퇴생과 재학생의 교내와 생활비교를 통한 중퇴요인 분석. **교육사회학연구, 7**(3), 115-138.

대검찰청(2020). **범죄분석**.

법무부 연수원(2020). **범죄백서**.

임선영, 김선우, 박준우(2010). **청소년문제와 보호**. 서울: 구상.

청소년 폭력예방재단(1996). **학교폭력, 고통 받는 아이들을 위해 무엇을 할 것인가?: 예방에서 대책까지**. 서울: 한울림.

Agnew, R. (1992). Foundation for a general strain theory of crime and delinquency. *Criminology, 30*(1), 47-88.

D'zurilla, T. J., & Goldfried, M. R. (1973). Cognititive processes, problem solving, and effective behavior. In M. R. Goldfried & M. Merbaum (Eds.), *Behavior change through self-control.* New York: Plenum.

Hannon, L. (2003). Poverty, delinquency, and educational attainment: Cumulative disadvantage or disadvantage saturation? *Sociological Inquiry, 73*(4), 575-594.

Lloyd, M. A. (1985). *Adolescence.* New York: Harper & Row.

Reston, V. (1995). Helping middle level and high school students develop trust, respect, and self-confidence. *NASSP(National Association of Secondary School Principals) Practitioner, 21*(4), Apr. (ERIC Document Reproduction Service No. ED. 381897).

학교폭력

폭력이라는 말이 낯설지 않다. 어느 순간 폭력은 우리 삶의 한 부분이 되었고, 그 중심에 학교폭력이 있다. 오늘날 학교폭력은 더 이상 문제를 일으키는 특정 몇 명의 문제가 아닌 우리 모두의 문제가 되었다. 모두의 문제가 되었다고 하는 것은 많은 사람이 관심을 가진다는 것인 동시에 그만큼 문제가 심각해졌다는 것을 의미하기도 한다. 이러한 학교폭력은 1978년 올베우스(Olweus)가 『Bullies and whipping boys』를 발표하면서부터 알려지기 시작했다. 우리나라의 경우 1980년대 후반 급증하기 시작해서 1990년대 초 학교폭력대책국민협의회 등 시민단체를 중심으로 학교폭력 문제의 심각성이 알려졌다. 즉, 학교폭력 문제는 국가적 차원에서 또는 전문가들이 문제의식을 가지고 대처하기 위해 시작되었다기보다는 학교 현장에서 학교폭력을 직면한 피해학생 부모들의 노력에 의해 사회문제화되면서 시작되었다고 할 수 있다. 이러한 학부모들의 노력에 힘입어 2004년 「학교폭력예방 및 대책에 관한 법률」(약칭 「학교폭력예방법」)이 제정되었으며, 이 법률에 근거하여 2005년부터 2009년도까지 5개년 계획을 실시하였다. 그러나 시간이 지날수록 학교폭력의 문제가 더 심각해지고 사회적 문제가 됨에 따라 2012년 기존의 「학교폭력예방법」을 일부 개정하였다. 2012년 개정안에서는 학교 현장에 전문 인력을 배치하고 가해학생과 피해학생을 다른 학교로 배정해야 한다는 등의 내용이 추가되었다. 그러나 전체적인 맥락에서 보면 2004년에 개정된 것과 큰 차이가 없었다. 안타까운 일이지만, 그만큼 학교폭력 문제를 해결하는 것이 어렵다는 것을 반증하는 것이기도 하다. 그리고 2019년에 일부로 추가로 개정이 되었다. 이때 핵심 개정 사안은 학교 차원에서 이루어지던 학교폭력대책자치위원회를 폐지하고, 교육지원청에 학교폭력대책심의위원회를 두는 것으로 이를 통해 학교폭력 사건을 보다 전문적으로 다루고자 하였다. 이러한 흐름을 바탕으로 이 장에서는 학교폭력에 대한 정의, 유형, 실태 등을 살펴봄으로써 학교폭력에 대한 이해를 높이고, 학교폭력이 발생했을 때 교육지원청 심의위원회를 중심으로 학교폭력 문제에 어떻게 대처해야 하는지 알아볼 것이다. 그리고 마지막으로는 학교폭력 관련자인 피해학생, 가해학생, 방관자 그리고 그 부모들을 도울 수 있는 다양한 방법들을 제시할 것이다.

1. 학교폭력의 이해

1) 학교폭력의 정의

학교폭력이란 「학교폭력예방 및 대책에 관한 법률」 제2조(법률 제11948호, 2019. 8. 20. 일부 개정)에 의해 법률적으로 다음과 같이 정의를 내리고 있다.

- 학교폭력: 학교 내외에서 학생을 대상으로 발생한 상해, 폭행, 감금, 협박, 약취유인, 명예훼손, 모욕, 공갈, 강요, 강제적인 심부름 및 성폭력, 따돌림, 사이버 따돌림, 정보통신망을 이용한 음란, 폭력 정보 등에 의하여 신체, 정신 또는 재산상의 피해를 수반하는 행위
- 집단따돌림: 학교 내외에서 2명 이상의 학생들이 특정인이나 특정 집단의 학생들을 대상으로 지속적이거나 반복적으로 신체적 또는 심리적 공격을 가하여 상대방이 고통을 느끼도록 하는 일체의 행위
- 사이버따돌림: 인터넷, 휴대전화 등 정보통신기기를 이용하여 학생들이 특정 학생들 대상으로 지속적 · 반복적으로 심리적 공격을 가하거나 특정 학생과 관련된 개인정보 또는 허위사실을 유포하여 상대방이 고통을 느끼도록 하는 일체의 행위

2) 학교폭력 유형

이러한 학교폭력은 학교 장면에서 다양한 형태로 나타나고 있으며, 이는 학교폭력 개입을 어렵게 하는 요인이 되기도 한다. 교육부가 2012년부터 전국의 학교를 대상으로 실시한 학교폭력 실태조사 설문지에 기초해서 학교폭력의 유형을 재구성하면, 학교폭력은 신체폭력, 언어폭력, 집단따돌림, 스토킹, 사이버폭력, 금품갈취, 강요, 성폭력으로 크게 구분할 수 있다. 이를 살펴보면 다음과 같다.

(1) 신체폭력

신체를 사용해서 폭력을 행사하여 다른 사람에게 해를 가하거나 재산상 손실을 가져오는 것을 의미한다. 신체폭력에는 다른 사람을 때리거나 칼과 같은 무기로 가해를 하는 것뿐만 아니라 폭력으로 위협하여 일정 장소에서 쉽게 나오지 못하게 감금을 하거나 강제로 특정 장소에 데리고 가는 것 등도 포

함된다. 상해, 폭행, 감금, 유인 등이 이에 해당한다.

(2) 언어폭력

언어폭력이란 여러 사람이 보는 앞에서 상대방에게 언어로 공격을 하는 것을 의미한다. 욕설이나 협박뿐만 아니라 외모나 가정배경, 능력 등을 놀리는 것 또한 언어폭력에 해당한다. 법적으로는 모욕죄로 분류될 수 있다. 언어폭력은 전체 학교폭력 피해 유형 중 가장 많이 나타나는 유형으로, 교육부에서 매년 진행되는 학교폭력 실태조사에 따르면 언어폭력은 그다음으로 많은 집단따돌림의 약 2배에 이를 정도로 많이 발생하고 있다. 그러나 언어폭력은 겉으로 잘 드러나지 않기 때문에 신체폭력에 비해 덜 심각한 것으로 인식되는 경향이 있다. 일반적으로 언어폭력은 신체폭력을 가하지 않기 때문에 주변 학생들이 방관하거나 동조하기가 쉬우며, 그 결과 비교적 쉽게 행해지고 지속적으로 나타나기 때문에 신체폭력만큼 심각한 폭행이라 할 수 있다.

(3) 집단따돌림

집단따돌림이란 2명 이상의 학생들이 자기보다 약하다고 간주하는 특정 학생이나 특정 집단의 학생들을 지속적이거나 반복적 또는 집단적으로 괴롭히는 행위를 의미한다. 빈정거리거나 모욕을 주는 것, 다른 친구들과 어울리지 못하게 하는 것 등이 이에 속하며, 남학생보다는 여학생에게서 많이 나타나고 있다.

(4) 스토킹

스토킹이란 피해학생이 싫다고 하는데도 계속 따라다니며 괴롭히고 불안하게 하는 행위를 의미한다. 전체 초 · 중 · 고등학생의 9~12%에 이를 정도로 많은 학생이 스토킹으로 인해 고통을 받고 있으며, 고등학생에 비해 초등학생과 중학생에게서 많이 나타나고 있다(교육부, 2019).

(5) 사이버폭력

사이버폭력이란 사이버 공간에서 특정 학생을 괴롭히는 행위를 의미한다. 즉, 게시판이나 채팅방에 모욕적인 말을 하거나 욕설을 하는 사이버모욕, 개인의 사생활 또는 특정 개인에 대한 허위사실을 게시판에 올려 불특정 다수에게 공개하는 사이버 명예훼손, 성적 수치심을 주거나 음란한 대화를 강요하여 정신적 피해를 주는 사이버성희롱 그리고 집단따돌림을 목적으로 SNS에 허위사실을 유포하거나 학교폭력 동영상을 게시판에 탑재하는 것 등이 이에 속한다. 사이버 공간의 특성상 익명성이 보장되기 때문에 가해하기가 쉽고, 상대방의 감정을 확인할 수 없기 때문에 폭력의 강도가 더 심해질 수 있다.

(6) 금품갈취

금품갈취란 다른 사람의 돈이나 휴대전화 등의 물건을 빼앗는 행위를 의미하는 것으로 입고 있는 옷을 빼앗거나 돈을 걷어 오라고 시키는 것 또한 여기에 해당한다. 금품갈취는 초등학생이나 고등학생보다는 중학생에게서 많이 발생하는 것으로 나타났다(교육부, 2019). 금품갈취로 인해 피해를 받는 학생들은 부모에게 돈을 자주 요구하고, 옷을 잃어버렸다고 하므로 주변에서 이에 대해 관심을 가진다면 조기 발견이 가능하다.

(7) 강요

강요란 힘이 센 학생이 약한 학생에게 강제로 굴복을 시켜서 심부름을 강제로 시키는 행위를 의미한다. 이러한 강요에는 빵 셔틀, 와이파이 셔틀, 가방 셔틀, 신발 셔틀, 심부름 강요, 과제 대행, 게임 대행 등이 있으며, 심지어 바바리맨을 하도록 강요하는 경우도 있다. 폭행 또는 협박으로 인한 이러한 강요는 피해학생에게 굴욕감과 모멸감을 준다.

참고

* 빵 셔틀: 힘이 센 학생이 약한 학생에게 빵을 강제로 사 오게 하는 행위로 심지어는 500원을 주고 5천 원어치 빵을 사 오라고 하기도 함
* 와이파이 셔틀: 힘이 센 학생이 약한 학생에게 강제로 항상 핫스팟을 켜게 함으로써 가해학생이 무료로 와이파이를 사용하는 행위
* 가방 셔틀: 힘이 센 학생이 약한 학생에게 강제로 자신의 가방을 들게 하는 행위

(8) 성폭력

성폭력에는 성폭행, 성추행, 성희롱이 포함된다. 성폭력은 전체 학교폭력에서 많은 비중을 차지하지는 않지만, 성폭행은 피해자의 인생을 바꿀 정도로 큰 상처를 주기 때문에 그 무엇보다 중요하다 할 수 있다. 성폭행은 협박이나 폭행 등을 통해 성행위를 강제로 하는 것을 의미하며, 청소년은 자기방어 능력이 부족하고 성적인 행동에 동의할 수 있는 능력이 부족하기 때문에, 성기 삽입이 아니더라도 이물질 삽입 등의 유사 성행위 또한 성폭행에 포함된다. 특히 만 13세 미만은 피해자가 성행위에 동의를 하였다 하더라도 강제추행죄가 적용된다. 우리나라에서 일어나는 청소년 성폭행의 경우, 친족에 의한 성폭행이 비친족에 의한 성폭행의 약 절반 정도에 이르는 등 아는 사람에 의해 성폭행을 많이 당하는 것이 특징이라 할 수 있다. 그 외 상대방이 협박이나 폭행을 통해 신체적인 접촉을 가하는 성추행과 성적인 말이나 행동으로 성적 굴욕감이나 수치감을 느끼게 하는 성희롱이 포함된다.

참고

〈성폭력 전문상담기관〉

1899-3075 원스톱지원센터, 해바라기여성아동센터

1366 여성긴급전화

2. 학교폭력 청소년의 현황

교육부가 2019년 학교폭력 실태조사를 발표한 자료에 따르면, 2019년 학교폭력으로 피해를 입고 있는 청소년은 전체 청소년(초등학교 4학년~고등학교 2학년)의 약 1.6%인 것으로 나타났다. 2018년에 비해 0.3% 증가한 수치이기는 하나 큰 차이는 없는 것으로 전체 학생의 1.6%, 즉 약 6만 명의 청소년들이 여전히 학교폭력으로 인해 상당한 고통을 받고 있다는 것을 의미한다. 학교별로 보면, 초등학생(3.6%), 중학생(0.8%), 고등학생(0.4%) 순으로 학교폭력의 피해가 높은 것으로 나타났으며, 이러한 수치는 매년 다소 차이가 있었으나 순서에서는 변화가 없었다. 즉, 고등학생보다는 초등학생이나 중학생이 학교폭력에 더 많이 노출되어 있는 것으로 나타났다. 피해 유형을 살펴보면, 언어폭력이 35.6%로 가장 높았으며, 그 다음으로는 집단 따돌림(23.2%), 사이버괴롭힘(8.9%) 순으로 나타났다. 전체적으로 보면 사이버 괴롭힘의 비중이 증가하고 있으며, 신체 폭력은 2017년부터 낮아지고 있는 것으로 나타났다(2017년 11.7% → 2019년 6.3%). 특히 이러한 사이버괴롭힘은 초등학생에 비해 중 · 고등학생에게서 많이 나타났으며, 고등학생에 비해 초등학생과 중학생에게서는 스토킹이 많이 나타났다.

이와 같은 학교폭력은 다음의 몇 가지 중요한 특징을 가지고 있다.

- 학교폭력은 특정 학생들에게만 나타나는 것이 아니다. 예전에는 학교폭력이 일부 비행학생들을 중심으로 이루어졌다. 그러나 최근에는 공부 잘하는 학생이나 친구들에게 인기가 많은 학생이 학교폭력의 가해학생이 되는 사례가 증가하고 있다. 또한 폭력을 가하는 이유 역시 불명확하다. 교육부의 2019년 2차 학교폭력 실태조사에 따르면, 가해 이유에 대한 응답을 '장난이나 특별한 이유 없이'가 31.3%나 차지하였다. 이처럼

특별히 잘못을 하거나 문제가 있어서가 아니라 장난으로 모든 학생에게 학교폭력을 가할 수 있는 상황이 됨으로써 학교폭력 문제를 예방하고 개입하는 것 또한 한층 더 어려워졌다.

- 학교폭력이 집단적으로 일어나고 있다. 최근 나타나는 학교폭력은 가해자와 피해자 일대일로 발생하기보다는 집단적으로 이루어지는 경우가 많다. 개인이 아닌 집단으로 학교폭력이 이뤄질 경우 가해학생들은 죄책감을 느끼기보다는 정당화하는 경향이 있으며, 학교폭력의 강도 또한 더 심해질 수 있어 이 역시 학교폭력 문제를 해결하기 힘들게 하는 요인으로 작용하고 있다.
- 학교폭력이 일회성이 아니라 지속적으로 발생하고 있다. 피해학생은 교실의 이동 없이 1년 이상 같이 지내야 하기 때문에 피해자의 신분에서 벗어나기가 어렵고, 설령 다른 학교로 전학을 간다 하더라도 학교폭력의 피해자라는 꼬리표가 따라 붙으며, 또한 심리적 상처에서 벗어나지 못한 경우가 많아 새로운 학교에서도 피해자가 되기 쉽다.
- 학교폭력은 여전히 은폐되고 있다. 학교폭력은 피해자 개인이 해결하기 어려운 문제다. 따라서 학교폭력이 발생했을 경우 교사나 학부모 등에게 알려야 한다. 그러나 대다수의 피해자는 교사나 학부모에게 알리면 가해자가 보복을 할 것이라는 생각에 두려워서 또는 교사나 학부모는 말을 해도 어차피 이해를 하지 못할 것이라는 생각에 알리는 것을 꺼리는 경우가 많다. 그러나 이러한 피해자의 태도는 학교폭력이 지속되게 할 뿐만 아니라 문제를 더 심각하게 하는 원인이 된다.
- 학교폭력이 심각한 범죄로 발전하고 있다. 일련의 사건들을 살펴보면, 단순히 친구를 괴롭히는 정도를 뛰어넘어 방화나 살인과 같은 범죄 수준에 이르는 사건들이 상당하다. 특히 폭력서클 중에 성인 폭력조직과 연계된 곳이 많아 성인 폭력조직의 행동을 모방하기도 하는 등 가해행동의 정도가 매우 심각한 수준으로 발전하였다.

3. 학교폭력의 예방과 대처

1) 교육부의 예방과 대처

교육부는 「학교폭력예방법」 제20조 제1항에 따라 학교폭력 현장을 목격하거나 그 사실을 알게 된 사람은 누구라도 학교폭력신고센터(117)나 학교 등

[그림 4-1] 학교폭력 사안처리 흐름도

출처: 교육부(2020).

관계기관에 즉시 신고를 해야 한다. 신고된 학교폭력은 학교 차원에서 자체 해결하거나 그러지 못할 경우 교육지원청에 있는 심의위원회를 중심으로 조치된다. 2019년 개정되기 이전에는 각 학교에 있는 학교폭력자치위원회에서 학교폭력 사건을 심의하였으나 학교폭력 사건이 많아지면서 학교에서 감당하기 어려워지고, 학교폭력자치위원회의 전문성이 부족하며, 간단한 사건조차 학교폭력자치위원회에 상정되면서 적절한 생활지도를 통한 해결을 하는 것이 어려워지면서 학교가 아닌 교육지원청에서 전문적으로 심의하는 것으로 변경되었다. 교육지원청에서 학교폭력이 심의되는 과정은 다음과 같다.

(1) 초기 대응

① 인지·감지 노력

가정과 학교에서는 학교폭력이 발생하고 있는지 주의 깊게 관찰해야 한다. 가정 내에서는 자녀가 갑자기 돈을 많이 쓴다거나 학교폭력 가해자에게 맞은 상처를 감추기 위해 여름인데 긴팔을 입는 등을 잘 관찰해야 하며, 학교에서는 학교폭력 실태조사나 상담 등을 통해 학교폭력 피해자가 있는지 빠르게 인지할 수 있도록 해야 한다.

② 신고 접수

학교폭력 현장을 목격 또는 인지한 사람은 신고를 해야 한다. 학교 교원이 신고를 받았을 경우에 사건을 수습하고 종결을 하는 경우가 종종 있는데, 이런 경우 처벌을 받을 수 있다. 그러나 피해학생의 심리적 수용 가능 여부 등을 고려했을 때, 가급적 피해학생의 동의를 구하는 것이 바람직하다. 만약 피해학생이 보복 등의 이유로 신고를 꺼린다면, 폭력을 신고하지 않을 경우 폭력이 더 심각해질 수 있다는 점을 강조하여 설득해야 한다. 또한 이러한 사항을 학교장에 보고해야 하며, 담임교사 및 가해학생과 피해학생의 보호자 그리고 48시간 이내에 교육지원청에 보고해야 한다.

③ 초기 개입

신고를 접수받은 기관 및 학교는 사건을 빠르게 해결하는 것도 중요하지만, 피해학생이 피해를 보지 않게 보호하는 것이 무엇보다 중요하다. 즉, 학교폭력에 대한 신고를 받았을 때 신고자의 신상정보는 보호를 받아야 하며, 신고를 접수한 후에는 피해학생이나 신고자가 가해자의 보복 등으로 인해 제2의 피해를 받지 않도록 보호를 해야 한다.

(2) 사안 조사

① 긴급조치

피해자가 신체폭행이나 성폭행으로 응급치료를 받아야 하는 경우 119에 신고하여 병원으로 이송피해자를 보호해야 한다. 단, 성폭행을 당한 경우에는 증거가 없어지면 안 되기 때문에 몸을 씻지 않도록 해야 한다. 또한 학교폭력 사안이 중대하면 경찰서에 연락하여 즉각적인 조치 및 수사를 진행하도록 해야 한다.

② 사안 조사

담당교사, 전문상담교사, 보건교사 등은 학교폭력 사건을 공정한 자세를 바탕으로 철저하게 조사해야 한다. 육하원칙에 따라 사건의 원인, 과정, 폭력의 정도 및 기간, 피해자의 피해 정도 등을 정확하게 파악해야 하며, 증거자료(예: 사진, 일기, 진술서, 주변 증언, 녹취록, 채팅 자료 등)가 있는지 여부를 확인하고 이를 수집해야 한다. 또한 병원의 진단서가 있는 경우에는 이를 준비해야 하며, 성폭력 여부가 있는지도 필요시 함께 조사해야 한다.

학교폭력 사건에 대한 기본 조사가 완료되면, 학생과 보호자가 사안을 어떻게 해결했으면 좋겠는지 요구를 파악해야 한다. 그리고 이를 종합하여 보고서를 작성해야 한다. 이러한 과정에서 피해학생이 가해학생을 만나게 해서는 안 되며, 피해학생 및 가해학생의 심리적 문제가 심각한 경우에는 관련 기관에 즉각적으로 연계하여 적절한 상담 및 치료를 받도록 해야 한다.

참고

〈주의사항〉

사건을 조사하는 목적은 사건 처리가 아니라 피해학생과 가해학생에게 적절한 개입을 하는 것이 목적이다. 따라서 취조식의 조사는 적절하지 않다. 피해학생이 더 이상 상처를 받지 않도록 경청과 공감의 자세가 중요하다. 또한 가해학생 역시 사건을 조사받는 과정에서 가출, 자살 등의 극단적인 선택을 할 수 있으므로 주의해야 한다. 가해학생 또한 학교폭력 가해자 이전에 학생이라는 점을 인지해야 한다.

(3) 학교장 자체해결 여부 심의

발생한 학교폭력이 다음의 조건을 충족시키면 「학교폭력예방법」 제13조의2에 따라 학교장은 피해학생 및 보호자의 서면 확인을 받아 학교폭력 사건을 자체 해결할 수 있다. 단, 피해학생이나 피해학생의 보호자가 심의위원회를 요구하는 경우에는 심의위원회 개최를 요청해야 한다.

- 2주 이상 신체적 · 정신적 치료를 요하는 진단서가 발급되지 않은 경우
- 재산상 피해가 없거나 즉각적으로 복구된 경우
- 학교폭력이 지속적이지 않은 경우
- 학교폭력에 대한 신고, 진술, 자료 제공 등에 대한 보복행위가 아닌 경우

그러나 이러한 조건에 충족하지 않으면 사건을 정확하게 기술하여 교육지원청 심의위원회에 보고해야 한다. 이러한 과정은 14일 이내에 이루어져야

하며, 필요한 경우 7일 이내에 연기할 수 있다.

(4) 심의위원회 조치 결정

「학교폭력예방법」 제12조에 의해 교육지원청(교육지원청이 없는 경우 시 · 도 조례로 정한 기관) 심의위원회에서 학교폭력 사건을 심의한다. 심의위원회 위원장은 교육장이 임명하거나 위촉하는 사람이며, 심의위원회는 10명 이상 50명 이내의 위원으로 구성하되, 전체 위원의 1/3 이상을 해당 교육지원청 관할 구역 내에 있는 학교의 학부모로 위촉해야 한다. 그 외에 해당 교육지원청의 생활지도 업무 담당 국장 또는 과장, 학교폭력 업무 또는 생활지도 업무 담당 경력이 2년 이상인 사람, 판사 · 검사 · 변호사, 경찰서 소속 경찰공무원 등이 가능하다.

이렇게 구성된 심의위원회는 다음과 같은 경우에 개최해야 한다.

- 심의위원회 재적위원 1/4 이상이 요청하는 경우
- 학교의 장이 요청하는 경우
- 피해학생 또는 그 보호자가 요청하는 경우
- 학교폭력이 발생한 사실을 신고받거나 보고받은 경우
- 가해학생이 협박 또는 보복한 사실을 신고받거나 보고받은 경우
- 그 밖에 위원장이 필요하다고 인정되는 경우

학교폭력 심의기간은 21일 이내 개최하는 것이 원칙이나 부득이한 경우 7일 이내에서 연장할 수 있다. 심의위원회는 가해학생에게 부여할 조치를 정한 후 학교장에게 알려야 하며, 학교장은 피해 · 가해 학생에게 결과를 서면으로 통보해야 한다.

〈분쟁 조정〉

심의위원회는 학교폭력과 관련하여 다음과 같은 경우에 조정할 수 있다.

1) 피해학생과 가해학생 간 또는 그 보호자 간의 손해배상에 관련된 합의 조정
   - 피해학생 측에서 치료비,, 위자료 등 금전적 손해에 대한 배상을 요구하는 경우
   - 가해학생 측에서 치료비, 위자료 등 금전적 손해배상을 통해 합의하고자 하는 경우
2) 그 밖에 심의위원회가 필요하다고 인정하는 사항
   - 심의위원회가 조치만으로 해결이 불가능한 갈등이 있는 경우
   - 제3의 전문기관을 통해 객관적, 전문적, 공정한 개입이 필요한 경우

분쟁은 1개월 이내에 조정을 해야 하며, 조정이 되면 분쟁 당사자의 주소와 성명, 조정 대상의 분쟁 내용(분쟁의 경위, 조정의 쟁점), 조정 결과를 적은 합의서를 작성해서 분쟁 당사자와 학교장에게 통보해야 한다.

분쟁을 조정할 때 가장 중요한 것은 조정자의 태도다. 피해학생, 가해학생의 어느 편에도 서지 않고 객관적 태도를 유지하는 것이 중요하다. 조정을 잘못할 경우 조정자가 어느 한쪽 편을 든다고 생각하여 감정이 악화되고 문제가 확대되는 경우도 있으므로 신중을 기해야 한다.

(5) 조치 이행

학교장은 심의위원회에서 결정된 결과(〈표 4-1〉 참조)를 이행해야 한다. 즉, 피해학생을 위한 보호조치를 취해야 하고, 가해학생을 위한 선도조치를 실해해야 하며, 동시에 가해학생에 대한 조치 사항을 학교생활기록부에 기재하며 필요시 가해학생 보호자를 대상으로 특별 교육을 실시한다. 그러나 가해학생 또는 피해학생이 조치에 불복할 경우 행정심판이나 행정소송을 할 수 있다.

표 4-1 학교폭력 가해학생 조치별 적용 세부 기준

<table>
<tr><th colspan="4" rowspan="2"></th><th colspan="5">기본 판단 요소</th><th colspan="2">부가적 판단 요소</th></tr>
<tr><th>학교 폭력의 심각성</th><th>학교 폭력의 지속성</th><th>학교 폭력의 고의성</th><th>가해 학생의 반성 정도</th><th>화해 정도</th><th>해당 조치로 인한 가해학생의 선도 가능성</th><th>피해 학생이 장애 학생인지 여부</th></tr>
<tr><td colspan="3" rowspan="5">판정 점수</td><td>4점</td><td>매우 높음</td><td>매우 높음</td><td>매우 높음</td><td>없음</td><td>없음</td><td rowspan="10">해당 점수에 따른 조치에도 불구하고 가해학생의 선도 가능성 및 피해학생의 보호를 고려하여 시행령 제14조 제5항에 따라 학교폭력대책심의위원회 출석위원 과반수의 찬성으로 가해학생에 대한 조치를 가중 또는 경감할 수 있음</td><td rowspan="10">피해 학생이 장애 학생인 경우 가해 학생에 대한 조치를 가중할 수 있음</td></tr>
<tr><td>3점</td><td>높음</td><td>높음</td><td>높음</td><td>낮음</td><td>낮음</td></tr>
<tr><td>2점</td><td>보통</td><td>보통</td><td>보통</td><td>보통</td><td>보통</td></tr>
<tr><td>1점</td><td>낮음</td><td>낮음</td><td>낮음</td><td>높음</td><td>높음</td></tr>
<tr><td>0점</td><td>없음</td><td>없음</td><td>없음</td><td>매우 높음</td><td>매우 높음</td></tr>
<tr><td rowspan="5">가해학생에 대한 조치</td><td rowspan="3">교내 선도</td><td>1호</td><td>피해학생에 대한 서면사과</td><td colspan="5">1~3점</td></tr>
<tr><td>2호</td><td>피해학생 및 신고·고발 학생에 대한 접촉, 협박 및 보복 행위의 금지</td><td colspan="5">피해학생 및 신고·고발학생의 보호에 필요하다고 심의위원회가 의결할 경우</td></tr>
<tr><td>3호</td><td>학교에서의 봉사</td><td colspan="5">4~6점</td></tr>
<tr><td rowspan="2">외부 기관 연계 선도</td><td>4호</td><td>사회봉사</td><td colspan="5">7~9점</td></tr>
<tr><td>5호</td><td>학내외 전문가에 의한 특별 교육이수 또는 심리치료</td><td colspan="5">가해학생 선도·교육에 필요하다고 심의위원회가 의결할 경우</td></tr>
</table>

	교육환경변화	교내	6호	출석정지	10~12점		
			7호	학급교체	13~15점		
		교외	8호	전학	16~20점		
			9호	퇴학처분	16~20점		

※ 법률 제17조 제2항에 따라 피해학생이나 신고 · 고발 학생에 대한 협박 또는 보복 행위일 경우에는 제17조 제1항 각호의 조치를 병과하거나 조치를 가중할 수 있음

출처: 교육부(2020).

2) 학교폭력 예방

학교폭력이 일단 발생하면 그 피해가 크기 때문에 사전에 예방하는 것보다 더 좋은 것은 없다. 이에 「학교폭력예방법」 제15조에 학교폭력 예방 교육을 하도록 명시를 하였다. 「학교폭력예방법」 제15조에 따라 학교폭력 예방을 위해 학교장은 학생에게 예방교육을 학기별로 1회 이상 실시해야 하며, 학부모를 대상으로 연 2회 이상, 교직원을 대상으로 학기별 1회 이상 실시해야 한다. 이러한 기본 교육 외에 학교는 자원봉사자 등을 활용하여 교내 순찰지도를 하기도 하고, 학교폭력 예방 UCC 공모전이나 학교폭력 예방 연극과 같은 다양한 활동을 통해 학교폭력 예방 활동을 하고 있다. 특히 일정 훈련을 받은 후 또래의 친구들을 상담해 주는 또래상담 프로그램은 2010년부터 학교폭력 예방 및 대책 2차 5개년 계획의 하나로 거의 대부분의 중학교에서 실시하고 있으며, 유사한 형식으로 또래 학생의 갈등을 돕는 또래조정 프로그램 역시 점차 확대되고 있다. 그러나 이러한 다양한 프로그램을 실시하는 것도 중요하지만, 근본적인 해결책이 되기는 어렵다. 어려서부터 가정과 학교에서 타인을 존중하고 배려하는 마음을 키워 주고, 타인에 대한 존중과 배려를 중요시하는 사회가 될 때 진정으로 학교폭력이 예방될 수 있을 것이다.

3) 학교폭력 피해학생에 대한 대처

(1) 특성

학교폭력의 특성 중 일반화에서도 알 수 있듯이, 누구나 다 학교폭력의 피해자가 될 수 있으며, 점점 피해학생의 특성이 광범위해지고 있다. 그러나 특히 학교폭력 피해학생이 되기 쉬운 학생들이 있는데, 그들은 크게 수동적 피해자(passive victim)와 도발적 피해자(provacative victim)로 구분할 수 있다(Olweus, 1994). 수동적 피해자는 소위 '약한' 학생으로 신체적 · 심리적으로, 그리고 사회적 관계에서 취약한 특성을 가지고 있다. 즉, 그들은 신체적으로 약하거나 지능이 낮아 부적절한 관계 및 대처를 하기도 하고, 심리적으로 자존감이 낮고 수동적 · 복종적이어서 다른 친구들의 놀림, 폭행 등에 저항을 하지 못한다. 또한 또래관계에서의 기술이 부족해서 친구도 거의 없고, 위험에 직면 시 도와줄 친구도 거의 없다.

반면, 도발적 피해자는 소위 '튀는' 학생으로 잘난 척하고, 이기적이며 화를 잘 내서 다른 친구들과 잘 지내지 못하는 학생들이다. 그들은 자기 행동의 문제점을 잘 모르기 때문에 행동의 변화가 오기 쉽지 않으며, 피해학생에서 가해학생으로 변하는 경우도 종종 있다.

(2) 증상

학교폭력 피해학생은 신체적 · 심리적으로 상당한 상처를 받는다. 단순한 신체폭행 외에도 신체적 장애를 경험하는 학생도 있으며, 불안과 우울, 분노 등의 심리적 고통을 경험한다. 특히 성폭행이나 집단따돌림 등을 심하게 당한 경우에는 그 사건 자체가 트라우마가 되어 반복적으로 악몽을 꾸고, 침습적으로 사건이 기억나고, 관련된 장소나 사람 등을 피하는 등 외상 후 스트레스 장애를 경험하기도 할 뿐만 아니라 자살에 대한 사고 및 충동을 강하게 경험하기도 한다.

(3) 개입

학교폭력 피해학생에 대한 개입은 즉각적이고 전문적으로 이루어져야 한다. 학교폭력의 피해 정도가 경미하다면 사건 처리를 우선적으로 할 수 있다. 사건 해결과 관련해서 피해학생이 무엇을 원하는지 먼저 파악하고 피해학생의 욕구에 따라 가해학생의 사과, 처벌, 치료비 합의 등에 대해 논의해야 한다. 그러나 피해 정도가 심각하다면 심리상담 및 치료가 우선시 또는 병행되어야 한다. 심리상담 및 치료를 통해 가해학생에 대한 분노를 표출하고 피해의식에서 벗어나며, 향후 학교폭력을 다시 당하지 않고 학교에 잘 적응할 수 있도록 도와야 한다.

4) 학교폭력 가해학생에 대한 대처

(1) 특성

누구나 학교폭력 피해학생이 될 수 있듯이, 가해학생 또한 그 특성이 정해져 있는 것만은 아니다. 그러나 그들에게서 가장 많이 나타나는 두드러진 특성은 공격성, 충동성, 낮은 공감능력 등이다. 특히 공격성은 뇌신경계의 장애로 인해 공격 성향을 통제하기 어렵다(정종진, 2013)는 유전적 요인 그리고 주의력결핍 과잉행동장애(ADHD), 품행장애, 적대적 반항장애 등과 관련이 있다. 그 외에 자신의 위상을 높이고자 하는 과시욕, 다른 사람에 대한 지배욕구가 다른 사람에 비해 강한 편이며, 특정 이익(예: 금품갈취)을 얻기 위해 폭력행동을 하기도 한다. 특징적인 점은 학교폭력의 피해를 경험한 학생일수록 가해학생이 되기 쉽다는 것이다.

(2) 개입

학교폭력 가해학생에 대한 개입의 목표는 재발 방지다. 그러나 대부분의 가해학생은 자신의 잘못을 인정하지 않고, 변화에 대한 동기가 없는 경우가 많다. 따라서 이들에게 있어 가장 중요한 것은 자신의 행동이 다른 사람에게 어떤 영향을 주는지, 무엇이 문제인지 인식시켜 주는 것이다. 이를 통해 행동 변화에 대한 동기를 갖게 하여야 하며, 동기가 생긴 후에는 충동 조절, 분노 완화, 사회기술 훈련 등을 통해 다시 학교폭력을 하지 않도록 도와야 한다. 또한 학교폭력 가해학생은 주변 사람들에 쉽게 동조되기가 쉽다. 즉, 본인이 다시는 학교폭력을 하지 않겠다고 결심을 했더라도 주변에서 부추기면 쉽게 폭력행동을 반복하는 경향이 있다. 따라서 주변 친구, 선배 또는 폭력서클 등에 대해 철저히 조사하고 이들의 유혹을 거절하거나 이들과 분리시켜 지낼 수 있도록 도와주어야 한다.

5) 학교폭력 방관자에 대한 대처

(1) 특성

학교폭력이 발생하는 상황에는 가해학생과 피해학생이 있지만, 그것을 목격하고 있는 학생들이 있다. 이들을 방관자라고 한다. 펠슨(Felson, 1982)은 상호 간의 분쟁이 야기되었을 때 제3자가 존재하는 것은 단순한 언어적 분쟁으로 그칠 수 있는 문제가 신체적 싸움으로 발전된다는 실험결과를 발표하였다. 이러한 제3자로서의 방관자는 갈등을 자극하고 폭력을 인정하는 선동적인 역할을 하기도 하고, 오히려 이러한 폭력을 감소시키는 역할을 할 수도 있다. 즉, 학교폭력에 영향을 줄 수 있는 사람이 바로 방관자다. 그러나 이와는 또 다른 관점에서 이러한 방관자들은 학교폭력에 영향을 받기도 한다. 직접 학교폭력에 관여하지는 않았지만 간접적으로 학교폭력 행동을 목격함으로써 대리학습을 할 수도 있고, 대인관계에 대한 왜곡된 인식을 가질 수도 있다. 또한 지속적으로 학교폭력 행동을 목격할 경우, 자신이 친구를 도와줄 수 없다는 무력감이 만성화되고 자존감이나 자기효능감이 저하되기도 한다.

(2) 개입

방관자에 대한 개입은 그들이 문제의식을 가지고 더 이상 방관자로서 남아 있지 않게 하는 것이 목적이다. 학교폭력을 당하는 친구의 입장을 생각하고, 자신이 아무것도 할 수 없는 것이 아니라 친구들과 힘을 합치면 학교폭력 없는 학교를 만들 수 있다는 것을 서로 공유하는 것이 중요하다. 방관자에 대한 개입은 주로 전체 학생을 대상으로 한 프로그램으로 진행되는데 아직 많지 않은 것이 사실이다. 대표적인 프로그램으로는 시우보우 프로그램과 행복나무 프로그램을 들 수 있다. 시우보우 프로그램은 '친구를 보면서 친구를 보호하자'라는 의미로 사례에 따라 친구로서 학교폭력에 어떻게 대처해야 하는지를 제시하고 있으며(곽금주, 2008), 법무부에서 개발한 행복나무 프로그램에 전체 학교폭력에 대한 이해와 대처와 함께 학교폭력 피해를 입은 친구를 도와주는 내용을 포함하였다(이규미 외, 2014).

6) 부모에 대한 대처

(1) 특성

학교폭력 피해학생 및 가해학생의 부모들은 자녀의 학교폭력을 경험하면서 다양한 심리적 고통을 경험한다. 학교폭력 사건을 처음 인지했을 때는 당황하고, 죄책감을 갖기도 하며, 특히 피해학생의 부모의 경우 가해학생 그리고 학교에 대한 분노 등을 경험한다. 그러나 학교폭력은 자녀가 일으키지만 해결은 어른이 한다는 말도 있듯이, 학교폭력이 발생하면 피해학생과 가해학생의 부모는 이러한 심리적 고통을 뒤로 하고, 학교폭력 문제에 적극적으로 대처해야 한다. 초기에 부모가 개입을 잘하면 문제를 조기에 수습하고 자녀의 상처를 줄일 수 있지만, 부모의 잘못된 개입은 문제를 확대하고 자녀에게 상처만 준다. 따라서 부모의 역할이 무엇보다 중요하다.

(2) 개입

학교폭력 피해학생과 가해학생의 부모들은 심리적으로 안정된 상태에서 자녀 문제에 객관적이고 적극적으로 개입할 수 있도록 조력해야 한다. 이를 위해 특히 주의해야 할 몇 가지를 제시하면 다음과 같다.

① 마음을 안정시키기

학교폭력 사건을 인지하게 되면 부모들은 당황하게 된다. 피해학생의 부모는 '우리 아이가 학교폭력의 피해자라니'라며 놀랄 뿐 아니라 죄책감에 휩싸이기도 하고, 화가 나기도 한다. 가해학생 부모 역시 '우리 아이가 학교폭력의 가해자라니'라며 당황해하고 어떻게 해야 할지 몰라 불안하고 혼란스러워한다. 이러한 상황에서는 일단 마음을 안정시킬 필요가 있다. 학교폭력 사건이 알려지게 되면 그 누구보다 당황스럽고 힘든 것은 자녀다. 따라서 부모가 먼저 마음을 진정시킬 필요가 있다.

② 자기 자신을 비난하지 말기

학교폭력을 인지하게 되면 상당수의 부모는 학교폭력이 일어날 때까지 대처하지 못한 자기 자신을 비난하고 죄책감에 사로잡힌다. 그러나 문제를 해결하고 자녀가 다시 학교생활을 잘하게 하기 위해서는 무엇보다 부모가 힘이 있어야 한다. 따라서 불필요한 죄책감에 사로잡히기보다는 문제에 적극적으로 대처하는 데 힘을 모아야 한다.

③ 객관적으로 생각하기

학교폭력 사건은 피해학생의 부모에게는 특히 끔찍한 일이다. 따라서 객관적으로 상황을 보는 것이 쉽지 않다. 가해학생 그리고 이렇게 될 때까지 방치한 학교에 대한 분노를 통제하는 것이 쉽지 않다. 그러나 감정적으로 대처하는 것은 문제를 확대시킬 수 있으며, 자녀의 심리적 고통을 가중시킬 수 있다.

가해학생 부모 역시 자신의 자녀가 받을 피해를 생각해 지나치게 방어적이고 자신의 자녀는 문제가 없다는 자세를 취할 수 있다. 그러나 이는 문제를 더 확대시키는 원인을 제공할 뿐 아니라 자녀가 향후 유사한 행동을 반복하게 할 가능성이 있다.

따라서 피해학생 및 가해학생의 부모는 감정적으로 대처하는 것이 아니라 상황을 객관적으로 보아야 하며, 특히 가해학생의 부모는 상대방 부모의 입장에서 생각해 보는 것이 중요하다.

참고

〈흔히 나타나는 부모들의 잘못된 태도〉

- 피해학생 부모
  - −다른 사람들의 이목 때문에 문제를 덮으려고 함
  - −자녀가 문제가 있다고 생각하고 화를 냄
  - −법적인 강한 처벌과 과도한 보상을 받아 내려고 함
- 가해학생 부모
  - −자신의 자녀는 잘못한 것이 없고 피해학생이 문제라고 함
  - −자녀에게 자신이 다 해결해 줄 테니 기죽지 말라고 함
  - −자녀를 포기했다며 학교폭력 사건에 관심을 전혀 보이지 않음

④ 자녀를 위한 행동이 무엇인지 생각하기

학교폭력 사건이 발생하고 그것을 해결하는 과정에서 피해학생의 부모와 가해학생의 부모 모두 만족하는 결과에 도달하는 것은 쉽지 않다. 피해학생의 부모는 더 강력한 처벌을 원하고, 가해학생의 부모는 가능한 한 경미한 처벌을 원한다. 그 결과, 타협이 되지 않고 문제 상황이 오래 가며 감정도 더 악화된다. 그러나 이는 그 누구에게도 도움이 되지 않는다. 피해학생과 가해학생의 부모는 자녀를 위해서 어떻게 해야 하는지에 초점을 맞춰야 하며, 현실적으로 불가능한 점이 있다면 수용할 줄도 알아야 한다.

연습문제

1. 학교폭력의 특징과 그 중요성에 대해 설명하시오.
2. 학교폭력 방관자의 특징과 중요성에 대해 설명하시오.
3. 학교폭력 발생 시 교육지원청 심의위원회에서 심의되는 과정을 설명하시오.
4. 자신이 직간접적으로 경험한 학교폭력 사례를 제시하고, 그 사례에 적합한 대처 방안에 대해 설명하시오.

참고문헌

곽금주(2008). 한국의 왕따와 예방 프로그램. **한국심리학회지: 사회문제, 14**, 255-272.

교육부(2019). 2019 학교폭력 실태조사. 교육부.

교육부(2020). **학교폭력 사안처리 가이드북**. 교육부, 이화여자대학교 학교폭력예방연구소.

이규미, 지승희, 오인수, 송미경, 장재홍, 정제영, 조용선, 이정윤, 유형근, 이은경, 고경희, 오혜영, 이유미, 김승혜, 최희영(2014). **학교폭력 예방의 이론과 실제**. 서울: 학지사.

정종진(2013). **제대로 알고 대처하는 학교폭력상담**. 서울: 학지사.

Felson, R. B. (1982). Impression management and the escalation of aggression and violence. *Social Psychology Quarterly, 45*(4), 245-254.

Olweus, D. (1994). Bullying at school: Basic facts and effects of a school based intervention program. *Journal of Child Psychiatry, 35,* 1171-1190.

Olweus, D. (1999). Norway. In P. K. Smith, Y. Morita, J. Junger-Tas, & D. Olweus (Eds.), *The Nature of School Bullying: A Cross-National Perspective* (pp. 28-48). London: Routledge.

법제처 국민법령정보센터. 「학교폭력 예방 및 대책에 관한 법률」. 2020. 9. 26. 인출.

학업중단

연간 약 6만여 명의 청소년이 학교를 떠나고 있다. 이는 하루 평균 160여 명의 초 · 중 · 고등 학생들이 학교를 떠나고 있는 것이다. 교육부 자료에 따르면, 2018년 학업을 중단한 청소년은 15,069명으로 나타났으며, 그해 재입학 · 편입 · 복학 청소년은 3,072명으로 학업중단 청소년의 약 80%가 학교에 복귀하지 않고 있음을 알 수 있다.

이들 중 더러는 해외로 떠나고, 더러는 대안교육을 찾거나 일자리를 찾는다. 이 중 학교를 떠나 있는 시간에 새로운 진로를 개척하여 긍정적인 효과를 보인 청소년들은 소수이고, 대부분의 청소년이 거리를 배회하며 시간을 보내거나 일을 하려고 해도 숙련된 기술이 없어 저임금 노동시장에서 값싼 노동력을 제공하고 부당한 대우 등의 부정적 경험을 하고 있다. 또는 집 밖에서 만난 비행 및 범죄 집단과의 교류로 인해 범죄의 피해자와 가해자가 되기도 한다.

이 장에서는 이러한 학업중단 청소년의 실태와 그들이 지닌 문제점, 그들이 학교 밖으로 나올 수밖에 없는 이유, 그리고 사회에서 학업중단 청소년들에게 제공하는 지원 및 예방에 대해 살펴보고자 한다.

1. 학업중단의 이해

1) 학업중단의 정의

학업중단 청소년은 더 이상 학교를 다니지 않아 정규교육 과정을 중단하고 일정 기간 학업을 중단한 경험이 있는 청소년을 말한다(홍나미 외, 2013). 과거에는 학업중단 청소년을 중퇴생, 학업중도탈락자, 학교를 떠난 청소년 등으로 매우 다양하게 불렀으나, 2002년 교육부에서 학업중단 청소년이라는 용어를 사용하고, 2003년 개정된 「청소년 기본법」에서 '학업중단'을 규정한 이후에 학업중단을 보편적으로 사용하였다(이현주, 김용남, 2012).

최근에는 학업중단 청소년을 포함하여 학교 밖 청소년이라는 용어를 보편적으로 사용하고 있다. 2012년 서울시가 최초로 학교 밖 청소년 종합지원대책을 발표하였는데, 서울시의 행보는 전국적인 공감대를 형성하였고, 2014년 「학교 밖 청소년 지원에 관한 법률」(약칭 「학교밖청소년법」)이 제정되어 2015년 시행되기에 이르렀다. 여성가족부는 「학교밖청소년법」에 근거해 '학교 밖 청소년 종합대책'을 발표하면서 학업중단을 포함한 '학교 밖 청소년'이라는 용어가 광범위하게 사용되었고, 이로 인해 부처 간 대책 논의가 활발해지기 시작하였다.

「학교밖청소년법」 제2조에서는 다음에 해당하는 청소년을 '학교 밖 청소년'이라고 규정하고 있다.

- 「초 · 중등교육법」 제2조의 초등학교 · 중학교 또는 이와 동일한 과정을 교육하는 학교에 입학한 후 3개월 이상 결석하거나 같은 법 제14조제1항에 따라 취학의무를 유예한 청소년
- 「초 · 중등교육법」 제2조의 고등학교 또는 이와 동일한 과정을 교육하는 학교에서 같은 법 제18조에 따른 제적 · 퇴학처분을 받거나 자퇴한 청소년
- 「초 · 중등교육법」 제2조의 고등학교 또는 이와 동일한 과정을 교육하는 학교에 진학하지 아니한 청소년

하지만 학교 밖 청소년은 학업중단 외 학교를 다니지 않는 가출청소년, 근로청소년, 범죄청소년, 성매매청소년 등을 모두 포함하는 용어이기에 이 장에서는 학업중단 청소년으로 한정하여 살펴 볼 것이다.

2) 학업중단 청소년의 유형

모로우(Morrow, 1986)는 학업중단 청소년을 다섯 가지 유형으로 구분하였는데, 바람직하지 않은 학생으로 판단되어 떠밀리는 학생(pushouts), 학교와 관련되기를 원하지 않은 비제휴형 학생(the unaffiliated), 학교의 프로그램을 수행하지 못하는 교육적 사망자(educational mortalities), 가정에서 사회화가 학교의 요구와 일치하지 않지만 능력이 있는 학업중단자(capable dropouts), 그리고 학교로 다시 복귀하는 학업중단자(stopouts)로 분류한다.

우리나라의 현실에 비추어 크게 두 가지 유형 그리고 각 유형별 두 가지 하위유형으로 구분할 수 있다(홍봉선 외, 2014). 학업중단이 청소년 스스로 자발적인 선택이었는지 비자발적인 선택이었는지에 따른 구분으로, 자발형은 탈학교형과 초학업형으로 구분할 수 있다. 탈학교형은 원천적으로 학교제도 자체가 맞지 않아서 학업을 중단하는 청소년이며, 초학업형은 학업성취 기대 수준이 학교에서의 학업 수준보다 높아서 새로운 진로를 모색하는 청소년이

표 5-1 학업중단 청소년 유형

유형	세부 유형	특징
자발형	탈학교형	원천적으로 학교제도 자체가 맞지 않아서 학업을 중단하는 청소년
	초학업형	학업성취 기대 수준이 학교에서의 학업 수준보다 높아서 새로운 진로를 모색하는 청소년
비자발형	개인부적응형	학업, 비행, 심리, 정서, 교우 및 교사와의 관계 등의 문제 때문에 학교 정책과 학업에 적응하지 못해 학업을 중단하는 청소년
	환경불가피형	가정의 경제적 곤란과 부정적 사회환경에 영향을 받아 학업을 중단하는 청소년

다. 비자발형은 개인부적응형과 환경불가피형으로 구분할 수 있는데, 개인부적응형은 학업, 비행, 심리, 정서, 교우 및 교사와의 관계 등의 문제 때문에 학교 정책과 학업에 적응하지 못해 학업을 중단하는 청소년이며, 환경불가피형은 가정의 경제적 곤란과 부정적 사회환경에 영향을 받아 학업을 중단하는 청소년이다.

2. 학업중단 청소년의 현황

2018학년도 교육부 통계자료에 따르면, 학업중단 청소년의 수는 총 52,532명이며, 재적학생 수 기준 학업중단율은 0.9%에 이른다. 학교급별로는 〈표 5-3〉에서와 같이 초등학생의 학업중단율은 2018년 17,797명(0.7%), 중학교 9,764명(0.7%), 고등학교 24,978명(1.6%)이다. 학업중단 데이터의 현황을 살펴보았을 때, 2018년은 전년 대비 초등학교는 전년 대비 0.1%p 증가, 중학교는 전년과 동일하고 고등학교는 전년 대비 0.1%p 증가하여 고등학생의 학업

표 5-2 학업중단 학생 현황률 (단위: %)

구분	초등학교	중학교	고등학교	전체
1980년	0.1	1.2	2.5	0.8
1985년	0.03	1.1	3.0	1.0
1990년	0.03	1.0	1.9	0.7
2015년	0.5	0.7	1.4	0.83
2014년	0.6	0.8	1.6	0.93
2013년	0.57	0.89	1.82	1.01
2012년	0.61	0.93	1.92	1.06
2011년	0.57	0.96	1.98	1.06
2010년	0.33	0.78	1.76	0.83
2016년	0.6	0.6	1.4	0.8
2017년	0.6	0.7	1.5	0.9
2018년	0.7	0.7	1.6	0.9

출처: 교육부 · 한국교육개발원. 각 연도 교육통계연보.

중단율이 지속적으로 높아지고 있음을 확인할 수 있다.

매년 중도탈락한 학생비율만을 나타낸 누적 데이터를 살펴보면, 2009부터 2018년까지 10년간 615,464명에 이르는 것을 알 수 있다. 초 · 중 · 고등학교 학령인구를 감안할 때, 매년 약 6만여 명 정도의 청소년이 학업을 중단하고 있는 것이다.

학교를 그만둔 청소년이 학교로 돌아가는 비율은 14% 정도로 낮고, 복교한 학생의 재탈락 비율은 20~30% 정도로 높은 것으로 나타났다(전경숙, 2012). 학업중단 청소년의 학업복귀는 현실적으로 여러 가지 어려움이 있고 특별한 조치가 없다면 다시 학업중단이 반복될 가능성이 높다(한국직업능력개발원, 2011).

표 5-3 초·중·고등학교 학업중단율

(단위: 명, %)

구분	초등학교			중학교			고등학교		
	재적학생 수	학업중단자	학업중단율	재적학생 수	학업중단자	학업중단율	재적학생 수	학업중단자	학업중단율
2018	2,711,385	17,797	0.7	1,334,288	9,764	0.7	1,538,576	24,978	1.6
2017	2,674,227	16,422	0.6	1,381,334	9,129	0.7	1,669,699	24,506	1.5
2016	2,672,843	14,998	0.5	1,457,490	8,924	0.6	1,752,457	23,741	1.4
2015	2,728,509	14,886 (7,112)	0.5 (0.3)	1,717,911	11,702 (9,594)	0.7 (0.6)	1,839,372	25,318 (21,379)	1.4 (1.2)
2014	2,784,000	15,908 (7,900)	0.6 (0.3)	1,804,189	14,278 (12,055)	0.8 (0.7)	1,893,303	30,382 (26,459)	1.6 (1.4)
2013	2,951,995	16,828 (9,192)	0.6 (0.3)	1,849,094	16,426 (14,231)	0.9 (0.8)	1,920,087	34,934 (30,558)	1.8 (1.6)
2012	3,132,477	19,163 (10,771)	0.6 (0.3)	1,910,572	17,811 (15,337)	0.9 (0.8)	1,943,798	37,391 (33,057)	1.9 (1.7)
2011	3,299,094	18,836 (10,404)	0.6 (0.3)	1,974,798	18,866 (16,509)	1.0 (0.8)	1,962,356	38,887 (34,091)	2.0 (1.7)
2010	3,474,395	11,634	0.3	2,006,972	15,736	0.8	1,965,792	34,540	1.8
2009	3,672,207	17,644	0.5	2,038,611	19,675	1.0	1,906,978	34,450	1.8
2008	3,829,998	20,450	0.5	2,063,159	20,101	1.0	1,841,374	32,943	1.8
2007	3,925,043	23,898	0.6	2,075,311	18,968	0.9	1,775,857	27,930	1.6
2006	4,022,801	18,403	0.5	2,010,704	15,669	0.8	1,762,896	23,076	1.3
2005	4,116,195	16,793	0.4	1,933,543	14,165	0.7	1,746,560	24,037	1.4

주 1) 학업중단율 = 학업중단자 수/재적학생 수 × 100
2) 구분의 연도는 조사연도임(2015년도에 조사된 학업중단자는 2014. 3. 1.~2015. 2. 28. 기준이며 재적학생 수는 2014. 4. 1. 기준임)
3) 초등학교와 중학교는 유예 및 면제자를 학업중단자로 봄
4) 고등학교의 학업중단 사유는 자퇴(질병, 가사, 부적응, 해외출국, 기타), 퇴학(품행), 유예, 면제, 제적임
5) 학업중단자에서 사망자는 포함되지 않음
6) 2011년도부터 해외출국자(유학, 이민 등)가 학업중단자에 포함됨. 2011년 이후의 ( )는 2010년 이전 기준(해외출국 제외)으로 산출한 값임

출처: 교육부(2019).

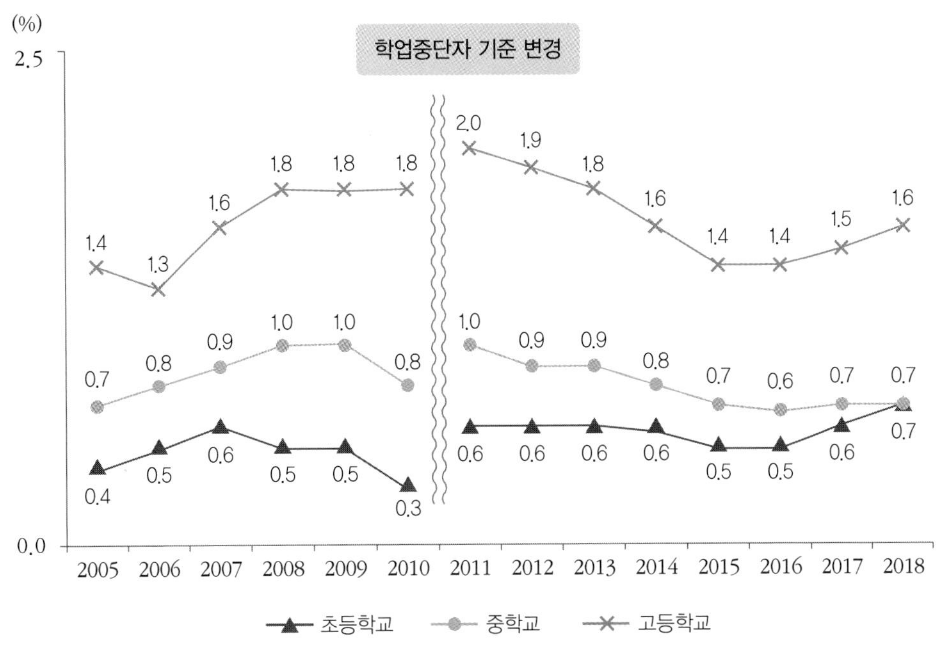

[그림 5-1] 학업중단자 추이

출처: 교육부(2015); 교육부(2018). 재구성.

학업중단 청소년의 학교복귀율은 초등학생이 79.3%이지만 중학생은 53.9%, 고등학생은 15.9%로 학교급이 올라갈수록 학업중단율은 높아지는데 학교복귀율은 낮아지는 현상을 보였다(교육부, 2014).

3. 학업중단의 원인

초·중학교 의무교육 실시와 저소득층 가정의 학생을 대상으로 하는 교육지원 정책을 통해 과거의 학비 문제로 학교를 취학하지 못하는 학생은 거의 사라졌다고 볼 수 있다. 하지만 학업중단 청소년은 일정 비율이 유지되고 있으며, 학업중단의 원인은 아주 다양하게 나타나고 있다. 주로 개인, 가정, 또래, 학교, 지역사회 등의 요인으로 구분하고 있지만, 한 가지 요인에서 학업중단이 발생하기보다는 이러한 요인들이 상호 복합적으로 연계되어 다발적인 원인으로 나타나는 경향성을 띤다.

1) 개인 요인

개인 요인으로 학자들이 공통으로 빈번하게 주장하고 있는 요인은 청소년의 낮은 자아존중감과 자아통제력, 충동성, 우울, 사회성 등이다(공윤정 외, 2012; 이병환, 2002; 최동선, 이상준, 2009; 황정숙, 1998; Dupper, 1993; Romo, 1998 등). 하지만 학업중단의 원인이 자기효능감, 충동성, 공격성 등의 개인의 심리적 요인만이 아니라는 주장의 연구들(김민, 2001; 조아미, 2002 등)도 발견된다. 이러한 학업중단 원인의 개인 요인에 대한 차이는 학업중단의 자발성 여부에 따라 청소년의 개인 내적 성향도 달라짐을 의미한다. 예를 들어, 학교의 학업성취 수준의 기대가 낮아 검정고시나 유학 등을 준비하는 청소년에게는 다른 학업중단 청소년보다 높은 자아존중감이 발견될 수 있으며, 학업중단을 위한 여러 가지 준비과정을 거치기에 충동성이나 통제력의 상실 등은 발견되지 않을 수 있다.

이 외에 학업중단의 개인 요인으로 신체적 · 정신적 장애(홍순혜 외, 1997), 개인의 흡연, 약물, 임신, 성행동, 가출 등의 비행경험(공윤정 외, 2012; 최동선, 이상준, 2009), 노동시장 참여 여부(김지혜, 안치민, 2006) 등도 학업중단의 이유로 밝혀졌다.

2) 가정 요인

가정 요인은 학업중단의 직접적인 요인으로 작용한다기보다는 가정문제 때문에 다른 청소년 위험 행동이 증가하고 이로 인해 학업중단에 영향을 미치는 경우가 많다고 할 수 있다.

우선, 부모의 이혼, 재혼, 사별 등으로 인해 가족의 구조가 변경되어 조손 가정이나 한부모 가정으로 전환되거나, 심지어 가정이 해체될 경우 청소년의 정서에 영향을 주어 학업중단이 발생한다(공윤정 외, 2012; 김상현, 양정호, 2013; 이경림, 2000; 이준기, 2011). 이처럼 가족해체가 청소년의 학업중단 및 사회 부적응에 영향을 미친다는 논의는 단순히 가족구조의 변화 자체보다는 가족구조가 변화되는 가운데 가족의 기능적 측면이 소홀해져 청소년이 학업에 대해 무관심해지고 비슷한 처지의 청소년들과 어울림으로써 학업을 중단하기도 한다. 이에 대해 정연순과 이민경(2008)은 가족 간의 갈등, 부모의 돌봄 부족, 무관심에 의한 방치, 부모의 부재 등으로 인해 어려서부터 제대로 돌봄을 받지 못하면 비슷한 처지의 친구들과 어울리는 시간이 많아지면서 학교에 대한 관심이 낮아지고 비행집단과의 교류가 학업중단을 야기한다고 보고하고 있다. 아울러 이보다 더욱 심각한 사례로서 부모의 음주, 외도, 도박, 가정폭력, 학대 등 가정에서의 역기능적 경험들은 청소년의 학업중단에 부정적 영향을 미치는 것으로 보고되었다(Frankline, 1992). 류방란 등(2007)의 연구에서는 한부모 가정이거나 조손 가정 등의 학생일 경우, 그리고 부모의 학업 · 진로 지원이 약하거나 가정폭력 경험이 많은 학생일 경우 학교 부적응 행동이 발생할 확률이 높고, 이는 학업중단으로 이어질 가능성이 높다고 보고하고 있다.

가족구성원의 소득이 낮을 경우 청소년들은 생계형 아르바이트에 참여하게 되는데(오승환, 2001), 아르바이트 기간이 길수록 학생들이 무단으로 학교와 수업에 결석할 확률이 높아진다(류방란 외, 2007). 이러한 노동 참여로 인한 장기 결석 및 수업 결손의 증가는 차후 학업중단으로 이어질 가능성이 높아짐을 알 수 있다.

앞서 언급한 바와 같이 청소년의 학업중단에 영향을 미치는 가정 요인은 주로 그들의 부적응을 야기하는 위험요인에 주목하여 논의되곤 하나, 다른 한편으로 부모의 지지나 적극적인 중재와 같은 긍정적인 행동들이 청소년의 학교 적응에 있어서 중요한 보호요인이 된다는 연구도 상기할 필요가 있다(오정아 외, 2014).

3) 또래 요인

학교에서의 또래관계는 청소년이 학교생활을 하면서 학교생활에 적응하고 만족감을 느끼게 하는 중요한 보호요인이기도 하지만, 학업중단을 조장하고 비행에 연루하게 하는 데 영향을 미치는 위험요인이기도 하다(손충기 외, 2012). 학교에서 혼자 지내거나 친구들로부터 소외감을 느끼는 청소년 가운데 일부는 이미 학교 밖으로 이탈한 청소년들과 어울리게 되며, 이러한 비슷한 특성과 처지에 있는 또래 간의 연대는 비행행동을 촉진한다(공윤정 외, 2012; 손충기 외, 2012; 최동선, 이상준, 2009). 이와 관련하여 구자경(2003)은 자퇴한 친구가 주변에 있는 경우 청소년들은 학업중단에 영향을 받는다고 기술하고 있고, 김영희 등(2013)은 '학교 밖 교우들과 놀고 싶고, 또 친구들이 학교를 그만두자고 해서 그만두게 되었다'는 청소년들의 응답에 주목하고 또래 요인이 학업중단 원인으로 중요하게 고려되어야 한다고 강조하고 있다. 권해수 등(2007)도 소년보호교육기관 청소년에게는 학업중단에 있어 비행친구와의 관계가 특징적으로 나타났다고 강조하고, 아르바이트를 하다가 돈을 버는 것이 힘들어지거나 어려움을 겪게 되면 결국 비행친구들로 인해 나쁜 유혹에 빠지게 된다고 보고하였다. 이처럼 가정에서 청소년에게 무관심하거나 그들을 밀어내는 가운데 일탈교우들의 일탈행위로 끌어내는 힘이 있을 경우 청소년은 학업중단을 하게 되는 것으로 나타났다(이주영, 정제영, 2015).

4) 학교 요인

학교 요인은 청소년의 학업중단 사고에 가장 직접적 영향을 미치는 요인으로 보고되고 있는데(조아미, 2002), 초·중학생은 미인정 유학(유예)이 약 32.0% 정도에 해당하지만 고등학생은 학교 부적응이 49.9%로서 학업 및 학교교칙 부적응이 가장 높게 나타나고 있다(교육부, 2013). 윤철경과 임지연(2014)의 조사에서는 학업중단의 원인이 학교 부적응 및 품행 55.1%, 대안교육 19.6%, 개인형편 및 개인사정 14.3%, 기타 11.0%로 학교 요인이 학업중단의 큰 원인으로 나타났다. 이는 교과 공부에 흥미가 없는 학생들이 교과 공부를 해야 하는 학교에 다닐 경우 교칙을 위반하고 학업을 기피할 가능성이 높다는 것을 보여 준다(윤여각 외, 2002). 좀 더 자세하게 살펴보면, 학업 위주로 진행되는 학교문화에 적응하지 못하여 성적이 낮거나 결석이 잦고 수업시간에 딴짓을 하거나 상급 학교로의 진학 기대가 낮을수록 학업에서 중도 탈락할 확률이 높아진다(류방란 외, 2007; 이소래, 2001).

아울러 학교 안에서 이루어지는 교우 및 교사와의 관계의 어려움이나 갈등, 징계, 벌점 부여 등의 이유로도 학업을 중단하곤 한다(이주영, 정제영, 2015). 집단따돌림과 같이 교우 간의 심각한 갈등이 발생할 경우 또래관계의 소원함에서 오는 불편함과 소외감을 견디지 못하고 학업을 중단하는 경우도 있다(김상현, 양정호, 2013). 그러나 이런 경우에는 등교를 완강히 거부하다가 학교나 가정에서 타인과 전혀 관계를 맺지 않는 '은둔형 외톨이'가 되기도 하여 더욱 주의가 요구된다(정연순, 이민경, 2008). 나아가 청소년은 교사의 무관심이나 교사와 갈등을 빚는 상황으로 인해 부정적인 영향을 받는데, 학교에서 교사의 차별대우와 방임, 갈등, 학생에 대한 편견과 낙인 등이 학업중단에 결정적 영향을 미친다(공윤정 외, 2012; 김영희 외, 2013; 오혜영, 지승희, 박현진, 2011; 윤여각 외, 2002).

한편, 학교는 청소년의 학업중단을 예방하거나 막기보다는 '학교관리'의 입장에서 오히려 문제학생이 다른 학생에게 영향을 미치지 않도록 이들을 빨리 '솎아 내려는' 분위기가 압도하고 있는 것으로도 분석되었다(정연순, 이민경, 2008).

이 외에도 학급당 학생 수가 많고 지나치게 엄격한 교칙 등이 학업중단 결정에 유의한 영향을 미치며(Christle, Jolivette, & Nelson, 2007; Dupper, 1993), 학업을 강조하는 분위기, 낮은 학교 소속감(김순규, 2002; Archambault et al., 2009), 교육과정의 획일성, 비민주적인 학교운영(김민, 2001; 공윤정, 2012; 최동선, 이상준, 2009)도 학업중단에 영향을 미친다.

5) 지역사회 요인

실제로 지역사회 요인은 학교 요인처럼 학업중단에 직접적으로 영향을 미치거나 가정 요인처럼 청소년의 학업중단의 단초를 제공하기보다, 청소년에게 영향을 미치는 배경적 · 환경적 요인으로 간주된다. 지역사회 요인 가운데에는 지역사회의 유해환경이나 향락산업이 청소년의 가출과 비행, 학업중도탈락을 조장한다는 주장들이 주로 논의되었다(김옥엽 외, 2004; 이소래, 2001). 또한 청소년에 대한 지지환경 부족, 청소년에 대한 사회적 보호체계 미약(배회, 외박 등이 가능한 환경 등), 대중문화의 확산도 청소년의 학업중단의 영향요인으로 작용하고 있다(공윤정 외, 2012; 최동선, 이상준, 2009).

이러한 학업중단 요인들을 복합적으로 분석한 연구(양수경 외, 2011)에서는 중학생의 경우 학업중단 가능성이 높은 학생을 변별하는 주요 요인으로는 성별, 무단결석, 무단조퇴, 가출, 친부모와의 동거 여부, 부모의 폭력성 정도, 친구의 무단결석, 학업중단 친구 여부 등이 있다고 밝혀졌다. 가장 큰 영향요인은 무단결석인 것으로 나타났으며, 무단조퇴, 가출, 친구의 무단결석의 순이었다. 무단결석이 많은 경우, 중학생의 학업중단 가능성은 2.04배 증가한 것으로 나타났다. 고등학생의 경우 학생의 무단결석 및 무단조퇴, 수업시간 무단이탈, 가출, 부모와의 대화시간, 부모의 폭력성 정도, 친부모와의 동거 여부, 월평균 가구소득, 부모의 교육지원, 부모의 학업에 대한 억압 정도, 학교의 생활지도 엄격성이 학업중단 변별력을 높이는 요인이었다. 고등학생의 학업중단에 가장 큰 영향력을 미치는 요인은 무단조퇴인 것으로 나타났으며, 그다음으로 무단결석, 부모의 폭력, 가출, 부모의 학업에 대한 억압 정도, 학교의 생활지도 엄격성, 부모와의 대화 정도 순이었다. 학업중단의 영향요인으로 무단결석, 무단조퇴, 가출, 친부모 동거여부, 부모의 폭력성 정도는 중 · 고등학교 학생에게 공통적으로 나타나는 요인들이다.

4. 학업중단의 문제점

1) 근로소득의 감소

학업중단 청소년은 니트(Not in Education, Employment or Training: NEET)족으로의 전락할 가능성이 약 60%로서 이들은 학업중단 이후 아무것도 하지 않고 있다(윤철경, 2010). 일부 노동에 참여하는 학업중단 청소년의 취업 형태는 아르바이트와 같은 임시일용직에 국한되어 취업 안정성이 낮고(금명자 외, 2004), 청소년들은 업무량에 비해 낮은 소득과 고용에서의 불안정성을 경험하는 것으로 나타났다(최동선, 이상준, 2009). 정규직이라도 근로환경, 시간, 임금수준이 매우 낮은 편이어서 원하는 직업수준에 못 미치는 것으로 나타났다(고기홍, 2003; 고용노동부, 2009). 이 문제는 성인기에도 쭉 이어져 이들은 직업선택의 폭이 제한되고 사회적 차별을 경험하는 등 사회적 불이익을 감수하여야 한다(한국아동청소년 가족정책포럼, 2010).

저임금구조, 직업훈련의 부족 및 성인이 된 후 가질 직업과의 연계성 결여 등으로 이들은 취업상의 구조적인 한계(전경숙, 2005) 때문에 노동시장 진출

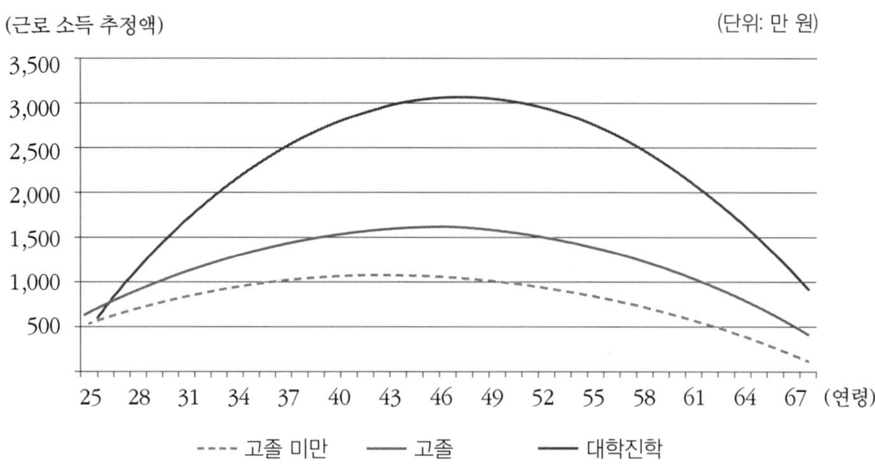

[그림 5-2] 학력 계층별 연간 근로소득 추정액의 연령별 추이

출처: 남기곤(2011), p. 70.

이후 상대적으로 소득수준이 낮은 사회적 취약계층으로 전락할 가능성이 높다(양수경 외, 2011). 고졸 학력층과 고졸 이하의 학력층을 비교했을 때 가장 활발하게 일하는 시기인 40대에 이들의 소득 격차는 2배로 벌어지는데, 고졸 이하의 학력층은 추가적 교육에 따른 기회비용을 제외하고도 8,142만 원의 생애 근로소득을 감소시키고 사회적으로 624만 원의 소득세를 감소시키는 것으로 나타났다(남기곤, 2011). 고등학교를 졸업하지 않았을 때 발생하는 개인적 · 사회적 비용의 생애 가치는 총 9,724만 원으로 추정된다(한국청소년정책연구원, 2014). 또한 학업중단에 따른 사회적 손실은 26조 3,500억 원에 이르는 것으로 나타났다(김원식, 2013).

2) 비행행동의 증가

학업중단 청소년이 학교를 떠나기 전에 명확한 진로 계획을 갖는 경우가 드물기 때문에 대부분의 학업중단 청소년은 불확실한 미래에 대해 불안을 느끼며 방황한다(오승근, 2009). 2010년 대검찰청 자료를 살펴보면, 2009년 한 해 동안 중 · 고등학교 학업중단 청소년의 범죄율은 전체 범죄의 3.2%로 재학생 범죄율 2.6%보다 약 1.2배 높은 것으로 나타났다. 학업중단 청소년 중에는 학교를 그만둔 지 1년이 지난 이후 비행화되는 경우가 급격히 증가하고 있는데(금명자 외, 2004), 학업을 중단할 당시 보호관찰 경험률이 5.5%에서 1년이 지난 후에는 10.8%로 증가하고, 유흥업소 아르바이트 종사자도 학업중단 직후 2.6%에서 1년 후에는 10.7%(학업중단 청소년을 1년 동안 추적 조사한 연구, 금명자 외, 2004)로 증가하는 것으로 나타났다. 학업중단 청소년 가운데 법적 처벌을 받은 청소년은 41.7% 정도로 많았다(오혜영 외, 2011). 이 외에도 학업중단 청소년은 학교에서의 징계 경험 비율이 52.3%, 학교폭력집단 가입 경험 2.4%, 괴롭힘 경험 10.7%, 가정폭력 경험 34.6%, 성폭력 피해 경험 3.0% 등으로 나타나 비행 및 범죄의 피해 · 가해 경험을 지니고 있었다(오혜영 외, 2011).

3) 심리적 어려움

학업중단 청소년은 사회적 낙인과 편견, 가족과 친구로부터의 소외 등으로 인해 우울과 불안, 게임 중독과 대인관계 어려움 등 다양한 문제를 호소하는 청소년이 많은 것으로 나타났다(홍나미 외, 2013).

5. 학업중단 청소년의 진로 및 욕구

1) 학업중단 이후 생활영역별 시간 소비 경험

학업중단 청소년 217명을 대상으로 한 연구에서는 학교를 그만둔 이후 경

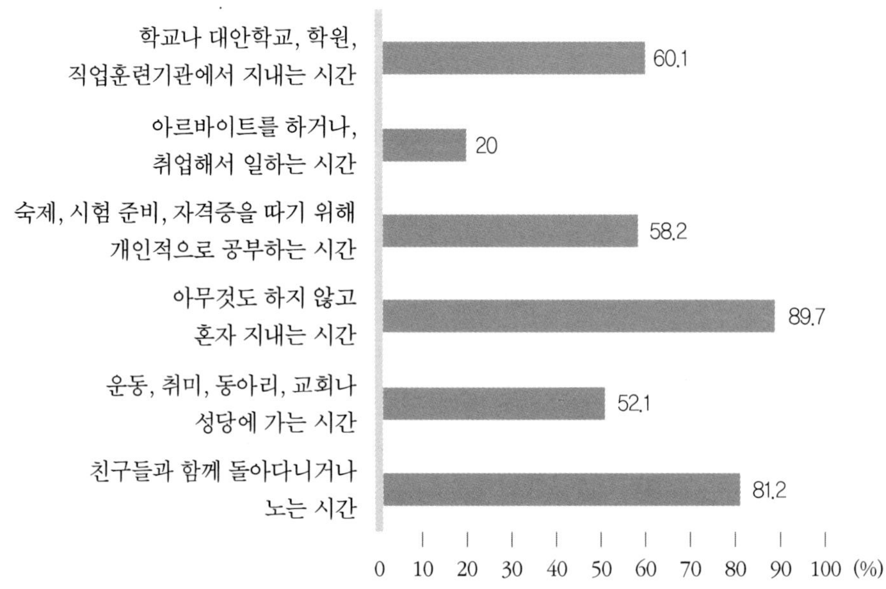

[그림 5-3] 일상생활시간 영역별 경험 빈도

출처: 윤철경, 임지연(2014), p. 6.

험으로 아르바이트가 65.8%로 가장 많았고, 50.8%는 검정고시, 30.2%는 대안학교, 20.7%는 복학을 경험한 것으로 나타났다(금명자 외, 2005). 윤철경과 임지연(2014)의 연구에서는 학업중단 청소년의 일상생활시간 영역별 경험 빈도를 살펴보았는데, 아무것도 하지 않고 혼자 지내는 시간이 가장 많고(89.7%), 그다음으로 친구들과 함께 돌아다니거나 노는 시간(81.2%), 학교나 대안학교, 학원, 직업훈련기관에서 지내는 시간(60.1%), 숙제, 시험 준비, 자격증을 따기 위해 개인적으로 공부하는 시간(58.2%) 등의 순으로 나타났다.

2) 학업중단 청소년의 진로 유형

학업중단 청소년의 진로 선택은 학업중단 이후 청소년이 하고 있는 일 중심의 학업중단 진로 유형으로 설명할 수 있다. 박창남(2001)의 연구에서는 사회 적응 및 정착 여부에 따라 정착형과 비정착형으로 구분하였다. 정착형에는 학업중단 이후 일정 기간 방황하다가 학교에 복귀하거나 검정고시나 대안학교에서 학업을 지속하는 진학형, 일정한 직업교육 후 취업하거나 진로에 대한 뚜렷한 목표의식을 가지고 직장에서 생활하는 직장취업형, 취업준비를 위한 기술을 습득하는 취업준비형으로 구분한다. 반면, 비정착형은 진로 및 진학에 대한 계획을 수립하지 못하고 방황하는 유형이다. 이들 중 소년원, 보호관찰소, 병원 등에 수용되어 관리되고 있는 청소년도 있지만 공식 기관이나 보호자 등에 의해 전혀 보호, 관리되지 않는 청소년도 있다. 이경상과 조혜영(2005)은 학업중단 청소년의 진로설정 유형으로 중단된 학업을 마치고 정규직업을 가지려는 '순수진학형', 중단된 학업을 마치지 않은 채로 취업 등을 하려는 '취업형', 아르바이트로 생활비와 용돈을 충당하려는 '아르바이트형'으로 분류하였다.

윤철경 등(2010)은 학업중단 이후 현재 하고 있는 일에 따라 '학습지향형' '취업 · 알바형' '무업(NEET)형' '비행형'으로 유형화하였다. 김범구와 조아미(2013)의 연구에서는 학업중단 청소년의 유형을 특별한 계획이 없거나 무엇을 해야 할지 잘 모르는 '미결정중심형', 검정고시를 통한 학력취득 준비와 취업준비 등을 하는 '미래준비형', 복학준비와 검정고시를 통한 학력취득 준비를 주로 하는 '진학준비형'으로 구분하였다. 윤철경과 임지연(2014)은 학업형, 니트형, 직업형, 비행형으로 구분하였는데, 실제 학업중단 청소년들의 조사에서 학업중단 이후 경로 유형은 학업형 42.0%, 니트형 23.0%, 직업형 17.9%, 비행형 8.9%, 혼합형 8.2%으로 구분되었다. 학업중단 패널조사(2013~2015)는 학업중단 이후 학생들의 행보를 학업형, 직업형, 무업형, 비행형, 은둔형으로 구분하였다(윤철경 외, 2015). 이 조사에서 2012년 학업중단 청소년을 3년간 추적한 결과, 학업형이 50.4%로 가장 많았고, 그 다음으로 직업형 32.4%, 무업형 11.1%, 비행형 6.0%의 순으로 조사되었다. 윤철경과 임지연(2014)의 결과와 비교해 보면, 직업형의 비율이 2배 가까이 높아졌

표 5-4 학업중단 청소년 유형화와 비율

구분	정의	비율
학업형	검정고시 공부, 대학입시 준비, 복교 등	50.4% (학업지속형 30.3%+ 학업복귀형 19.8%)
직업형	직업기술을 배우는 경우, 아르바이트 · 취업 등	32.4% (직업형 14.7%+학업 -직업전환형 17.1%)
무업형	특정 목표 없이 아무것도 하지 않는 경우	11.1%
비행형	가출하거나 보호시설 · 사법기관 감독받는 경우	6.0%
은둔형	사회적 관계를 맺지 않고 집에서 나오지 않는 경우	미조사

출처: 윤철경 외(2015). 재구성함.

고 학업형도 다소 늘었다. 그리고 무업형과 비행형의 비율은 다소 줄어들었음을 확인할 수 있다.

기존 학자들의 학업중단 청소년의 학업중단 이후 삶에 대한 유형 구분에서 공통적인 유형은 아르바이트나 취업을 원하는 '노동시장 참여형' 혹은 '직업형', 복학(혹은 복학준비)이나 검정고시 준비를 하는 '학습지향형', 그리고 아무것도 하지 않는 '무업형' 혹은 '진로미결정형'으로 구분되고 있다고 할 수 있다.

3) 학업중단 청소년의 욕구

학업중단 청소년이 학교를 떠나서 가장 하고 싶은 것이 무엇인지를 확인한 연구에서는 원하는 직업이나 진로선택(33.5%), 경제적 자립(12.3%), 원하는 학교 진학(10.4%) 등의 순으로 나타났다(안현의 외, 2002). 학교를 그만두고 가장 필요했던 도움으로는 대안학교와 복학 및 검정고시 준비, 진로와 심리상담, 직업교육과 취업소개 등 학력과 취업에 대한 서비스를 원하고 있었다(금명자 외, 2004; 안현의 외, 2002). 이처럼 학업중단 청소년의 욕구를 살펴본 연구에서 확인된 공통된 사실은 학업중단 청소년들은 학업을 포기할 수 없으며, 학업복귀를 희망하고 있다는 것이다(홍나미 외, 2013).

오승근(2009)이 제시한 학업중단 청소년이 직면하는 문제에 따른 사회적 요구는 〈표 5-5〉와 같다. 첫째, 청소년 시기에 겪는 각종 개인적 고민뿐 아니라 학업을 그만둔 이후 주변의 부정적 시선으로 인한 심리적 갈등으로 상담/심리 지원을 필요로 한다. 둘째, 학업중단에 따른 가정 불화의 발생과 부모와의 불편한 관계를 해소할 수 있는 프로그램과 상담지원이 필요하다. 셋째, 학업중단에 따라서 또래 관계가 단절되고 사회적으로도 고립감을 느끼게 되는데 사회성 향상을 위한 프로그램 지원이 필요하다. 넷째, 진로 및 적성에 대한 혼란으로 인한 직업 탐색의 기회를 제공받을 수 있는 진로지원이 필요하다. 다섯째, 경제적 자립 및 취업을 하기 위한 경제적 지원이 필요하다. 여섯째,

표 5-5 학업중단 청소년이 직면한 문제 상황과 사회적 요구

문제 상황	사회적 요구	지원사항
• 개인적 고민과 심리적 갈등 • 정체성 혼란	• 개인 · 집단 상담을 통해 자신의 심리상태 점검, 개별적인 도움 제공 필요	상담/심리 지원
• 가정 불화 및 부모와의 불편한 관계	• 가족 연계 활동 프로그램 • 부모-자녀 상담지원	프로그램 및 상담지원
• 또래 관계 형성의 어려움 • 사회적 고립감	• 또래 관계 및 사회성 향상 프로그램 • 기성세대와의 연계 및 지지	프로그램 및 상담지원
• 진로 및 적성 미결정 • 직업 탐색의 기회 부족	• 적성 및 진로 탐색 프로그램 • 취업 기관 인턴십 제공	진로지원
• 경제적 자립 및 적합한 일자리 부족	• 아르바이트 및 창업 정보 • 경제적 지원과 컨설팅	경제적 지원
• 학업중단에 대한 아쉬움	• 학업 지속 가능 기관에 대한 정보 • 학비 지원 및 기초학력 향상	교육지원
• 삶의 질 향상 서비스 결핍 • 여유 시간 활용 장소 부족	• 여가 · 취미활동 프로그램 및 활동 공간 • 활동 공간 및 숙식 해결을 위한 쉼터	프로그램 지원 및 활동 공간 제공

출처: 오승근(2009), p. 5.

학업중단에 대한 아쉬움으로 학업 지속을 위한 정보와 기초학력 향상을 위한 교육적 지원이 필요하다. 일곱째, 여유 시간을 활용할 수 있는 활동 공감과 프로그램이 미흡하여 활동 프로그램과 공간이 필요하다(오승근, 2009).

4) 학업중단 청소년의 학업복귀 관련 요인

앞서 살펴본 것과 같이 학업중단 청소년이 학업을 지속하기를 원하며 학업복귀를 기대하기도 하는데, 따라서 청소년의 학업복귀를 도와주는 요인이 무엇인가에 보다 많은 관심을 기울여야 한다. 김신영과 정경은(2014)의 연구에서는 학업복귀에 영향을 미치는 요인이 연령(어릴수록), 주요 상담자, 자아탄력성, 또래애착, 학교성적(높을수록)으로 나타났다. 김신영과 정경은(2014)은 기존 학업중단에 관한 선행연구들을 참고로 학업중단 청소년의 학교복귀에 영향을 미치는 변인을 인구사회학적 변인, 관계 변인, 학교 변인, 심리 변인, 학업중단 관련 변인으로 나누어 보았는데 그 내용은 다음과 같다.

(1) 인구사회학적 변인

인구사회학적 변인 가운데 성별, 연령, 거주지역, 가족구성 형태 등이 학업중단 청소년의 학교복귀와 관련이 있는 주요 변인으로 나타났다. 인구학적 배경 변인에 대해 많은 관심을 가지고 연구들이 진행된 것은 아니지만 고등학교 청소년의 학업중단과 재등록에 대해 연구한 추앙(Chuang, 1997)의 연구를 살펴보면, 여자 청소년이 남자 청소년보다 학업복귀가 용이하며, 학업을 중단한 시기에 나이가 많을수록 학업복귀가 어렵다고 나타났다. 또한 양부모와 계부모는 학업복귀에 영향을 미치지 않지만, 가족 수입은 청소년의 학업복귀에 영향을 미치는 것으로 나타났다. 또한 로렌 등(Lauren et al., 2000)의 연구는 미혼모를 대상으로 한 연구인데, 우리나라 현실적인 상황과 비교하여 볼 때 동거인, 거주지역, 성적 등이 학업복귀에 영향을 미치는 인구사회학적 배경 변인이라고 할 수 있겠다.

(2) 관계 변인

관계 변인으로는 청소년과 밀접한 대상과의 관계와 애착을 살펴볼 수 있는데, 학업중단 청소년 옆에서 이루어지는 끊임없는 관심과 지원의 손길 및 친구들의 격려를 비롯한 사람들의 지지가 그들의 학업복귀에 영향을 미치고 있었다(성윤숙, 2005; 홍나미 외, 2013; Franklin, 1992). 즉, 언제나 내 편이 되어주고 따뜻하게 안아 주신 부모가 있고(홍나미 외, 2013), 부모의 감정적 호소와 설득(조규필 외, 2011), 가족 및 주변 사람들의 권유(오혜영 외, 2011; Lauren et al., 2000) 등은 학업중단 청소년의 학업복귀에 영향을 미친다. 또한 학업복귀를 결정한 요인은 상담자의 지지, 주변의 정서적 지지(안현의 외, 2002; 오혜영 외, 2011), 가족의 격려, 친구나 선배의 이해(금명자 외, 2004), 주변인의 학업 동기부여(조규필 외, 2011)도 긍정적인 요소로 나타났다. 학업중단 전 가지고 있었던 긍정적 경험, 즉 교사와의 신뢰관계와 친구들과의 행복했던 추억은 냉정한 현실에 직면하면서 지쳐 있던 학업중단 청소년에게 학업복귀로의 큰 힘으로 작용한다(홍나미 외, 2013). 학업복귀 외에 노동시장 참여에 대해서는 학업을 중단한 유사한 조건의 친구들과의 관계망 형성이 중요한 요인이었다(전경숙, 2006).

(3) 학교 변인

학업중단 청소년은 학교 중퇴 이후 한동안 아무것도 하지 않는 생활을 유지하다가 일정 기간이 지나고 나면 뭔가 새로운 일을 찾거나 검정고시를 준비하기도 하는데, 이 과정에서 교과 공부가 의미 있는 과정이라는 인식과 함께 어느 정도의 규율이나 규칙적인 생활의 필요성을 재인식하게 된다(최영신, 2000). 학교에 대한 인식 변화에 대해 학업중단 청소년은 학업중단 기간이 길어지면서 다른 청소년들처럼 짜인 시간 속에서 생활하는 것이 제일 편할 것 같다는 생각을 하게 되며(최영신, 2000), 학교에 대한 긍정성을 자각하게 되는데(조규필 외, 2011), 교복이나 수학여행 등과 같은 학교생활의 부러움(김상현, 양정호, 2013; 조규필 외, 2011)이나 학력이나 졸업장에 대한 인식 변화(김상현, 양정호, 2013; 성윤숙, 2005; 오혜영 외, 2011; 홍나미 외, 2013)를 보인다. 또한 학업중단 이전의 좋았던 성적도 학업복귀를 강화시키는 요인으로 작용한다(홍나미 외, 2013).

(4) 심리 변인

앞서 언급한 청소년을 둘러싼 환경 변인 외에 청소년들의 학업복귀 결정에 영향을 미치는 요인은 특별한 경험을 통한 자신의 인식 변화와 심리적·정서적 상태이다. 기존 선행연구(오혜영 외, 2011; 정민선 외, 2011; 조규필 외, 2011)에서 학업중단 청소년이 학업에 복귀할 수 있었던 중요한 계기로 학업에 대한 의지와 노력, 동기 등을 언급하고 있다. 자신의 과거보다는 미래지향적 적응력을 보이는 적응유연성(홍임숙, 2004), 자신을 존중할 줄 아는 자아존중감(이소영, 2000), 자신에 대한 믿음(Franklin, 1992), 성공에 대한 자신감(금명자 외, 2004), 긍정적이고 낙천적인 성격(홍나미 외, 2013), 본인의 의지와 노력(오혜영 외, 2011)은 중요한 학업복귀 요인이었다. 또한 청소년이 학업을 중단하며 겪은 많은 일을 통해 이대로 살면 안 될 것 같고, 문제되는 사람이 될 것 같은 불안함(홍나미 외, 2013)과 자신의 상황에 대한 인식을 하면서 미래에 대한 불안감(김상현, 양정호, 2013; 조규필 외, 2011)을 경험하며, 학업동기가 발생하는 전환점을 경험하게 된다. 하지만 뚜렷한 목표로 인해 학업을 중단하는 청소년은 학업중단에 대해 후회가 없이 만족하고 있으며 자신의 목표를 향해 도전을 하고 있어(성윤숙, 2005) 학업복귀 의사가 전혀 없는 것으로 나타났다.

(5) 학업중단 관련 변인

다음으로 학업중단 관련 변인을 고려할 수 있는데, 학업복귀와 관련된 학업중단 요인으로는 학업중단 이유, 학업중단에 대한 수치심, 학업중단 기간과 학업중단 이후 주요 상담자 등을 고려할 수 있다. 학업중단 기간이 일정 기간 늘어나면서 점차 집에서 노는 것이 지겨워지기(조규필 외, 2011; 최영신, 2000) 시작하면서 학업복귀에 대한 의사를 표명하기도 한다. 최영신(2000)은 그 기간을 6개월 이상이라고 언급하고 있지만, 학업중단 시기가 길어질수록 학교복귀가 어려워진다는 연구결과(Chuang, 1997)를 감안한다면 초기 개입이 아주 중요하리라 생각된다.

표 5-6 학업중단 청소년의 학업복귀에 영향을 미치는 요인

구분	학업복귀에 영향을 미치는 요인
김상현, 양정호(2013)	고된 일, 학교생활의 동경, 주변의 부정적 인식, 자신의 미래에 대한 불안감
박현선(2003)	힘든 상황 경험, 중퇴에 대한 자발성, 중퇴 이후 생활에 대한 준비
오혜영, 지승희, 박현진(2011)	학력/졸업장에 대한 인식 변화, 주변 사람들의 권유, 자신의 결심과 정보 탐색 노력, 가족의 권유, 상담자의 지지적 역할
조규필 외(2011)	학업의 동기부여, 심리적 동요와 자각, 부모의 동기부여, 주변 사람들의 시선, 남들과 다른 생활, 부모 및 지인의 영향
최영신(2000)	학교에 대한 인식 변화(교과 공부에 대한 의미부여, 규율과 규칙의 필요성 인지), 학력의 장벽, 학업중단 기간
홍나미 외(2013)	심리적 어려움 경험, 사회적 낙인, 방황의 시간, 관심과 지원, 긍정적 과거 경험
추앙(1997)	낮은 가족 수입, 개인 변인 중 성별, 연령, 군입대 자격시험 점수, 약물 경험, 비고용 비율, 처음 학교 밖에서 보낸 기간
로렌 등(2000)	미군입대자격 시험(AFQT) 점수, 가구소득, 6세 미만 자녀 수, 형제자매, 친척 거주, 교육수준, 출산 후 경과 기간, 연령, 지역, 이전 기간 학교 등록 여부

출처: 김신영, 정경은(2014), p. 184.

학업중단 청소년은 학업중단 이후 사회와 맞닥뜨리는 상황에서 몇 가지 심경 변화를 겪게 된다. 학업중단 이후 주변 사람들이 자신을 소위 '양아치'같이 보는 시선이 느껴지고(조규필 외, 2011), 다른 사람에 비해 배우지 못해 부족함과 부끄러움을 느낀다(홍나미 외, 2013). 아르바이트가 평생 직장이 되지 못한다는 생각을 하며 졸업장이 없으면 한심한 사람이 된다는 생각을 가지게 되면서(오혜영 외, 2011) 학업복귀에 대한 의지를 발현하는 것으로 나타났다. 특히 학업중단 이후 만난 상담자는 학업중단 청소년에게 정서적 지지를 해 주고 자원을 발견하게 하여 가능성을 열어 주는 역할을 하였다(오혜영 외, 2011; 정민선 외, 2011; 조규필 외, 2011; 홍나미 외, 2013). 이렇듯 학업중단 청소년이 학업복귀를 희망하지만, 실제 학업중단의 원인이 되었던 가족갈등 및 해체, 제도권 교육에 대한 불만족, 생계 문제 등이 이들의 학업복귀를 매우 어렵고 복잡하게 할 수 있다(이경상, 조혜영, 2003). 따라서 학업중단 이유에 대한 해결 등도 매우 중요한 요인이라 할 수 있다.

6. 학업중단 예방과 대처

1) 교육부의 예방과 대처

교육부는 부적응 사유로 학업중단 학생 수를 2016년 24,959명에서 2017년 23,000명으로 성과지표를 설정하고 있는데, 학업중단 예방 및 학업복귀 지원에 대한 주요 과제(교육부, 2016)를 살펴보면 다음과 같다.

(1) 학업중단 예방 대책 강화

첫째, 학업중단숙려제 내실화를 위해 시·도별로 나타나는 숙려제 효과 차이를 줄이기 위해 숙려대상학생 선정, 필수이수 프로그램, 연간 최대 숙려 횟

표 5-7 학업중단숙려제

구분	내용
도입 배경	• 관계부처 합동으로 학업중단 위기 청소년에 2주간의 숙려 기간을 도입함 • 청소년기 학업중단 이후의 삶에 대해 알지 못하는 상태에서 신중한 고민 없이 학업을 중단하는 사례를 방지하기 위함
제도 시행	• 학업중단 징후 또는 의사를 밝힌 고등학생 및 학부모에게 Wee센터, 청소년상담복지센터 등의 외부 전문 상담을 받으며 1주 이상 숙려하는 기간을 갖도록 함
대상	• 학업중단 의사를 밝힌 초 · 중 · 고등학생 • 학업중단 위기에 처해 있다고 학교에서 판단한 초 · 중 · 고등학생[예외: 질병 치료, 발육부진, 사고, 유학, 해외출국(유학) 등 부득이하게 학업을 중단하는 경우] • 평생교육시설(대안학교, 방송통신고등학교 등) 편입학 등의 사유로 자퇴 희망하는 학생 • 무단결석 학생 및 검정고시 응시 희망 초 · 중학생 * 무단결석 연속 7일 이상, 누적 30일 이상인 학생
기간	최소 1주~최대 7주 탄력적 운영
적용 제외 대상	• 연락 두절, 행방불명 등으로 학업중단숙려제 운영이 불가능한 경우 • 질병 치료, 발육부진, 사고, 해외출국(유학) 등 부득이하게 학업을 중단하는 경우 • 학교폭력, 학교규칙 위반을 이유로 한 퇴학의 경우 (※고졸 검정고시 응시의 경우, 「고등학교 졸업학력 검정고시 규칙」 제10조 제3항 제2호에 따라 검정고시 공고일 6개월 이전에 자퇴하여야 함)

수 등의 기준을 제시하는 숙려제 운영 공통기준을 마련하였다.

2013년 학업중단숙려제 시범 운영 이후 참여학생 수 및 참여학생의 학업지속률이 증가 추세를 보이고 있다. 2014년 학업중단숙려제 의무화 이후 부적응을 이유로 하는 학업중단 학생이 2013년 34,429명에서 2014년 28,502명으로 감소하였다. 특히 2015년 학업중단숙려제 참여학생 43,854명 중 37,935명(86.5%)의 학생들이 학업을 지속하는 성과를 나타냈다.

둘째, 공교육 내 대안교육 확대를 위해 학교 내 대안교실 운영을 2015년

표 5-8 학업중단 숙려제 참여 학생 및 참여학생 중 학업지속 비율 (단위: 명, %)

학년	숙려제 참여 학생	참여 학생 중 학업지속 학생	학업지속 비율(%)
2013학년	10,589	3,697	34.74
2014학년	44,778	36,691	81.94
2015학년 (2015.3.~2015.12.)	43,854	37,935	86.50

출처: 교육부(2016), p. 2.

1,290개교에서 2016년 1,400여 개로 늘리고, 관계부처 협업(여성가족부 청소년수련관, 청소년상담복지센터, 법무부 청소년꿈키움센터, 희망나비센터 등)을 통해 2015년 238개 기관이었던 대안교육 위탁교육기관을 2015년 262개 기관으로 지정을 확대하였다. 또한 대안교실 및 대안교육 위탁교육기관의 운영매뉴얼을 개발・배포하고, 전문가 방문컨설팅 등 운영 내실화를 지원하였다.

셋째, 민간위탁형 대안학교를 신설하는데, 폐교 등 유휴시설을 활용하여 권역별로 학업중단(위기) 학생을 위한 '민간위탁형공립대안학교'를 신규 5개교 설립하였다. 민간위탁형공립대안학교에서는 다양한 교육적 수요에 대응하기 위해 기본교과 운영을 최소화(최소 수업시간의 50%)하고 민간의 노하우

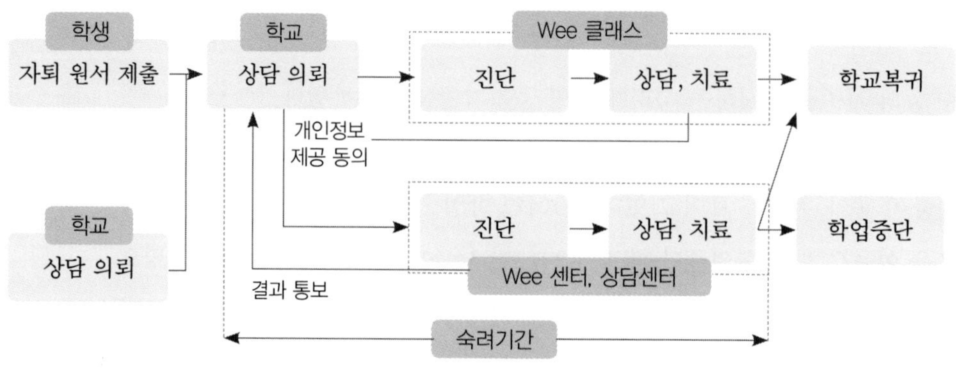

[그림 5-4] 학업중단숙려제 운영 절차

출처: 학교밖청소년지원센터 꿈드림(www.kdream.or.kr).

를 활용한 체험·인성·진로교육 등 대안교육과정을 확대하였다.

(2) 학업중단자 학습지원 체제 구축 및 자립지원

첫째, 관계부처 협업 종합지원 체제를 구축한다. 2015년 통계(교육부, 2015)에 따르면, 질병이나 해외 출국 등의 사유를 제외한 학업중단 학생은 2012년부터 2014년까지 102,559명에 이른다. 따라서 학업중단자(학생)에 대해 학력 취득을 포함한 교육-고용-복지(상담) 종합지원체제(교육부, 여가성가족부, 고용노동부 협업)를 구축한다.

교육지원에 대해서는 학업중단 사유에 따라 (공립)대안학교 취학, '학력인정 기관(프로그램) 인증제'를 통한 학력 취득 등 맞춤형 교육지원을 실시하는데, 방송통신중·고등학교, 학교밖청소년지원센터 등에서 교육감이 인정하는 대체 프로그램을 이수하면 2017년부터 이를 출석·학력으로 인정한다.

복지·상담 지원에 대해서는 학교밖청소년지원센터의 상담·진로 서비스와 기타 정부·지방자치단체가 제공하는 복지 프로그램을 학업중단 사유 및 학생 개인정보를 분석하여 학업중단 학생별로 연계하여 제공(여성가족부, 보

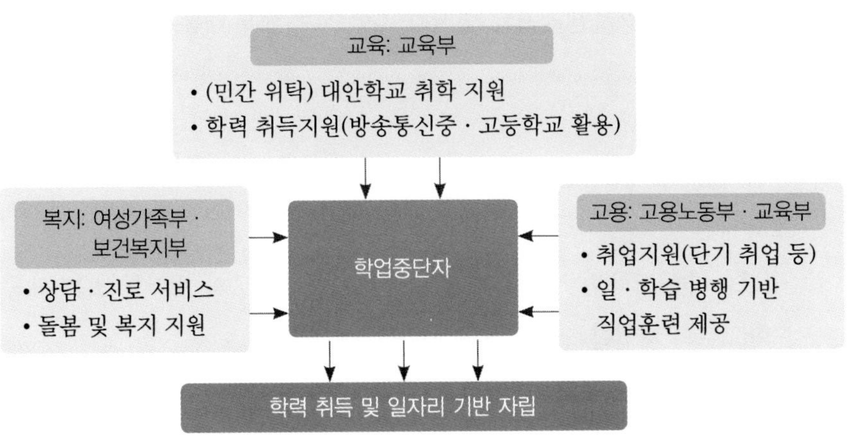

[그림 5-5] 교육-고용-상담 지원체제

출처: 교육부(2016), p. 56

건복지부)하는데, 개인의 특성을 바탕으로 교육 · 상담 · 복지 등 각 기관별 지원프로그램을 매칭해 준다.

직업훈련 제공에 대해서는 전문대학 및 한국폴리텍대학의 비학위 직업교육과정을 연계한 직업교육 훈련 및 구직 기회(일 · 학습 병행)를 제공(교육부, 고용노동부)한다.

둘째, 정보관리를 강화한다. 학업중단(미진학, 미취학, 유예, 면제) 현황을 파악할 수 있도록 나이스(NEIS) 내에 초 · 중 · 고등학교 입학 시 전교생을 대상으로 개인정보 수집 및 활용동의서를 작성 · 제출하여 학적과 연계한 관리 체계를 구축하며, 학업중단 학생 발생 시 학생에 대한 통합 관리 · 지원이 가능하도록 관련 정보를 학교밖청소년지원센터(여성가족부)와 공유한다.

2) 여성가족부의 예방과 대처

(1) 「학교 밖 청소년 지원에 관한 법률」

2014년 제정된 「학교 밖 청소년 지원에 관한 법률」(약칭 「학교밖청소년법」) 제8~11조에서 학교 밖 청소년 지원 관련 사항을 상담지원, 교육지원, 직업체험 및 취업지원, 자립지원 등으로 명시하고 있으며, 세부 내용은 다음과 같다.

- 상담지원
  - 심리상담, 진로상담, 가족상담 등의 제공
- 교육지원
  - 「초 · 중등교육법」 제2조의 초등학교 · 중학교로의 재취학 또는 고등학교로의 재입학
  - 같은 법 제60조의3의 대안학교로의 진학
  - 같은 법 제27조의2에 따라 초등학교 · 중학교 또는 고등학교를 졸업한 사람과 동등한 학력이 인정되는 시험의 준비

–그 밖에 학교 밖 청소년의 교육지원을 위하여 필요한 사항

- 직업체험 및 취업지원

–직업적성 검사 및 진로상담 프로그램, 직업체험 및 훈련 프로그램, 직업 소개 및 관리, 그 밖에 학교 밖 청소년의 직업체험 및 훈련에 필요한 사항

- 자립지원

–생활지원, 문화공간지원, 의료지원, 정서지원 등의 지원

이에 「학교밖청소년법」(2015. 5. 29. 시행)의 제정으로 기존 해밀 · 두드림존 사업이 학교 밖 청소년 지원사업으로 확대 변경되었으며, 학교밖청소년지원센터 '꿈드림'을 설치 · 운영하고 있다.

- 해밀: 2002년 인적자원개발회의에서 제안된 학교 밖 청소년을 위한 대책의 일환으로 한국청소년상담원에서 2004년부터 학교 밖 청소년 지원센터라는 이름하에 운영되어 왔다. 해밀센터는 지역사회에서 발생한 학교 밖 청소년을 보호하고 그들의 성장을 돕기 위한 서비스 네트워크 형성, 학업과 진로지도, 정신건강사업, 취업지원 등의 서비스 등을 제공하였다(금명자 외, 2005).
- 두드림존: 위기청소년의 자립지원을 위한 프로그램으로, 특히 자립의 첫 관문인 사회 진출을 집중적으로 돕기 위한 프로그램이다. 주 대상층은 만 16세 이상 25세 미만의 위기청소년이며 위기청소년의 자립지원을 주 목적으로 한다(권해수, 조규필, 김범구, 허진석, 윤현선, 2008).

학교밖청소년지원센터는 「학교밖청소년법」에 근거하여 2019년 기준 전국에 센터를 214개소(2019년 기준) 설치하였고, 한국청소년상담복지개발원은 꿈드림의 중앙 지원기관으로서 컨트롤타워 역할을 수행하고 있다. 학교밖청

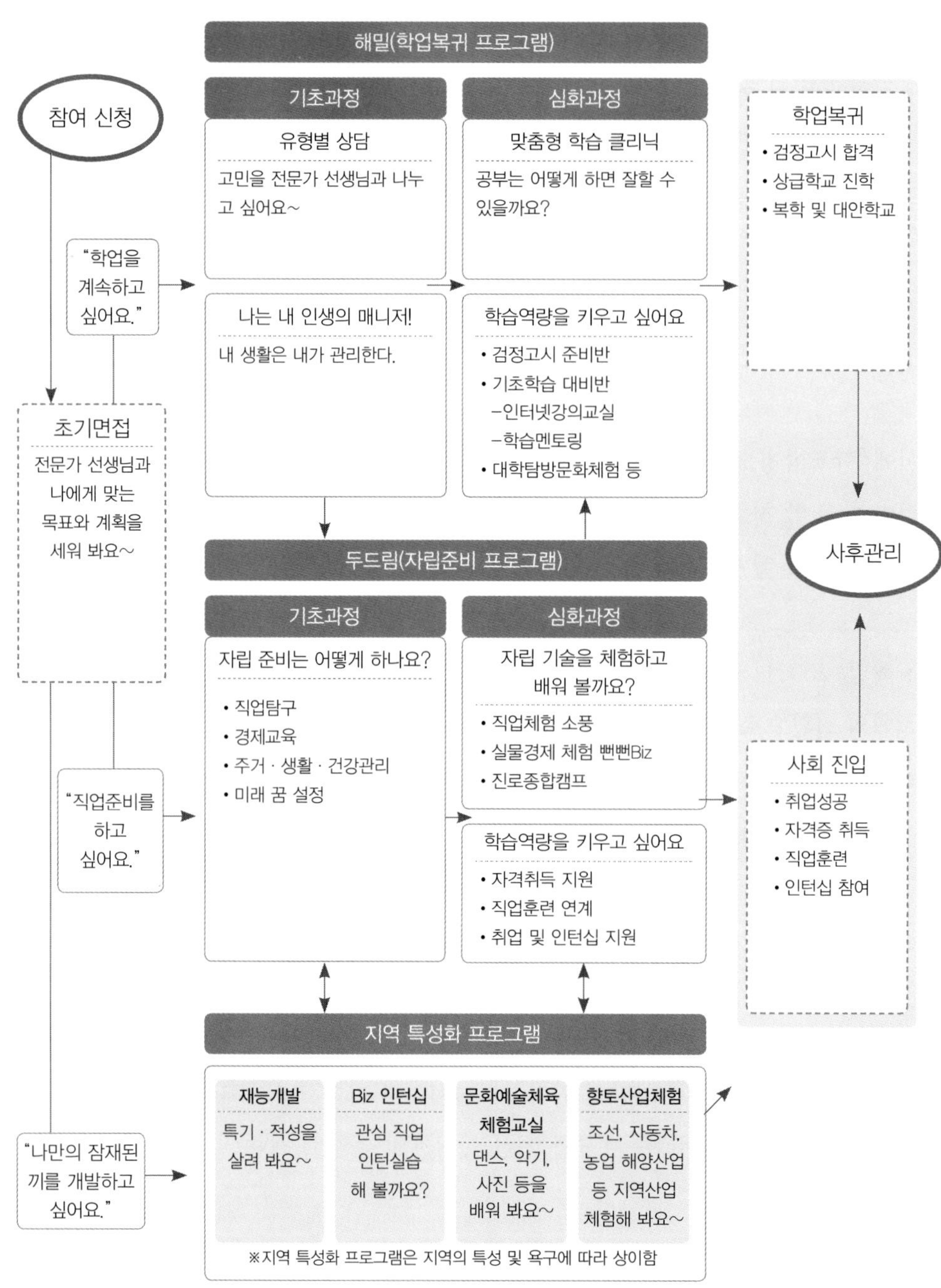

[그림 5-6] 학교 밖 청소년 지원과정

출처: 학교밖청소년 지원센터 꿈드림(www.kdream.or.kr).

소년지원센터 꿈드림 홈페이지(http://www.kdream.or.kr)를 통해 학교 밖 청소년 지원에 대해 살펴보면, 학교 밖 지원센터는 학교 밖 청소년의 개인적 특성과 요구를 고려하여 두 가지 진로 트랙(학업복귀, 사회진입)으로 나갈 수 있도록 선택의 기회를 제공하고 있다. 학업복귀를 원할 경우, 복교, 검정고시, 상급학교 진학, 대안학교 입학 등을 지원하고, 사회진입을 원할 경우, 직업훈련, 자격증 취득, 취업, 자기계발 등을 지원함으로써 궁극적으로는 학교 밖 청소년이 건강한 사회구성원으로 성장할 수 있도록 필요한 서비스를 제공한다. '꿈드림'은 '꿈=Dream'과 '꿈을 드린다'는 중의적인 표현으로 학교 밖 청소년에게 새로운 꿈과 희망을 주겠다는 의미를 담고 있다. 꿈드림센터에서는 상담 및 프로그램 운영, 외부자원 연계, 진로 및 사회적응에 필요한 정보제공, 권익보호 등 다양한 서비스를 제공함으로써 지역사회 학교 밖 청소년 지원사업의 허브 기관으로서 역할을 수행하고 있다. 꿈드림센터의 주요 업무는 학교 밖 청소년 지원을 위한 지역사회 자원의 발굴 및 연계 · 협력, 학교 밖 청소년 지원 프로그램의 개발 및 보급, 학교 밖 청소년 지원 프로그램에 대한 정보제공 및 홍보, 학교 밖 청소년 지원 우수사례의 발굴 및 확산, 학교 밖 청소년에 대한 사회적 인식 개선, 그 밖에 학교 밖 청소년 지원을 위하여 필요한 사업 실시이다.

꿈드림 프로그램은 초기 면접을 통해 청소년의 상황과 욕구를 파악하고 이에 맞는 프로그램을 맞춤형으로 지원하고 있다. 프로그램은 온라인 회원가입을 통한 온라인 신청과 전국 200여 개의 학교밖청소년지원센터를 방문하여 신청할 수 있으며, 모든 참여 비용은 무료다. 프로그램 참여 대상은 9~24세의 개인적 사정으로 학교를 그만둔 청소년과 정규 학교를 그만둘까 고민하고 있는 학업중단숙려 대상 청소년 등이다.

(2) 학교 밖 청소년의 발굴 · 연계

꿈드림센터는 관계부처 합동으로 '학교 밖 청소년 발굴 · 지원 강화 대책'

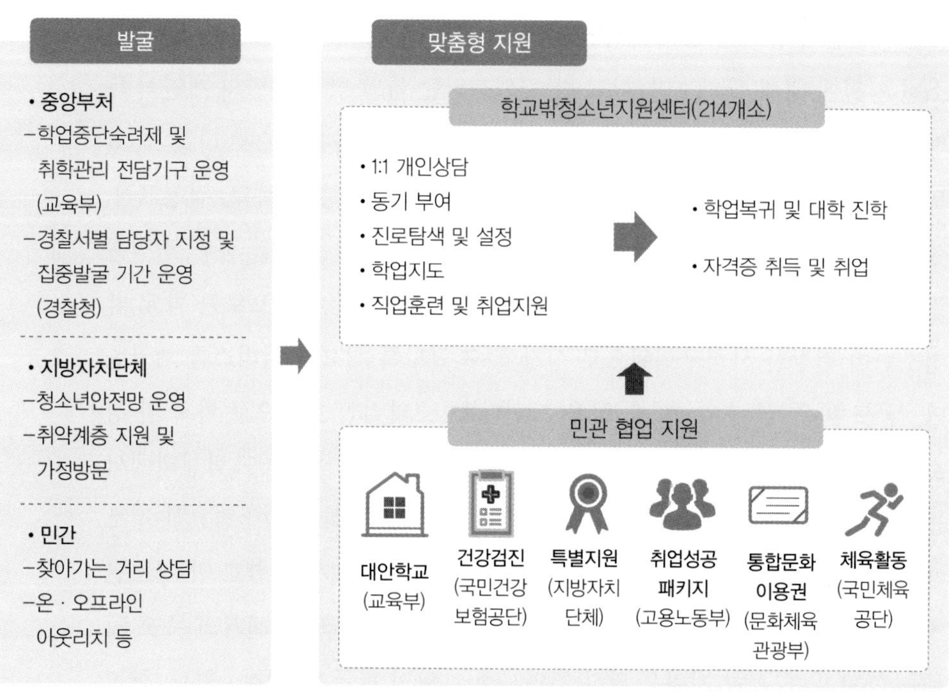

[그림 5-7] 학교 밖 청소년 발굴 연계 체계

출처: 여성가족부(2019), p. 187.

(2015. 8. 27.)을 토대로 학교, 경찰서, 지역사회청소년통합지원체계(청소년안전망)의 연계기관 등 다양한 채널을 통해 학교 밖 청소년을 발굴 · 연계하고 있으며, 그 수를 점차 확대하고 있다(여성가족부, 2019).

연습문제

1. 학업중단 청소년의 유형을 설명하시오.
2. 학업중단숙려제에 대해 설명하시오.
3. 「학교 밖 청소년 지원에 관한 법률」의 주요 골자를 설명하시오.
4. 학업중단 청소년에 대한 교육–고용–복지(상담) 종합지원체제에 대해 설명하시오.

참고문헌

고기홍(2003). 학업중단 청소년의 문제와 상담적 개입방안. **학생생활연구, 24**(1), 117-136.

고용노동부(2009). **2009 청소년 아르바이트 실태조사**. 경기: 고용노동부.

공윤정, 오혜영, 박현진, 김범구, 양대희, 이정실(2012). 학업중단 청소년-그들의 삶과 상담자의 개입과제. **한국심리학회 연차 학술발표 자료집, 2012**(1), 67.

교육부(2013). 2012학년도 초 · 중 · 고 학업중단 현황 조사결과 발표.

교육부(2014). 2014년 초 · 중 · 고 학업중단 현황발표. 2014. 9. 4. 보도자료.

교육부(2015). 2015년 교육기본통계 보도자료.

교육부(2016). 2016년 교육부 업무계획.

교육부(2016). 위기학생의 학교적응을 돕는 학업중단 숙려제 공통 운영기준 마련.

교육부(2019), 교육기본통계 주요내용.

구자경(2003). 청소년의 심리사회적 특성이 학교자퇴생각에 미치는 영향. **청소년학연구, 10**(3), 309-330.

권해수, 서정아, 정찬석(2007). 대안학교와 소년보호교육기관 청소년의 학교밖 경험 비교: 개념도 방법론을 통하여. **상담학연구, 8**(2), 657-674.

권해수, 조규덕, 김범구, 허진석, 윤현선(2008). **위기청소년 사회진출 지원을 위한 두드림존 프로그램 특성화 연구**. 서울: 한국청소년상담원.

금명자, 권해수, 이문희, 이자영, 이수림(2004). 학교밖청소년 욕구조사, 학교밖청소년 길 찾기. **청소년상담문제 연구보고서 50**, 21-44.

금명자, 주영아, 이자영, 김태성, 김상수, 신현수(2005). **학교밖청소년 평가도구 개발**. 서울: 한국청소년상담원.

김민(2001). **자발적 학업중도탈락 현상 발생 요인에 대한 분석 연구**(01-R23). 서울: 한국청소년개발원.

김범구, 조아미(2013). 잠재계층분석(LCA)을 이용한 학업중단 청소년의 유형과 특성. **한국청소년연구, 24**(3), 5-31.

김상현, 양정호(2013). 학업중단 경험이 있는 고등학생의 학업중단 배경과 복교 후 학교생활에 대한 연구. **한국교육문제연구, 31**(1), 81-113.

김순규(2002). 청소년의 학업중퇴 결정요인. **사회과학연구, 28**, 21-39.

김신영, 정경은(2014). 무엇이 이들의 학교복귀를 가로막고 있는가?: 학업중단 청소년 경로 선택에 영향을 미치는 요인 연구. 청소년복지연구, 16(3), 179-205.

김영희, 최보영, 이인회(2013). 학교밖 청소년의 생활실태 및 욕구분석. 청소년복지연구, 15(4), 1-28.

김옥엽, 이연숙, 원유미(2004). 전라북도 청소년 학업중단에 대한 의식 및 위험요인과 보호요인의 분석. 상담학연구, 5(3), 725-741.

김원식(2013). 서울시교육청의 학교밖 청소년 지원방안. 교육정책포럼, 245, 14-16.

김지혜, 안치민(2006). 가출청소년의 학업중단 영향 요인과 대책. 한국청소년연구, 17(2), 133-157.

남기곤(2011). 고등학교 단계 학업 중단의 경제적 효과 추정. 시장경제연구, 40(3), 63-94.

류방란, 최윤선, 신희견, 이규재(2007). 학교부적응 학생의 교육실태 분석: 고등학생을 중심으로. 서울: 한국교육개발원.

박창남(2001). 중도탈락 청소년 예방 및 사회적응을 위한 종합대책 연구. 서울: 교육인적자원부, 한국청소년개발원.

박현선(2003). 청소년의 학업중퇴 적응과정에 대한 현실기반이론적 접근. 한국사회복지학, 53, 74-104.

성윤숙(2005). 학교중도탈락 청소년의 중퇴과정과 적응에 관한 탐색. 한국청소년연구, 16(2), 295-343.

손충기, 배은자, 김영태(2012). 청소년 학업중단의 가족 및 사회환경적 요인 분석 연구. 한국산학기술학회논문지, 13(6), 2504-2513.

안현의, 이소영, 권해수(2002). 학교 중도탈락 청소년의 욕구와 심리적 경험 조사. 학교를 떠나는 아이들. 서울: 한국청소년상담원.

양수경, 차성현, 남진현(2011). 의사결정나무분석 방법을 이용한 학업중단 변별 요인 탐색. 한국교육, 38(4), 65-91.

여성가족부(2019). 2019 청소년백서. 세종: 여성가족부.

오승근(2009). 학업중단 청소년을 위한 국가 정책의 비판적 고찰. 미래청소년학회지, 6(4), 1-21.

오승환(2001). 결손가족 청소년의 학업성취 결정요인: 일반가족 청소년과의 비교를 중심으로. 학교사회사업, 4, 53-80.

오정아, 김영희, 김정운(2014). 청소년의 학업중도포기 과정. **청소년학연구, 21**(5), 141-168.

오혜영, 지승희, 박현진(2011). 학업중단에서 학업복귀까지의 경험에 관한 연구. **청소년상담연구, 19**(2), 125-154.

오혜영, 지승희, 박현진, 이정실(2011). **학업중단청소년 학업복귀 강화 프로그램 개발**. 서울: 한국청소년상담원.

윤여각, 박창남, 전병유, 진미석(2002). **학업중단 청소년 및 대안교육 실태 조사**. 서울: 한국교육개발원.

윤철경, 류방란, 김선아(2010). **학업중단 현황 심층분석 및 맞춤형 대책 연구**. 서울: 교육과학기술부.

윤철경, 임지연(2014). **학업중단 청소년 패널조사 및 지원방안 연구 I**. NYPI 청소년 통계 브리프.

윤철경, 최인재, 유성렬, 김강호(2015). **학업중단 청소년 패널조사 및 지원방안 연구Ⅲ**. 세종: 한국청소년정책연구원.

이경림(2000). 실업계 고등학생의 중퇴와 관련된 환경적 특성에 관한 연구-체계론적 접근을 중심으로. 서울여자대학교 사회복지대학원 석사학위논문.

이경상, 조혜영(2003). **학업중단 청소년들의 진로설정 및 준비실태에 관한 연구**. 서울: 한국청소년개발원.

이경상, 조혜영(2005). 학업중단 청소년들의 진로설정 및 준비실태에 관한 연구. **진로교육연구, 18**(2), 41-64.

이병환(2002). 학업중단청소년의 사회적응방안. **한국교육, 29**(1), 175-196.

이소래(2001). 학교중도탈락에 영향을 미치는 요인에 대한 분석 연구. **학교사회사업, 4**, 111-142.

이소영(2000). 학교중단 청소년의 중퇴 이후 적응결정요인. 서울대학교 대학원 석사학위논문.

이주영, 정제영(2015). 학업중단에 영향을 미치는 보호요인과 위험요인 간의 '힘겨루기'에 대한 질적 연구. **교육학연구, 53**(3), 89-118.

이준기(2011). 학업중단청소년의 애착과 우울의 관계에서 탄력성의 매개효과. 단국대학교 박사학위논문.

이현주, 김용남(2012). 고등학교 학업중단율 변화의 지역별, 학교유형별 현황 및 학교 관련 요인 탐색. 아시아교육연구, 13(1), 149-185.

전경숙(2005). 외국의 학업중단 청소년층을 위한 취업지원 정책. 직업과인력개발, 8(3), 112-123.

전경숙(2006). 10대 학업중단 청소년의 근로실태에 관한 실증적 고찰 연구-가출경험 학업중단 청소년을 중심으로. 청소년상담연구, 14(1), 3-21.

전경숙(2012). 청소년 학업중단 문제, 해결방안은 무엇인가. 수원: 경기도가족여성연구원.

정경은(2014). 학교에 복귀하는 청소년, 특성과 경험, 의식. 학업중단 청소년 패널조사 I 데이터 분석 세미나 자료집: 학업중단 청소년의 특성과 중단 후 경로. 세종: 한국청소년정책연구원.

정규석, Bronson, D. E. (2000). 미국 고등학생의 학교중퇴에 관한 다체계 모델: 모델 검증과 학교중퇴 예방프로그램에 주는 의미. 한국아동복지학, 9, 205-225.

정민선, 김현미, 유순덕(2011). 잠재적 학업중단청소년의 학업지속 요인에 관한 질적 분석. 청소년상담연구, 19(1), 87-105.

정연순, 이민경(2008). 교사들이 지각한 잠재적 학업중단의 유형과 특성. 한국교육, 35(1), 79-102.

조규필, 박현진, 김래선, 김범구, 양대희, 이현진, 황수진(2011). 학업중단 청소년의 학교 재적응 과정 연구. 중등교육연구, 59(4), 969-1000.

조아미(2002). 청소년의 학교중퇴 의도 결정요인. 청소년학연구, 9(2), 1-22.

최동선, 이상준(2009). 학교중단 청소년을 위한 진로개발 지원방안. 서울: 한국직업능력개발원.

최영신(2000). 비행청소년의 학교 재적응에 관한 연구. 서울: 한국형사정책연구원.

한국직업능력개발원(2011). 학교중단 청소년을 위한 진로개발 지원방안.

한국아동청소년가족정책포럼(2010). 학업중단 아동과 청소년의 문제점과 해결방안. 정책 토론회 자료.

한국청소년정책연구원(2014). 학교 밖 청소년 건강상태 및 지원방안 연구. 서울: 한국청소년정책연구원.

홍나미, 신문희, 박은혜, 박지현(2013). 학업중단 청소년의 학업복귀 과정에 관한 근거이론 접근. 청소년복지연구, 15(1), 121-153.

홍봉선 외(2014). **청소년복지론**. 경기: 공동체.

홍순혜, 우영숙, 이문자, 정지인, 현연화(1997). 중학생의 학교부적응 실태와 학교사회사업서비스 욕구에 관한 연구. **한국아동복지학**, 5, 47-69.

홍임숙(2004). 학교를 떠난 아이들의 세계: 학교중퇴자에 대한 사례연구. 서강대학교 교육대학원 석사학위논문.

황정숙(1998). 초등학교 아동과 학부모의 진로의식 분석. 대구효성가톨릭대학교 교육대학원 석사학위논문.

Archambault, I., Janosz, M., Fallu, J. S., & Pagani, L. S. (2009). Student engagement and its relationship with early high school dropout. *Journal of Adolescent, 32*, 651-670.

Christle, C. A., Jolivette, K., & Nelson, C. M.(2007). School Characteristics Related to High School Dropout Rates. *Remedial and Special Education, 28*(6), 325-339.

Chuang, H. (1997). High School Youths' Dropout and Re-Enrollment Behavior. *Economic of Education Review, 16*(2), 171-186.

Dupper, D. R. (1993). Preventing School Dropouts: Guidelines for School Social Work Practice. *Social work in Education, 87*(3), 141-149.

Franklin, C. (1992). Family and individual patterns in a group of middle-class dropout youths. *Social Work, 37*(4), 338-343.

Morrow, G. (1986). Standardizing practice in the analysis of school dropouts. *Teachers College Record, 87*, 342-355.

Lauren, R., & Lee, S. Y. (2000). 미국 10대 미혼모의 학교복귀에 영향을 미치는 요인. **사회복지연구**, 16, 165-192.

Romo, H. D. (1998). Educational Opportunity in an Urban American High School: A Cultural Analysis. *Contemporary Sociology, 27*(6), 578-579.

가 출

청소년의 가출은 일반적으로 지위비행으로 분류하고 있다. 하지만 가출은 가출 자체가 문제가 있는 것이라기보다는 가출로 인해 거리생활을 하면서 건강악화는 물론 절도 · 폭행 · 성매매 등 범죄 및 비행 등의 문제를 일으키거나 범죄의 대상이 되는 사례가 빈번히 발생하여 사회적 부작용이 심각한 실정이다. 청소년은 호기심으로, 가정의 불화 및 간섭 등이 싫어서, 가정이 해체되었거나 가정폭력 등으로 더 이상 집에서 살 수 없어 가출하게 되지만, 가출로 인해 직면하게 되는 문제 등을 고려하지 못한다. 또한 최근 가출의 경향성은 저연령화와 반복 및 상습, 장기가출의 경향성을 띠면서 가출팸 등이 생기는 등 더욱더 사회문제화되었다.

이 장에서는 가출 현황과 가출의 원인, 가출 이후 직면하게 되는 문제점 등을 살펴보고, 정부의 가출 예방 활동에 대해 설명하고자 한다.

1. 청소년 가출의 이해

1) 가출의 정의

일반적으로 가출이란 부모나 보호자의 동의 없이 24시간 이상 집 밖에서 지내는 18세 미만의 청소년으로 정의되었다(Robert, 1987). 하지만 전통적인 가출청소년의 정의에 대해 김지혜 등(2006)은 앞서 제시한 가출청소년의 정의에서는 '부모의 허락을 받지 않고 나옴'으로 한정하여, 집을 떠난 행위에 대한 청소년의 자발성과 돌아갈 집이 있음을 전제하고 있기 때문에 자발적인 가출이 아니거나 집으로 돌아갈 수 없는 상태의 청소년을 충분히 포괄하지 못하고 있다고 비판하였다. 또한 집을 떠난 청소년 가운데에는 귀가를 위한 도움이 필요한 청소년도 있지만, 집에 돌아갈 수 없는 상황에 처해 있는 청소년도 있기에 집 밖에 있는 청소년의 다양한 욕구를 포괄하지 못하며, 청소년 개인에 대한 비난이 크고 가출의 원인에 대한 이해를 폭넓게 제공해 주지 못하는 한계를 지적하였다.

미국의 「가출 및 노숙 청소년법(Runaway and Homeless Youth Act: RHYA)」에서의 가출청소년에 대한 정의는 "충분한 지원을 받지 못해 건강, 행동, 감정의 심각한 문제에 처한 상태로 노숙자가 되거나 부모의 허락 없이 가정을 떠난 청소년"으로 규정하고 있다(DHHS, 2012). 국내의 경우 가출청소년쉼터의 서비스 대상은 가족이나 사회와 유대가 없거나 약하여 거리에 노출된 거리위기청소년(노숙청소년, 배회청소년, 가출 · 귀가 반복 위기청소년), 집을 떠나 있는 가출청소년으로서 "청소년을 보호하고 양육하는 가족기능이 일시적 또는 장기적으로 상실되어, 안전한 보호가 필요한 청소년(갈등가정청소년, 해체가정청소년), 자립지원이 필요한 갈 곳 없는 청소년"(여성가족부, 2016)으로 상당히 포괄적으로 대상을 규정하고 있다. 이에 가출청소년이 집을 나갔다는 행위보다는 청소년의 정신적 장애 및 생활고통에 초점을 두고 가출에 대해 정의 내린 연구(천정웅 외, 2015)도 있다. 즉, 가출청소년은 어떤 원인에서든 집을 나와 현재 생활의 불편함과 정신적 고통을 겪고 있으며 또한 자신의 정신건강과 삶의 방향이 크게 왜곡되어 있는 상태로 정의하였다.

이러한 기존 정의들을 참고로 가출청소년을 정의하면 가출청소년은 '개인 · 가정 · 사회 문제로 집을 나와 가정 및 사회로 돌아가지 못하는 사회적 돌봄이 필요한 위기청소년'으로 정의할 수 있다.

최근 국가인권위원회는 가출이라는 단어가 청소년이 집을 나옴이라는 행위에 초점을 두어 부정적인 이미지를 주고 있어 가출을 개인의 일탈 행위로 보기보다 어쩔 수 없이 가정 밖으로 나오게 되는 청소년이 늘어남에 따라 가출청소년을 바라보는 인식과 관점의 변화가 필요함을 주장하였다. 가출은 그 행위보다는 가정 밖이라는 상황에 초점을 두고 이들을 바라보자는 것이다(국가인권위원회, 2017). 따라서 국가인권위원회는 2017년 1월 가출청소년을 가정 밖 청소년으로 바꿔 부르고 이들의 인권 개선에 노력해야 함을 권고하였다.

가정 밖 청소년은 원가정의 양육과 지원을 받지 못한다는 점에서 아동양육시설이나 위탁가정 청소년과 유사한 측면과 「청소년복지 지원법」의 회복지원시설(「소년법」의 1호 감호위탁 청소년 보호시설)의 보호청소년을 포함시키는지에 대해 일부 혼란이 다소 있다. 따라서 본 장에서는 청소년 행위적 상황에서 가출이라는 용어를 사용하고자 한다.

2) 가출청소년의 유형

가출청소년에 대한 유형화에 대해 국내 연구를 중심으로 정리한 김지혜 등(2006)의 자료에 따라 제시하면 다음과 같다. 먼저, 서울시립신림청소년쉼터(2003)는 청소년을 크게 갈등형과 거리형으로 나누고, 이 가운데 거리형을 다시 전환형과 방임형으로 구분하였다. 갈등형은 집을 나왔지만 청소년의 대표적인 생활공간인 학교에 적을 두고 있는 거리청소년을 말하고, 거리형은 집과 학교를 모두 떠나 있는 청소년을 의미한다. 거리형 가운데 전환형은 가출기간이 6개월 이내로 짧고 집과 약간 교류하며 들락날락하는 청소년으로, 방임형은 가출기간이 6개월 이상으로 길고 집과 완전히 단절되고 버려진 청소년으로 정의하였다.

이용교 등(2005)은 가출청소년을 노숙형, 거부형, 탐색형, 전환형, 안정형, 치료형의 여섯 가지 유형으로 구분하였다. 노숙형은 가족과의 연결이 끊어진 경우가 많고 거리생활에 익숙해져 있어 보호시설을 이용하지 않으려 하는 청소년, 거부형은 서비스에 대해 알고 있지만 구속을 싫어하여 보호시설을 이용하지 않으려 하는 청소년, 탐색형은 자신의 능력과 의지를 어느 정도 신뢰하지만 귀가하기 어렵고 쉼터에 입소할 동기가 있는 청소년, 전환형은 집에 돌아가서 지내는 것과 가출해서 지내는 것을 반복하며 보호시설을 필요로 하지 않는 청소년이다. 안정형은 안정적으로 자라다가 갑자기 가정해체를 겪어 집을 떠나게 되거나 보호시설에서 돌봄을 잘 받아 안정된 청소년, 그리고 치료형은 정신질환이나 약물중독 등 전문적인 치료가 필요한 청소년 등으로 정의되었다.

윤현영 등(2006)은 이용교 등(2005)의 구분을 약간 수정하여 노숙형과 가출형의 두 가지로 유형화하였다. 이 가운데 노숙형은 거리에서 생존방식을 터득하고 거리생활이 일상적인 생활양식으로 굳어진 청소년을 말하고, 가출형은 가족과 학교와 관계를 유지하며 주류 사회의 가치와 생활습관을 알고 변화의 경계에 있는 청소년을 의미하도록 정의하였다.

김지혜 등(2006)은 청소년쉼터의 세부적 구분과 청소년의 특성을 고려하여 일시청소년쉼터와 단기청소년쉼터 서비스 현장에서 적합하고 효과적인 실천을 제공할 수 있도록 배회청소년, 노숙청소년, 갈등가정청소년, 해체가정청소년으로 구분하였다. 배회청소년은 가족과의 관계가 약하지만 그 정도가 경미한 수준으로, 가출과 사회 부적응의 위험이 있지만 거리에서의 생존

표 6-1 가출청소년 유형화에 대한 국내 선행연구

출처	분류	특성
서울시립 신림 청소년 쉼터 (2003)	갈등형	청소년의 대표적인 생활공간인 학교에 적을 두고 있는 거리청소년
	거리형 (전환형)	집과 약간 교류하고 학교에서 나와서 지내고 있는 청소년
	거리형 (방임형)	집과 완전히 단절되고 버려진 청소년
이용교 외 (2005)	노숙형	가족과의 연결이 끊어진 경우가 많고, 거리생활에 익숙해져 있어 보호시설을 이용하지 않으려 함
	거부형	구속을 싫어하여 보호시설을 이용하지 않으려 함
	탐색형	자신의 능력과 의지를 어느 정도 신뢰하지만 귀가하기 어렵고 쉼터에 입소할 동기가 있음
	전환형	집에 돌아가서 지내는 것과 가출해서 지내는 것을 반복하고, 보호시설을 필요로 하지 않음
	안정형	안정적으로 자라다가 갑자기 가정해체를 겪어 집을 떠나게 되거나 보호시설에서 돌봄을 잘 받아 안정됨
	치료형	정신질환이나 약물중독 등 전문적인 치료가 필요하여 일반쉼터의 서비스 대상으로는 적합하지 않음
윤현영 외 (2006)	노숙형	거리에서 생존방식을 터득하고 거리생활이 일상적인 생활양식으로 굳어짐
	가출형	가족과 학교와 관계 유지, 주류사회의 가치와 생활습관을 알고 변화의 경계에 있음
김지혜 외 (2006)	배회 청소년	가족과의 관계가 약하지만 그 정도가 경미한 수준으로, 가출과 사회 부적응의 위험이 있지만 거리에서의 생존 방식에 익숙해지지는 않으며, 사회서비스에 대한 탐색과 이용 의사가 있어 비교적 간단한 예방적 접근으로 건강한 기능상태를 유지 또는 회복할 가능성이 높은 집단
	노숙 청소년	가족과 사회와의 관계가 심각하게 단절되어 이미 가출하여 오랜 시간을 보내며 거리에서의 생존방식에 익숙해져 있고, 보호시설을 비롯한 사회서비스에 대해 거부적인 태도를 보임
	갈등가정 청소년	가족과의 갈등으로 일시적으로 집을 나온 청소년
	해체가정 청소년	가족이 해체되었거나 부모가 청소년에 대한 양육능력을 상실한 가정의 청소년

출처: 김지혜 외(2006)를 요약 정리함.

방식에 익숙해지지는 않으며, 사회서비스에 대한 탐색과 이용 의사가 있어 비교적 간단한 예방적 접근으로 건강한 기능 상태를 유지 또는 회복할 가능성이 높은 청소년이다. 노숙청소년은 가족과 사회와의 관계가 심각하게 단절되어 이미 가출하여 오랜 시간을 보내며 거리에서의 생존 방식에 익숙해져 있고, 보호시설을 비롯한 사회서비스에 대해 거부적인 태도를 보이는 청소년을 의미한다. 갈등가정청소년은 가족과의 갈등으로 일시적으로 집을 나온 청소년이며, 해체가정청소년은 가족이 해체되었거나 부모가 청소년에 대한 양육능력을 상실한 가정의 청소년을 의미한다.

2. 청소년 가출의 현황

1) 청소년 가출 실태

경찰청에 접수된 9~19세 가출청소년 신고 건수는 [그림 6-1]과 같이 2011년까지 증가 추세를 보이다가 점차 감소 추세를 보이고 있다. 청소년의 가출은 여러 가지 원인으로 발생하기 때문에 초등학교 연령의 가출아동과는 달리 신고 건수가 훨씬 적게 나타나는 것이 일반적인 현상이다. 최근 들어서는 가정의 불화와 학대로 인한 가출이 증가하면서 청소년 가출은 드러나는 현상과 실제 데이터의 상황이 다르게 나타나기도 한다.

청소년 유해환경접촉 종합실태조사 결과에 따르면, 2006년 조사에서는 조사대상 중·고등학교 청소년의 약 10.9%가 가출경험이 있었으며, 2009년 조사에서는 약 11.6%, 2010년 조사에서는 13.7%, 2011년 조사에서는 10.2%가 가출경험이 있는 것으로 나타났다. 그리고 2014년 조사에서는 11.0%가 가출경험이 있는 것으로 조사되어 우리나라 청소년의 가출 생애 경험률은 청소년의 약 11% 정도라고 할 수 있다. 이후 조사는 청소년의 최근 1년간 가출경험

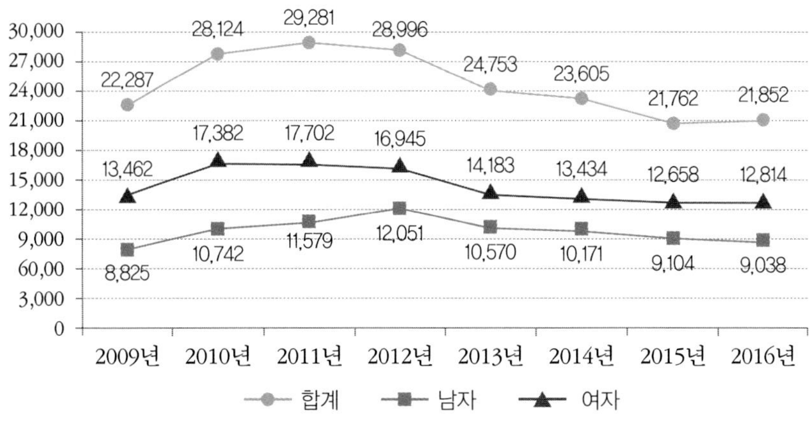

[그림 6-1] 가출청소년 신고접수 현황

출처: 여성가족부(2017c). 청소년쉼터 주간행사 보도자료.

률을 확인하는 것으로 변경되었는데, 2018년 조사에서는 최근 1년 동안 가출 경험한 적이 있다고 응답한 청소년은 조사 대상의 2.6%로 나타났으며, 중학생의 비율(3.4%)이 가장 높았다.

가출경험률과 달리 2018년 청소년매체이용 및 유해환경실태조사(김지경,

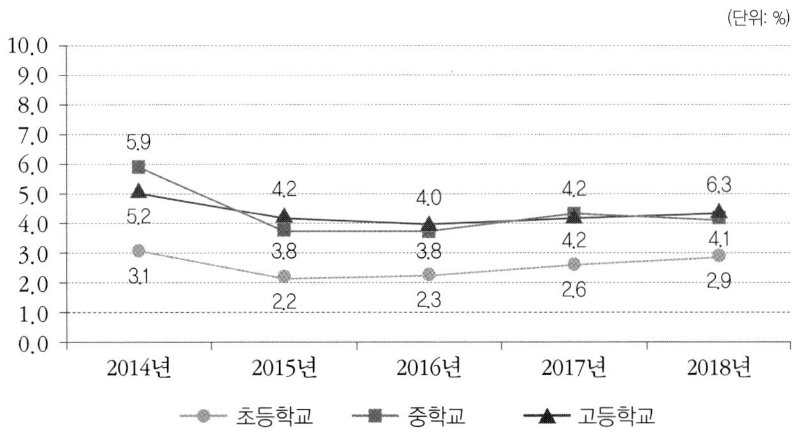

[그림 6-2] 청소년의 최근 1년간 가출 경험률

출처: 한국청소년정책연구원(2018).

연보라, 정은진, 2018)에 따라 청소년의 가출 고민 경험 결과를 살펴보면, 최근 1년 동안 심각하게 가출을 고민해 본 적이 있다고 답한 청소년은 12.8%였으며, 2016년에 비해 가출 고민 비율은 다소 감소하였다. 심각하게 가출을 고민한 청소년 중 중학생의 비율(15.5%)이 다른 학교급에 비해 높게 나타났고 여자청소년(14.8%)이 남자 청소년(11.0%)보다 높게 나타났다.

2) 청소년 가출의 최근 경향

(1) 가족 문제로 인한 가출의 증가

가족 간의 갈등과 가족해체의 가속화 등으로 인하여 청소년 가출이 지속적으로 증가함을 알 수 있다. 실례로 여성가족부에서 실시한 2018년 청소년매체이용 및 청소년유해환경 조사(김지경 외, 2018)에 따르면, 가출의 원인으로 '가족과의 갈등'이 70.0%로 가장 많았는데 2011년 51.3%에 비해 가출의 원인이 가족 갈등 문제가 주임을 알 수 있다. 이어서 '자유롭게 놀고 싶어서'가 7.1%, '공부에 대한 부담감' 3.9%, '학교에 다니기 싫어서' 3.2% 순으로 나타났다.

(2) 청소년 가출연령의 고른 분포

2018년 청소년매체이용 및 청소년유해환경 조사(김지경 외, 2018)의 가출경험 조사 결과를 살펴보면, 가출경험이 있는 청소년 가운데 13세 이하 가출경험이 있는 청소년은 21.1%, 17세 이상이 31.1%로 나타났다. 청소년쉼터와 회복지원센터 등에 입소한 청소년을 대상으로 한 연구(김희진, 백혜정, 2018)에서도 만 13세 이하에 최초 가출경험한 청소년은 21.6%다. 2007년 청소년쉼터에 입소한 청소년을 전수조사한 자료(홍봉선, 남미애, 2007)는 청소년쉼터 이용 청소년 중 과반수 정도가 13세 이전의 가출경험을 지니고 있는 것으로 나타났는데, 이를 2018년 조사(김지경 외, 2018)와 비교하면 최근에는 10대 중후반

청소년들의 가출경험이 늘어나고 있음을 확인할 수 있다.

(3) 청소년 가출의 반복가출과 장기가출

최근 청소년의 반복가출도 증가하고 있는데, 청소년종합실태조사(유성렬, 최창욱, 2014)에서는 가출경험이 있는 청소년의 67%가 1회 가출로 나타났으나, 청소년쉼터, 보호관찰소, 소년원 등에서 생활하는 위기청소년을 대상으로 살펴보면 2.8%의 청소년이 '원가정 이탈'이 10일 이상이거나 '가정 이탈-복귀'가 2회 이상 반복적으로 경험한 것으로 나타났다(황여정 외, 2016). 그리고 백혜정(2015)은 청소년쉼터 행정지원 시스템에 등록되어 있는 청소년쉼터 입소 청소년의 87.6%가 반복 가출인 것으로 파악하였고, 김희진과 백혜정(2018)의 연구에서도 2회 이상의 가출이 조사 대상의 73.2%로 나타났다. 이처럼 청소년쉼터에 입소한 청소년의 대부분이 반복가출의 성향을 띠고 있음을 알 수 있다.

반복가출과 함께 나타나는 두드러진 현상은 장기가출의 경향성도 짙어지고 있다는 것이다. 김희진과 백혜정(2018)의 조사에서 청소년쉼터와 회복지원시설에서 생활하고 있는 청소년은 1주일 이상 집 밖에서 생활한 경험이 89.6%로 나타나 대부분이 가출 이후 집밖에서 1주일 이상 생활한 것을 알 수 있다.

(4) 학업중단의 위험성이 증가

가출 이후 학업중단율이 높아지는데, 반복 가출청소년의 49%가 학업중단을 경험하고 있으며(백혜정 외, 2015), 가출을 경험한 청소년은 경험이 없는 청소년에 비해 학업을 중단할 위험이 1.78배 증가하는 것으로 나타났다(한국청소년상담복지개발원, 2015).

3. 청소년 가출의 원인과 문제

1) 청소년 가출의 원인

가출을 연구하는 연구자들은 가출 원인을 개인과 환경 요인으로 구분하고, 환경 요인을 다시 가족, 학교, 또래 및 사회 요인으로 분류하고 있다. 가출에 대한 초기 연구는 개인 요인을 강조하는 경향이 강했으나, 최근 연구의 추세는 환경적 또는 복합적 요인을 강조하는 경향이 있다. 최근 연구를 중심으로 가출충동이나 가출의 원인으로 지적되고 있는 요인을 개인, 가족, 학교, 또래 및 사회 요인으로 나누어 살펴보면 다음과 같다(정경은, 김신영, 2012).

(1) 개인 요인

청소년 가출의 개인 요인으로는 높게 지각하는 우울, 불안, 충동성(배문조, 전귀연, 2002; Burke & Burkhead, 1989), 경계선 성격특성(남영옥, 2001), 정서적 스트레스, 대처능력, 자신에 대한 부정적 인식, 성경험과 음주, 흡연 등의 일탈경험(Rew, Taylor-Seehafer, Thomas, & Yockey, 2001), 낮은 사회지향이나 낮은 자존감(박영호, 김태익, 2002; 배문조, 전귀연, 2002; Burke & Burkhead, 1989) 등의 반사회적 성격 소유, 심리적 부적응, 정신질환(Rew et al., 2001), 성경험 등이 파악되고 있다. 특히 여성 청소년은 불법적이고 위험한 성적 행동들에 한번 빠지게 되면 다시 희생양이 될 위험성이 높다(Whitbeck, Chen, Hoyt, Tyler, & Johnson, 2004). 또한 게이, 레즈비언, 양성애 청소년(Gay, Lesbian, Bisexual: GLB)이나 성전환 청소년(Gay, Lesbian, Bisexual, Transgender: GLBT)은 성정체성의 갈등 때문에 가족이나 학교 친구들로부터 배척당함에 따라 가출을 하거나 집에서 쫓겨나게 된다(Gaetz, 2004; Whitbeck et al., 2004).

(2) 가족 요인

앞서 살펴보았듯이, 청소년들의 가출 이유 중 가족과의 갈등이 가장 큰 원인으로 나타났다. 가족 요인은 가족구조와 가족의 사회계층 측면에서 살펴볼 수 있다. 대다수 가출청소년의 가정환경은 부모의 이혼이나 별거, 사망 등으로 발생한 가족의 구조적 결손(홍봉선, 남미애, 2009; MacLean, Embry, & Cauce, 1999; Rew et al., 2001; Robert, 1987)으로 특징지워지며, 또한 재혼 가정에서 자녀가 자신의 가족을 가족이라 인정하지 않음으로 인해 가출을 하기도 한다. 가정해체 등의 문제는 기본적 사회안전망을 붕괴시킬 가능성이 크며, 이러한 상황에서 집을 나오게 되는 가출청소년의 수는 매우 많다. 한국청소년쉼터협의회(2008)의 청소년쉼터 행정시스템 통계자료에 따르면, 가출청소년 가운데 친부모가 있는 청소년은 38.8%로 가출청소년 10명 중 약 6명 정도는 가정해체를 경험한 것으로 나타났다.

부모의 양육태도(남영옥, 2001; 배문조, 전귀연, 2002; 정혜경, 안옥희, 2001; Matchinda, 1999; Robert, 1987), 가족지지의 결핍(Rew et al., 2001), 부모의 갈등적 부부관계 등도 가출의 주요한 원인으로 지목되고 있는 가족 요인이다. 실제로 여성가족부(2011)의 연구에서는 가출의 원인으로 부모와의 갈등(51.3%)을 가장 많은 가출의 원인으로 밝혀졌으며, 2008년 한국청소년쉼터협의회의 행정지원시스템의 통계자료에서도 가출청소년의 가출의 원인으로 가족 요인이 약 55%로 파악되었다.

가정의 경제력 또한 가출과 유의미한 관련이 있다(박영호, 김태익, 2002; Andres-Lemay, Jamieson, & MacMillan, 2005; Gary, Moorhead, & Warren, 1996; Matchinda, 1999). 다시 말하면 가출청소년은 경제적 빈곤을 일반청소년보다 더 많이 느끼고 있고, 가정의 경제적 어려움이 심각하거나 부모가 자녀들에게 재정적인 지원을 하지 않는 경우 가출하는 것으로 나타난 것이다.

낮은 가족 응집력, 낮은 부모(특히 아버지)와의 의사소통(배문조, 전귀연, 2002), 낮은 돌봄(care) 상태, 어려움을 패배적 · 부정적으로 생각하는 가족의 분위기, 부모와의 관계 등이 주요한 가출의 원인이다. 가족 요인 가운데 많이 언급되고 있는 것이 부모의 신체적 · 정서적 · 성적인 학대 문제인데(배문조, 전귀연, 2002; 정혜경, 안옥희, 2001; 조학래, 2004; Widom, 1989), 가출청소년의 50~60% 이상이 성적인 학대를 경험한 적이 있다(Bass, 1992; MacLean et al., 1999). 성적으로 학대당한 청소년이 그런 경험이 없는 청소년과 비교하여 3배 이상 가출을 많이 하는 것으로 조사되었으며, 가정 내에서의 학대와 갈등이 집을 떠나게 한 결정적 요인이라 밝히고 있다(Yoder, Whitbeck, & Hoyt, 2001; Zide & Cherry, 1992).

(3) 학교 요인

학교 요인으로는 교우관계, 학업에 대한 스트레스(이현지, 2005), 학교체벌 경험, 낮은 학업성적, 부적응, 학교진학의 실패, 교사와 학생 간의 문제(Rew et al., 2001), 학교에 대한 스트레스, 교사에 대한 태도 등이 학교 차원에서 발생하는 가출의 원인으로 밝혀지고 있다(박영호, 김태익, 2002; 배문조, 전귀연, 2002).

(4) 또래 및 사회 요인

또래 요인으로는 비행친구와의 접촉(박명숙, 2006)과 이성친구, 친구의 비행과 가출(배문조, 전귀연, 2002) 등이 가출에 영향을 미친 요인이라고 밝혀졌다. 또한 청소년을 둘러싼 지역사회 환경의 영향을 받으면서 지역사회의 부정적인 측면이 청소년 가출의 원인이 되고 있다. 거주지가 상업지역이나 빈민가일 경우 청소년 가출의 수가 압도적이며, 유의미한 사회적 통제를 상실한 청소년은 유흥을 찾아 더 많은 비행을 저지르게 된다. 이러한 지역은 별다른 통제를 받지 않고 유흥을 추구할 수 있음으로써 청소년을 가출로 이끌고 있다(김준호, 박정선, 1993).

청소년 가출과 가출충동을 종속변인으로 삼고 이에 영향을 미치는 변인들을 고찰한 국내 연구들을 재분석한 정경은과 문성호(2008)의 연구는 가출의 원인 분류틀을 개인, 가정, 학교, 또래 요인으로 구분하였다. 주요 연구결과를 살펴보면 다음과 같다.

가출 원인에 대한 연구는 2008년까지 총 15편이 연구되었으며, 단일 요인(개인의 정신건강 요인) 연구는 2편, 개인 요인과 가정 요인은 5편, 개인, 가정, 학교, 또래 요인을 살펴본 연구는 총 7편에 해당한다. 가출충동이나 가출 원인으로 지적되고 있는 요인 가운데 선행연구들에서 유의한 것으로 검증된 독립변인들을 살펴보면, 먼저 개인 요인으로는 성격특성, 비행경험, 스트레스, 대처행동, 정서적 문제 등이 영향을 미치며, 가족 요인으로는 가족구조, 가족관계, 양육태도, 가정생활 스트레스, 경제수준, 가정자원, 폭력 등이 영향을 미친다. 학교 요인으로는 학교 스트레스, 학교체벌 경험, 성적, 교사에 대한 태도, 부적응 등이 있으며, 친구 요인으로는 이성친구, 친구의 비행 등이 영향을 미친 요인들임은 알 수 있다. 네 가지 요인 가운데 가족 요인이 가장 많이 강조되고 있다.

최근 연구는 가출에 미치는 변인 규명 연구에서 머무르지 않고 가출 원인 변인들 간의 관계 검증 연구(박정선, 황성현, 2010; 조아미, 2011 등)가 늘어나고 있는 추세다.

2) 가출청소년의 문제[1)]

(1) 생존의 위협

거리에 있는 가출청소년에게 가장 어려운 점은 숙식이다(김경준 외, 2006; 김지혜, 2005; 윤현영 외, 2005; 한국청소년쉼터협의회, 2002; Wingert et al., 2005). 구체적으로 가출기간 중 '하루 종일 아무것도 먹지 못한 적이 있다'에 그렇다고

1) 가출청소년의 문제의 내용은 정경은(2008)의 연구를 인용하였다.

응답한 가출청소년이 30%를 넘고 있으며, '식사를 규칙적으로 하지 못한다'고 응답한 가출청소년이 55%를 넘는 것으로 나타났다(김경준 외, 2006). 가출청소년이 잠을 해결한 곳은 친구나 아는 사람의 집 등이 약 48%를 차지하고 청소년 수용시설이나 종교기관 등 성인 전문가의 도움을 받은 청소년은 8.9%에 불과하였다. 심지어 일부 청소년들은 아파트 계단이나 옥상, 지하실, 놀이터 공원 등 밖에서 노숙을 하는 경우가 10.3%, 찜질방, PC방, 만화방 등이 19%로 나타나 여러 가지 위험요소들과 함께 생활하고 있었다(남미애, 홍봉선, 2007).

건강관련 문제에 있어서는 가출청소년의 66% 이상이 상습적인 흡연, 음주를 하고(김경준 외, 2006), 가출청소년은 오랜 거리생활을 하는 동안 위생과 영양상태가 나빠져 영양결핍이나 피부병 등 신체적 질병을 가지고 있고, 여자 청소년의 경우 임신과 낙태를 경험하는 경우가 많으며 성병 등의 문제도 가지고 있다(김경준 외, 2006; 윤현영 외, 2005; Whitbeck, & Simons, 1990). 또한 상해, 호흡기 감염, 피부질환, HIV, 우울증, 만성 질병을 가지고 있는 등 건강상태가 열악하다(Novac et al., 2002).

(2) 심리적 어려움

가출청소년의 심리상태는 자아존중감이 낮은 수준이며, 우울과 불안의 수준이 높고(김경준 외, 2006; 윤현영 외, 2006; Novac et al., 2002; Unger, 1997), 자살 시도의 경험이 있는 청소년이 약 30%로 상당히 많은 것으로 나타났다(김경준 외, 2006; Green & Ringwalt, 1996). 가출청소년들은 정신건강으로 인해 고통받는 정도가 일반청소년에 비해 심하고 광범위한데(Slesnick & Prestopnik, 2005), 일반청소년과 비교해 자살 시도나 자해, 더 높은 우울 증세를 보이며(김경준 외, 2006; 노혜련 외, 2005; 윤현영 외, 2005; Ayerst, 1999; Yoder, et al., 1998; Novac et al., 2002), 스트레스와 우울의 반복으로 자살로 이어지거나(한상철, 이수연, 2003), 학대력이 있는 가출청소년에게서는 자살 시도가 더욱 두드러지게 높은 것으로 나타났다(Powers, Eckenrode, & Jaklitsh, 1990).

또한 높은 강박증과 대인관계 예민성, 적대감을 지니고 있으며, 수동적이고 공격적인 태도를 지니고 있다. 의학계에서 정신병리적 관점에서 수행한 가출청소년의 정신병리적 평가[간이정신진단검사(SCL-90-R), 사회능력, 문제행동증후군검사(K-YSR), 성격검사(MMPI), 정신장애평가(BGT)]에서 측정한 모든 항목에서 임상 수준을 보여 주고 있는데(곽영숙, 이혜숙, 2006; 김현수 외, 2005; 이종성, 곽영숙, 2001), 이들의 정신병리는 가정의 학대와 방임 등과 관련되어 있다(곽영숙, 이혜숙, 2006; 김현수 외, 2005). 삶의 행복도는 일반청소년에 비해 가출청소년이 더 낮게 평가하였는데, 조사대상의 25%가 불행하다는 반응을 보였다.

(3) 범죄의 피해

거리청소년 가운데 상당히 많은 청소년이 범죄피해를 경험하는 상황에 노출되어 있고, 일반청소년에 비해 더욱 취약한 상황에 처해 있다고 볼 수 있다(윤현영 외, 2006). 연구들에 따르면, 가출청소년 중 심하게 두들겨 맞거나 돈을 빼앗긴 경험이 있거나, 칼이나 흉기로 위협을 받거나 공격을 받아 다친 경험, 성추행이나 강간을 당한 경험이 있는 청소년의 비율도 높은 것으로 나타났다(김경준 외, 2006; 김지혜, 2005). 12명의 거리청소년을 대상으로 한 연구에 따르면, 조사대상의 청소년 모두가 폭력과 관련되어 있었고, 이들은 마약거래, 성매매, 약물남용 등에 관련되어 있다(Wingert et al., 2005).

시민을 보호할 의무가 있는 경찰관과의 관계에 있어서도 경찰의 보호를 받은 청소년도 많지만, 경찰과의 부정적인 경험을 하는 경우도 있는데 예를 들어 강압적으로 집이 어디인지 말하라고 하거나, 죄를 자백하라고 위협당하고 억울하게 범죄인 취급을 당하거나, 무시당하거나, 강제 귀가를 경험하기도 한다. 이로 인해 많은 가출청소년이 가정, 학교, 지역사회에서 범죄피해를 경험하면서도 성인과 공식기관에 불신을 갖고 있고(김경준 외, 2006), 경찰의 만행을 보고하고 있다(Wingert et al., 2005).

또한 노동시장 참여를 통한 비행집단과의 부정적 관계형성과 부당대우 경험이 비행에 영향을 미치고(김지혜, 2005), 노동시장 참여의 실패가 절도, 폭력, 약물남용 등의 비행을 유발하는 요인이 되기도 한다(Baron & Hartnagel, 1998).

(4) 교육의 단절

가출청소년은 가출과 함께 교육기회의 단절을 겪는 경우가 많은데, 가출청소년 중 조사대상의 절반 이상이 정규교육을 받지 않고 있고, 절반 정도의 청소년이 정규교육 이외의 다른 교육도 받지 않는 것으로 나타났으며, 설사 교육을 받고 있다고 하더라도 장기결석자가 많은 것으로 나타났다(김경준 외, 2006; 김지혜, 2005). 따라서 가출 이후 학업중단으로 인해 교육과 발달의 기회가 박탈되어 사회의 부적응을 경험하게 된다(김지혜, 안치민, 2006). 이러한 교육기회의 중단은 취업능력의 저하로 직업선택에 영향을 미치게 되어 향후 정상적인 사회인으로 생활하는 데 장애를 가져와 노숙자의 길로 빠져들 위험이 크다(청소년보호위원회, 2004).

다시 말해, 집을 떠난 청소년에게 거리는 기본적인 생존을 위협하는 존재이고, 교육과 건전한 여가생활을 영위할 수 없으며, 정당한 일을 하고도 제대로 일에 대한 대가를 받지 못하는 곳이다. 또한 집을 나왔다는 이유로 사람들로부터 비행청소년, 문제청소년으로 낙인찍히고 사회구성원으로서의 권리와 책임을 제대로 누리지 못하는 곳이다(정경은, 2008). 이러한 거리생활의 어려움에도 불구하고 그들이 거리에 머무르는 이유는 안전하지 않더라도 자유를 느끼고, 가족이 주지 못한 가족애와 소속감을 느끼며, 거리의 새로운 경험을 통한 모험심을 느끼기 때문이다. 또한 경찰, 고용주, 집주인 등의 성인들로부터 권위에 대한 불신을 느끼며, 나이가 어리거나 약물을 사용하거나 정신적인 장애가 있다는 이유로 성공의 기회를 갖지 못했기 때문이다(Raleigh-Duroff, 2004).

4. 청소년 가출 예방과 대처

1) 가출생활 전환 영향요인

가출생활의 과정을 연구한 아우어스발트와 에어(Auerswald & Eyre, 2002)의 연구에서는 집 없는 청소년(homeless youth) 20명의 대상으로 거리에서의 생활에 대한 사회문화적 맥락을 연구하여 집 없는 청소년의 생활주기모델(life cycle model)을 제시하였다. 집 없는 청소년은 [그림 6-3]과 같이 주류, 거리생활 시작, 입문, 유지, 불균형, 이탈, 반복이라는 7단계의 과정을 거친다.

첫 번째 단계는 가출청소년이 거리에서 이방인(outsiderness)이라는 심각한 심리적 감정과 기본적 욕구를 충족시켜야 한다는 절박함에 직면하여 고통을 받는 단계다. 두 번째 단계에서는 거리에서 여러 가지 어려움을 경험하게 되고 이를 벗어나기 위해 집으로 되돌아가거나 사회체계에 도움을 요청하는 등 거리생활에서 벗어나려고 노력한다. 세 번째 단계에서는 거리에 남게 된 청소년이 거리에서 만난 사람, 즉 거리의 멘토에 의해 거리생활의 문화 속으로 들어간다. 네 번째 단계는 거리생활에 필요한 생활기술을 배우고 주류사회를 거부하는 신념체계를 축적하게 되고 거리생활을 합리화하고 약물을 사용하거나 팔면서 생활하는 단계다. 다섯 번째 단계에서는 거리생활에 익숙해진 가출청소년이 거리에서 기본적인 욕구를 충족시키며 적당히 살아가는 단계에 진입하게 되고 거리에서 만난 또래들과 모호하지만 강한 관계를 맺고 주류사회에 대한 불신과 거부감을 키워 나간다. 여섯 번째는 종종 불균형을 일으키는 일이나 사건에 의해 위협을 받는 단계다. 즉, 청소년은 거리에서 지내면서 범죄피해로의 노출, 또래와의 갈등, 체포와 같은 다양한 위험에 노출되고, 이런 일들은 지금까지 유지하던 가출생활에 대해 다시 생각하게끔 한다. 마지막 단계에서는 가출청소년이 불균형 상태에 놓이게 되며, 지금까지

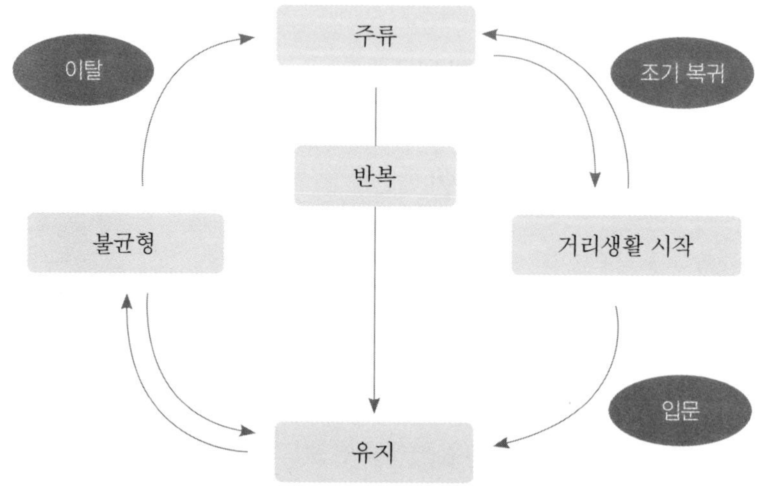

[그림 6-3] 홈리스청소년의 생활주기모델

출처: Auerswald & Eyre (2002), p. 1501.

지탱해 온 자신의 생활방식에 대해 의문을 갖고 거리생활에서 벗어나고자 그들을 도울 수 있는 주류사회제도와의 접촉을 시도한다. 이런 시도가 성공하면 거리생활에서 탈출하지만 그렇지 않으면 거리에서 그대로 있거나 주류사회에 잠시 복귀했다가 다시 가출하는 과정을 순환적으로 반복하기도 한다. 이러한 연구결과는 거리청소년이 현재 어느 단계에 속해 있는가에 따라 그들에게 서비스를 차별화할 수 있어 효과적으로 개입 계획과 프로그램을 마련할 수 있을 것이다(정경은, 2008). 특히 가출청소년이 거리생활과 문화에 익숙해지며 합리화하기 전 초기 거리생활에 있어 사회체계의 도움을 요청하며 자신들의 절박한 생활에 있어서 고통스러워할 시기에 보다 전문적인 개입과 초기개입이 필요함을 강조한다고 할 수 있겠다.

그렇다면 이러한 가출청소년이 거리생활을 정리하고 원가정이나 사회복귀를 촉진하는 요인은 무엇일까? 이러한 질문에 관심을 가지고 연구를 진행한 연구자들이 있다. 가출청소년의 거리생활 전환의 영향요인을 기존 연구들을 참고로 내부 요인과 외부 요인으로 구분하여 정리해 보면 〈표 6-2〉와

표 6-2 가출 및 집 없는 청소년의 거리생활 전환에 영향을 미치는 요인

구분	내부 요인	외부 요인
Lindsey et al. (2000)	• 개인의 특성(강점)과 자원 • 새로운 태도와 행동의 학습 –자신에 대한 학습, 다른 사람과의 관계 형성에 대한 학습 • 개인의 태도 –독립심, 책임감, 성숙 • 영성(spirituality): 신에 대한 믿음 * 핵심: 희망	• 다른 이들로부터 받은 도움 • 기관의 도움 • 교육적 기회
Kurtz et al. (2000)	–	• 도와주는 사람: 가족, 친구, 전문가, 기관 • 도움의 유형: 인식한 도움–보호, 신뢰, 청소년에게 책임과 한계 설정, 구체적 원조, 상담
Raleigh-Duroff (2004)	• 개인의 강점(능력): 본인의 의지, 자기신뢰, 믿음, 결단 • 희망 • 거리청소년의 꿈	• 가족 • 친구 • 전문가: 상담, 자원을 제공 • 기관의 도움: 상담 및 교육을 통해 거리청소년의 잠재능력을 발견 · 제공, 생활기술 및 일할 수 있는 기회 제공
Wingert et al. (2005)	–	• 특별한 사건(친구의 죽음, 체포, 다른 사람으로부터의 위협 등) 이후 • 안정적인 거주지나 재정적 지원을 확보받을 수 있도록 도울 수 있는 사람과의 관계(기관의 멘토, 직원 등) • 자원이 확보되면 청소년들은 교육적인 훈련이나 고용의 기회를 찾으려고 노력함으로써 사회 속으로 재통합을 실시
정운숙(2002)	• 자아발견	• 사회적 지지
방은령(2003)	• 성숙(10대 후반이 되면 귀가 결심)	• 부모의 적극적인 개입과 가족기능의 회복
정경은(2008)	• 외부 자극을 통한 자기발견 • 자기 삶에 대한 긍정적 태도	• 사회적 지원 • 긍정적 사회경험

같다.

거리생활 전환에 영향을 미치는 청소년의 내부 요인은 자기신뢰, 믿음, 결단 등의 개인의 강점(능력), 희망, 독립심, 책임감, 성숙 등의 개인의 태도, 꿈과 희망, 영성 등이다. 외부 요인은 친구의 죽음, 다른 사람의 위협, 경찰에게 체포 등의 특별한 사건의 경험, 노동을 통한 긍정적 사회경험, 가족, 친구, 전문가 및 기관 등의 도움이다. 도움의 유형으로는 보호, 신뢰, 청소년에게 책임과 한계를 설정해 주는 것, 구체적 원조, 상담이며, 거리로부터 벗어나게 도움을 줄 수 있는 방법은 애정과 관심을 보여 주는 것, 기술을 가르쳐 주는 것, 정보제공, 자부심 부여, 욕구 충족, 거리생활의 어려움을 직접 보여 주는 것, 구조화된 환경을 갖게 하는 것, 교육의 기회를 제공하는 것 등이다.

2) 청소년 가출 대처

(1) 여성가족부의 대처

현재 가출청소년에 대한 정부의 공식적 지원은 여성가족부의 청소년쉼터를 통한 지원이다. 청소년쉼터는 다양한 원인으로 인해 가정의 도움을 받지 못하고 있는 가출청소년을 위한 생활보호시설로, 의식주 제공 등 대체가정의 역할부터 필요로 하는 서비스를 맞춤형으로 제공하는 가출청소년 특화시설이다. 이는 일정 기간 가출청소년을 보호하면서 상담 · 주거 · 학업 · 자립 등을 지원하는 데 목적이 있다. 전국에 2019년 기준 134개 지역에 쉼터를 운영 중이다.

청소년쉼터의 출발은 1990년대다. 1991년 「청소년 기본법」이 제정되고 1992년 최초로 청소년쉼터(서울YMCA 쉼터)가 설치되었으며, 국민의 정부(김대중 대통령)에서는 '청소년선도 예방활동 강화'를 국정과제로 선정하였고, 참여정부(노무현 대통령)에서는 '가출청소년쉼터 확대'가 대선공약으로 추진되었다. 2003년에는 「청소년복지 지원법」이 제정되어 2005년 2월에 시행됨으로써 청소년쉼터의 법적인 설치 근거가 마련되었다. 초기에는 한 가지 유형의 쉼터로 운영되다가 가출청소년의 상황 및 욕구수준을 고려하여 지원서비스 내용을 차별화할 필요성이 제기되었다. 2004년에 일시쉼터(드롭인센터)를 설치하기 시작하였고 2005년부터는 중장기적인 보호 필요성이 제기되어 중장기쉼터를 설치하여 운영하기 시작하였다(여성가족부, 2015). 청소년쉼터 시설 운영인력 외에도 가출청소년을 조기에 발굴하고 긴급구조 및 초기 개입을 통한 신속한 가정 및 사회복귀를 돕기 위해 거리상담 전문 인력을 배치하고 있으며, 2019년에는 90명이 거리상담 전문요원(street-worker)으로 활동하며 보호가 필요한 청소년을 쉼터로 연계하고 있다. 또한 위기청소년이 24시간 생활하는 청소년쉼터의 특성상 야간 시간대 연계 의뢰 및 자해 등 응급상황 발생이 잦아 야간보호상담원을 배치하고 있으며, 2019년 기준 98명이 활동하고 있다(여성가족부, 2019).

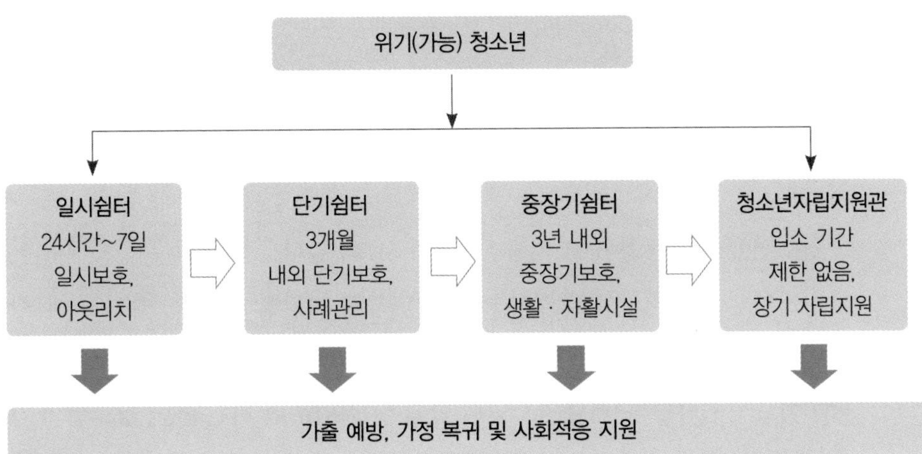

[그림 6-4] 청소년쉼터 운영 체계도

(2) 청소년쉼터 종류 및 유형별 기능

여성가족부에서 지원하는 쉼터의 종류는 일시쉼터 · 단기쉼터 · 중장기쉼터가 있다. 청소년쉼터 중에서 가장 역사가 오래된 곳은 1992년 설립된 서울 YMCA쉼터이고, 2004년에 가출청소년의 긴급보호를 위하여 일시보호시설인 '일시쉼터(드롭인센터)'를 서울과 인천, 대전에 각각 설립하였다. 1992년 1개소로 출발한 청소년쉼터는 1998년 광역시로 확대되어 7개소로 운영되었고, 2005년 15개소, 2006년 71개소, 2010년 83개소로 성장하였고, 2019년 쉼터 현황은 일시쉼터는 31개소, 단기쉼터는 63개소, 중장기쉼터는 40개소 등으로, 총 134개를 운영하고 있다.

표 6-3 연도별 청소년쉼터 운영 현황

구분	2006	2008	2010	2012	2014	2016	2018	2019
일시쉼터	7	9	10	13	22	28	30	31
단기쉼터	43	42	49	49	50	51	62	63
중장기쉼터	21	25	24	30	37	40	38	40
계	71	76	83	92	109	119	130	134

출처: 여성가족부(2015, 2019)를 재구성함

청소년쉼터 유형별 주요 기능은 〈표 6-4〉와 같다.

청소년쉼터의 역할에 대해서는 「청소년복지 지원법 시행령」 제13조 제1항에 명시되어 있는데, 가출청소년의 일시보호 및 숙식 제공, 가출청소년의 상담 · 선도 · 수련활동, 가출청소년의 학업 및 직업훈련 지원활동, 청소년의 가출 예방을 위한 거리 아웃리치(상담) 활동, 그 밖에 청소년복지지원에 관한 활동, 지역사회청소년통합지원체계(CYS-Net)와의 연계협력 강화, 청소년전화 1388과 청소년상담지원센터와의 연계를 통한 상담 및 선도 · 보호 서비스 확충 등이다.

표 6-4 쉼터 유형별 주요 기능

구분	일시쉼터	단기쉼터	중장기쉼터
보호 기간	24시간~7일 이내 일시보호	3개월 내외 단기보호	2년 내외 중장기보호
이용 대상	가출 · 거리배회 · 노숙 청소년	가출청소년	가출청소년
핵심 기능	• 일시보호 및 거리상담지원(아웃리치)	• 심리 · 정서 상담지원 • 사례관리를 통한 연계	• 심리 · 정서 상담지원 • 사회복귀를 위한 자립지원
기능	• 위기개입상담, 진로지도, 적성검사 등 상담서비스 제공 • 가출청소년 조기 구조 · 발견, 단기청소년쉼터와 연계 • 먹거리, 음료수 등 기본적인 서비스 제공 등 • 의료 서비스 지원 및 연계	• 가출청소년 문제해결을 위한상담 · 치료 및 예방활동 • 의식주, 의료 등 보호 서비스제공 • 일시 · 중장기 청소년쉼터와 연계 • 가정 및 사회복귀 대상 청소년 분류, 연계 서비스 * 저연령 청소년(13세 이하)은 아동복지시설, 아동보호전문기관 등에 연계 권장	• 가정복귀가 어렵거나 특별히 장기간 보호가 필요한 위기청소년을 대상으로 학업 · 자립 지원 등 특화된 서비스 제공 * 저연령 청소년(13세 이하)은 아동복지시설, 아동보호전문기관 등에 연계 권장
위치	이동형(차량), 고정형(청소년 유동지역)	주요 도심별	주택가
지향점	가출예방, 조기발견, 초기 개입 및 보호	보호, 가정 및 사회복귀	자립지원
비고	숙소, 화장실의 경우 필히 남녀 분리 운영	반드시 남녀 쉼터를 분리하여 운영하여야 함	

출처: 여성가족부(2019), p. 470.

연습문제

1. 청소년 가출의 최근 경향에 대해 설명하시오.
2. 가출청소년을 예방할 수 있는 방법에 대해 논의하시오.
3. 청소년쉼터 유형 및 기능에 대해 설명하시오.

참고문헌

곽영숙, 이혜숙(2006). 가출청소년에서 학대력과 정신병리와의 관계. 소아 · 청소년정신의학, 17(2), 149-162.

국가인권위원회(2017). 인권위, 가정 밖 청소년 인권보호정책 개선 권고-상임위원회 결정문.

김경준, 정익중, 김지혜, 류명화(2006). 청소년 유형별 복지욕구 실태와 지원방안. 한국청소년개발원.

김준호, 박정선(1993). 청소년의 가출과 비행의 관계에 관한 연구. 서울: 한국형사정책연구원.

김지경, 연보라, 정은진(2018). 2018년 청소년 매체이용 및 유해환경 실태조사. 세종: 한국청소년정책연구원.

김지혜(2005). 가출 청소년의 비행화과정 연구. 서울대학교 대학원 박사학위논문.

김지혜, 김기남, 박지영, 정경은, 조규필(2006a). 단기청소년쉼터 운영모형에 관한 연구. 국가청소년위원회.

김지혜, 김기남, 박지영, 정경은, 조규필(2006b). 일시청소년쉼터 운영모형에 관한 연구. 국가청소년위원회.

김지혜, 안치민(2006). 가출청소년의 학업중단 영향 요인과 대책. 한국청소년연구, 17(2), 133-157.

김현수, 김선영, 조선미, 정영기, 양재진, 신윤미(2005). 쉼터에 거주중인 가출 청소년의 정신건강상태와 가족인자.신경정신의학, 44(5), 597-603.

김희진, 백혜정(2018). 가정 밖 청소년의 실태와 자립지원 방안 연구. 세종: 한국청소년정책연구원.

남미애, 홍봉선(2007). 가출청소년 및 청소년쉼터 실태조사. 서울: 국가청소년위원회.

남영옥(2001). 부모의 양육행동에 따른 청소년의 성격특성이 가출행동에 미치는 영향. 한국사회복지학, 45, 156-184.

노혜련, 김형태, 이종익(2005). 가출청소년의 자살생각과 행동에 영향을 미치는 심리사회적 변인에 관한 연구. 한국청소년연구, 16(1), 5-34.

박명숙(2006). 청소년 가출의 잠재적 위험요인에 관한 연구. 청소년학연구, 13(1), 85-106.

박영호, 김태익(2002). 가출예측척도에 의한 여중생들의 가출요인 분석. 청소년상담연구, 10(2), 81-99.

박정선, 황성현(2010). 청소년 가출행위에 영향을 미치는 가출충동 변인의 매개효과 연구. 청소년학연구, 17(10), 1-21.

방은령(2003). 가정복귀 가출청소년의 귀가요인 분석 및 가출청소년 지도방안 모색. 한국청소년개발원.

배문조, 전귀연(2002). 청소년의 가출충동과 관련된 특성 연구. 대한가정학회지, 40(1), 23-35.

서울시립신림청소년쉼터(2003). 5주년 기념 WORKSHOP: 스스로 돌봐야 하는 청소년들.

여성가족부(2011). 청소년 유해환경 접촉 종합 실태조사.

여성가족부(2014). 2014 청소년백서.

여성가족부(2015). 2015 청소년백서.

여성가족부(2015). 2016년도 청소년사업안내.

여성가족부(2019). 2019 청소년백서.

유성렬, 최창욱(2014). 2014 청소년종합실태조사. 서울: 여성가족부.

윤현영 외(2005). 대전지역 가출청소년 밀집지역 및 건강실태조사. 서울: 청소년위원회.

윤현영, 김지혜, 황동아(2006). 가출청소년을 위한 아웃리치 매뉴얼. 서울: 국가청소년위원회.

이용교, 홍봉선, 윤현영, 정경은(2005). 청소년보호시설 설치 및 운영기준 마련에 관한 연구. 서울: 국가청소년위원회.

이종성, 곽영숙(2001). 보호시설 가출청소년의 정신병리에 대한 평가와 분류. 소아·

청소년정신의학, 12(2), 192-217.

이현지(2005). 가출청소년 재가출방지를 위한 지지체계의 보호요인. 청소년학연구, 12(3), 283-304.

정경은(2008). 가출청소년의 가출생활 전환에 관한 연구. 중앙대학교 대학원 박사학위논문.

정경은, 문성호(2008). 청소년 가출에 관한 연구 동향 분석. 미래청소년학회지, 5(1), 219-241.

정경은, 김신영(2012). 청소년 가출 원인에 대한 메타분석. 미래청소년학회지, 9(3), 1-17.

정운숙(2002). 가출청소년회귀과정. 경희대학교 대학원 박사학위논문.

정혜경, 안옥희(2001). 청소년 가출충동에 영향을 미치는 예측요인. 아동간호학회지, 7(4), 483-493.

조아미(2011). 비행친구와 청소년 가출의 관계에서 약물사용의 매개효과. 청소년복지연구, 13(2), 79-95.

조학래(2004). 가출청소년의 비행에 영향을 미치는 요인 연구. 행정논집, 31, 170-198.

천정웅, 이지민, 성윤숙(2015). 청소년문제와 보호. 경기: 양서원.

청소년보호위원회(2004). "가출청소년대책! 어떻게 마련되어야 하나?"- 대책의 필요성과 주요 과제를 중심으로-. 가출청소년 보호대책 토론회 자료집.

한국청소년쉼터협의회(2002). 전국가출청소년 실태조사 및 상담사례연구. 서울: 한국청소년쉼터협의회.

한상철, 이수연(2003). 가출청소년의 우울 및 자살행동에 대한 상담학적 개입전략에 관한 연구. 청소년상담연구, 11(1): 152-165.

홍봉선, 남미애(2007). 청소년복지론. 경기: 공동체.

Andres-Lemay, V. J., Jamieson, E., & MacMillan, H. L. (2005). Child abuse, psychiatric disorder and running away in a community sample of women. *Canadian Journal of Psychiatry, 50*(11), 684-689.

Auerswald, L., & Eyre, S. (2002). Youth homelessness in San Francisco: A life cycle approach. *Social Science & Medicine, 54*, 1497-1512.

Ayerst, S. L. (1999). Depression and stress in street youth. *Adolescence, 34*(135), 567-576.

Baron, S. W., & Hartnagel, T. F. (1998). Street youth and criminal violence. *Journal of Research in Crime and Delinquency, 35*(2), 166-192.

Bass, D.(1992). *Helping Vulnerable Youth: Runaway and homeless adolescents in the United States.* Washington, DC: NASW.

Burke, W., & Burkhead, E. (1989). Runaway Children in America: A review of the literature. *Education and Treatment of Children, 12*, 73-81.

DHHS (2012). Runaway and Homeless Youth Act(P. L. 110-378). U. S. Department of Health Service.

Gaetz, S. (2004). Safe streets for whom? Homeless youth, social exclusion, and criminal victimization. *Canadian Journal of Criminology and Criminal Justice 46*(4), 423-455.

Gary, F., Moorhead, J., & Warren, J. (1996). Characteristics of troubled youths in a shelter. *Archives of Psychiatric Nursing, 10*(1), 41-48.

Green, J. M., & Ringwalt, C. L. (1996). Youth and familial substance use's association with suicide attempts among runaway and homeless youth. *Substance Use & Misuse, 31*(8), 1041-58.

Kurtz, P. D., Jarvis, S., Lindsey, E. W., & Nackerud, L. (2000). How runaway and homeless youth navigate troubled waters: The role of formal and informal helpers. *Child and Adolescent Social Work Journal, 17*(5), 381-402.

Lindsey, E., Kurtz, D., Jarvis, S., Williams, N., & Nackerud, L. (2000). How Runaway and Homeless Youth Navigate Troubled Waters: Personal Strengths and Resources. *Child and Adolescent Social Work Journal, 17*(2), 115-140.

MacLean, M. G., Embry, L. E., & Cauce, A. M. (1999). Homeless adolescents' paths to separation from family: Comparison of family characteristics, psychological adjustment, and victimization. *Journal of Community Psychology, 27*(2), 179-187.

Matchinda, B. (1999). The impact of home background on the decision of children to runaway: The case of Yaounde city street children in Cameroon. *Child Abuse and Neglect, 23*(3), 245-255.

Novac, S., Serge, L., Eberle, M., & Brown, J. (2002). *On her own: Young Women and Homelessness in Canada.* Ottawa: Status of Women Canada.

Powers, J. L., Eckenrode, J., & Jaklitsh, B. (1990). Maltreatment among runaway and homeless youth. *Child Abuse Neglect, 14*, 87-89.

Raleigh-Duroff, C. (2004). Factors that Influence Homeless Adolescents to Leave or Stay Living on the Street. *Child and Adolescent Social Work Journal, 21*(6), 561-572.

Rew, L. (2002). Relationships of sexual abuse, connectedness, and loneliness to perceived well-being in homeless youth. *Journal for Specialists in Pediatric Nursing, 7*, 51-63.

Rew, L., Taylor-Seehafer, M., Thomas, N. Y., & Yockey, R. D. (2001). Correlates of resilience in homeless adolescents. *Journal of Nursing Scholarship, 33*(1), 33-40.

Robert, A. R. (1987). *Runaways and Non-runaways.* NY: The Dosey Press.

Slesnick, N., & Prestopnik, J. L. (2005). Ecologically based family therapy outcome with substance abusing runaway adolescents. *Journal of Adolescence, 28*(2), 277-298.

Tyler, K., Hoyt, D. R., & Whitbeck, L. B. (1998). Coercive sexual strategies. *Violence Vict, 13*(1), 47-61.

Unger, J., Kipke, M., Simon, T., Johnson, C., & Montgomery, S. (1997). Homeless youths and young adults in Los Angeles: prevalence of mental health problems and the relationship between mental health and substance disorder. *American Journal of Community Psychology, 25*(3), 371-394.

Whitbeck, L. B., & Simons, R. L. (1990). Life on the streets: The victimization of runaway and homeless adolescents. *Youth & Society, 22*(1), 108-125.

Whitbeck, L. B., Chen, X., Hoyt, D. R., Tyler, K. A., & Johnson, K. D. (2004). Mental disorder, subsistence strategies, and victimization among gay, lesbian, bisexual homeless and runaway adolescents. *The Journal of Sex Research, 41*(4), 329-342.

Widom, C. S. (1989). Does violence beget violence. *Psychological Bulletin, Jul, 106*, 3-28.

Wingert, S., Higgitt, N., & Ristock, J. (2005). Voices from the Margins: Understanding Street Youth in Winnipeg. *Canadian Journal of Urban Research, 14*(1), 54-80.

Yoder, K., Hoyt, P., & Whitbeck, L. (1998). Suicidal behavior among homeless and runaway Adolescents. *Journal of Youth and Adolescence, 27*, 753-771.

Yoder, K. A., Whitbeck, L. B., & Hoyt, D. R. (2001). Event history analysis of antecedents to running away from home and being on the street. *American Behavioral Scientist, 45*(1), 51-65.

Zide, M., & Cherry, A. (1992). A typology of runaway youths: An empirically based definition. *Child and Adolescent Social Work Journal, 9*, 155-168.

성문제

청소년기에는 심리적 변화와 신체적 변화가 이루어지는데, 이 과정에서 중요하게 획득되어야 하는 과제 중 하나가 건강한 성의식의 발달이라 할 수 있다. 청소년은 자신의 신체적 변화에 대한 태도나 가치가 아직 완전히 확립되어 있지 않으므로 성의식의 발달과정에서 열등감이나 정서적 혼란감을 경험하거나 그 밖의 다양한 성과 관련된 고민에 빠질 수 있다. 특히 청소년은 성에 대해 부정적인 인식을 갖는 경우가 더 많으며, 성을 단편적인 행위로 인식하거나, 여학생보다 남학생이 더욱더 성에 대해 긍정적이고 개방적인 의식을 갖는 등 성인들과는 다른 특성들을 나타낸다(구승희, 이호, 심지원, 2001). 또한 성문화에 있어서도 청소년만의 특징이 나타난다.

따라서 청소년이 경험하는 성문제의 특성에 대해 구체적으로 살펴볼 필요가 있다. 이 장에서는 청소년의 성문제 정의를 비롯하여 청소년이 경험할 수 있는 몇몇 성문제의 특성에 대해 살펴볼 것이다. 아울러, 성문제가 발생한 원인에 대해 개인, 가정, 학교, 사회로 나누어 살펴볼 것이며, 마지막으로 청소년들의 성문제를 어떻게 대처하고 예방해야 할지 알아볼 것이다.

1. 청소년 성문제의 정의

청소년 성문제는 성일탈과 비슷하게 사용되나, 개념 면에서 약간의 차이를 나타내며 여러 가지로 정의되고 있다. 성문제는 청소년의 성과 관련된 의식적 · 행위적 측면에서의 규칙이나 규범을 위반한 행위로 정의할 수 있다(김진화 외, 2002). 성일탈이란 크게 의식적 성일탈과 행위적 성일탈로 구분되는데, 의식적 성일탈은 성매매에 호의적인 태도를 갖는 것과 같이 성행위와 관련된 의식적 측면에서 문제를 나타내는 것을 일컫는다. 행위적 성일탈은 합의범죄, 갈등범죄, 협의의 일탈인 강간(성폭력), 성매매, 성관계, 포르노그래피 접촉 등 실제 행위적 측면에서 규칙이나 규범을 위반한 행위를 일컫는다.

청소년이 보여 주는 성문화에는 이들만의 특성이 존재한다. 무엇보다도 청소년의 성행동 발달에 있어서 또래집단이 성지식의 제공과 성역할 모델의 중요한 기능을 한다는 것이다. 부모의 간섭에서 벗어나 또래들끼리 자신의 성적 관심을 자유롭게 표현하고 공유할 수 있다는 점에서 또래는 중요한 역할을 담당한다. 그러나 또래집단을 통해 얻는 성 정보에는 정확한 정보도 있는 반면, 부정확하거나 왜곡된 정보 또한 많으며, 자칫 왜곡된 정보가 청소년의 성문제와 결부될 가능성도 있다. 따라서 청소년이 올바른 성지식과 정보를 획득할 수 있는 사회 분위기를 조성할 필요가 있다.

2. 청소년 성문제 유형

1) 성관계와 임신

성에 대한 인식이나 성행동은 어린 시절의 경험을 바탕으로 형성되어 성인기까지 영향을 미치기 때문에 청소년기의 건전한 성적 욕구의 표출 등을 포함하여 성에 대한 올바른 이해의 정립이 요구된다.

청소년의 성관계 실태를 살펴보면, 청소년을 대상으로 한 조사결과에서 응답 청소년의 16%가 성관계 경험이 있다고 응답하였고, 성별로 볼 때 남학생이 여학생보다 2배 이상 높게 나타났다(서울YMCA, 2005). 이성과 성관계를 맺고 싶은 충동 또한 여학생보다는 남학생에게서 더 높게 나타났다. 또한 일반청소년(4.5%)에 비해 위기청소년(48.5%)의 성관계 경험이 훨씬 더 높은 것으로 나타났다(청소년위원회, 2006). 질병관리본부(2019)의 전국 청소년 건강행태조사에 따르면, 성경험이 있는 청소년 중 41.3%가 피임을 하지 않았고, 나이 어린 중학생은 고교생보다 성경험 횟수는 적었으나 임신 경험은 2배에 이르며, 그 가운데 70~80%는 낙태를 하는 것으로 나타났다.

청소년의 임신 경험 비율에 대해 정확히 통계를 산출하기가 어렵지만, 김혜원과 이해경(2000)의 연구에서는 전국의 인문계와 실업계 남녀 고등학생의 10%가 성관계 경험이 있으며, 6.5%는 임신경험이 있다고 보고하였다. 또한 임신 경험이 있는 중·고등학생의 70.7%는 낙태 경험이 있는 것으로 나타났다(백혜정, 김지연, 김혜영, 방은령, 2012). 이렇듯 원치 않았던 임신에 대해 청소년이 가장 많이 택하는 방법이 낙태이며, 낙태 문제는 개인적·사회적으로 많은 문제를 양산한다.

한편, 최수정과 김지연(2015)에 따르면, 청소년기 출산율이 감소되는 국제적인 추세와는 달리 우리나라 15세 이상 19세 이하 청소년 1천 명당 출생아 수는 5명 정도로서 15년간 2배 가량 증가하였다(World Bank, 2012). 즉, 임신한 청소년 상당수가 낙태를 선택하지만 출산과 양육을 선택하는 청소년 역시 과거에 비해 증가하고 있는 상황임을 나타내고 있다. 미혼모는 임신과 관련된 모든 문제를 스스로 처리해야 하기 때문에 또 다른 문제를 야기할 수 있다. 가령 이들은 각종 스트레스나 환경적 어려움으로 인해 산모나 아기의 건강에 신경을 쓰지 않을 가능성이 있으며, 죄책감과 우울감을 경험하는 등의 문제를 안고 있다.

2) 성폭력

성폭력은 개인의 자유로운 성적 결정권을 침해하는 범죄다. 이는 강간뿐 아니라 추행, 성희롱, 성기노출 등 모든 신체적 · 언어적 · 정신적 폭력이 포함되는 광범위한 개념이라 할 수 있다.

이원숙(2003)에 따르면, 성폭력의 유형은 크게 세 가지로 분류할 수 있다. 첫째, 피해 대상에 의한 분류 유형이며, 둘째, 피해자와 가해자의 관계에 의한 분류유형이고, 셋째, 발생 공간에 의한 분류 유형이다. 먼저, 피해 대상으로 성폭력을 분류한 것에는 청소년 성폭력이나 장애인 성폭력 등이 여기에 해당된다. 여기에서 청소년 성폭력은 만 13세에서 19세까지의 청소년에 대해 이루어진 성폭력을 의미하는 것으로, 이를 아동이나 성인의 피해와 비교해 볼 때 윤간, 강도 강간 등 특수강간의 비율이 높고 남성 피해자도 상당수 있는 것을 특징으로 들 수 있다. 다음으로, 피해자와 가해자의 관계에 의해 분류한 것으로는 근친성학대와 데이트성폭력 등을 들 수 있다. 근친성학대는 친족 성폭력이나 가족 내 성폭력으로 불리기도 한다. 이는 보통 어린 시절부터 시작되어 청소년기까지 지속되는 경향이 있다. 데이트성폭력은 데이트강간이라는 용어로도 흔히 사용되는데, 데이트 관계에 있는 두 사람 간에 일어나는 성폭력을 의미한다. 특히 외국의 연구 자료에 따르면, 여자 청소년의 25%가 데이트성폭력의 희생자이며(Wolfe & Feiring, 2000), 더욱이 성희롱을 경험한 청소년기 후반의 여자의 경우 가해자의 반 이상 또는 2/3 이상이 데이트 파트너인 것으로 보고되었다(Flanagan & Furman, 2000). 마지막으로, 발생 공간으로 분류한 것에는 대표적으로 최근 흔히 일어나는 사이버성폭력을 들 수 있다. 이는 사이버 공간에서 발생하는 폭력의 한 유형으로서 온라인 성폭력으로도 불린다. 여기에는 성과 관련된 언어폭력, 성적인 메시지 전달, 성적 대화 요청 및 성적 문제와 관련된 개인 신상정보 게시를 통해 상대방을 괴롭히거나 위협하는 행위 등이 포함된다. 사이버성폭력은 익명성이 높아 증거 확보도 쉽지 않고, 사이버상의 특성상 유포될 가능성이 크며, 인권 침해 요소가 다양하므로 사이버상의 성폭력 문제에 대한 적극적 대책 마련이 이루어져야 한다(문화관광부, 2003).

성폭력은 심각한 후유증을 수반하기 때문에 더 많은 사회문제를 내포하고 있다. 즉, 단순한 학습거부나 무단결석, 대인 기피부터 가출, 매춘, 마약, 성범죄화 등에 이르기까지의 다양하면서도 심각한 후유증이 나타날 수 있다. 또한 성폭력 경험에 대해 비밀로 부치곤 하는 개인적 · 사회적 분위기로 인해 성폭력 가해자 전모를 알아내기가 쉽지 않은 것이 사실이다. 그럼에도 불구하고, 이성구(2000)에 따르면 청소년이 저지르는 성폭력범죄는 유해 화학품 관련 소년범죄 다음으로 가장 큰 비율을 차지하고 있을 정도로 심각한 사회문제로 자리매김하고 있다.

3) 성매매

「성매매알선 등 행위의 처벌에 관한 법률」 제2조의 정의에 따르면, 성매매란 "불특정인을 상대로 금품이나 그 밖의 재산상의 이익을 수수하거나 수수하기로 약속하고, 성교행위 또는 신체의 일부 또는 도구를 이용한 유사 성교행위 중의 하나에 해당하는 행위를 하거나 그 상대방이 되는 것"을 말한다. 아울러 청소년의 성매매란 청소년을 실질적으로 보호 · 감독하는 자 등에게 금품이나 그 밖의 재산상 이익, 직무 · 편의 제공 등 대가를 제공하거나 약속하고, 성교행위 또는 신체의 일부나 도구를 이용한 유사 성교행위, 신체의 전부 또는 일부를 접촉 · 노출하는 행위로서 일반인의 성적 수치심이나 혐오감을 일으키는 행위, 자위행위 중의 어느 하나에 해당하는 행위를 청소년을 대상으로 하거나 청소년으로 하여금 하게 하는 것을 말한다(윤옥경, 이유진, 2013).

청소년의 성매매는 물질만능주의와 향락문화, 성을 상품화시키는 왜곡된 문화에 의해 조장된다(김성경, 1999). 문화관광부(2003)의 보고에 따르면, 우리 사회의 기성세대들은 성매매를 하나의 직업으로 바라보고 있는 실정이며, 미성년자를 대상으로 하는 성매매를 더 선호하는 경향이 많고, 성매매를 합의를 통한 거래로 생각하는 경우가 많다. 이러한 사회 분위기 속에서 아직 성에 대한 태도나 가치가 채 정립되지 않은 청소년들은 성매매에 대해 허용적 태도를 형성하기가 더 쉬울 것이다.

성매매에 유입된 청소년은 성병이나 성폭행, 임신, 낙태, 출산 등의 위험과 함께 건강 악화를 겪으며, 심리사회적으로는 외상 후 스트레스 장애를 비롯한 심리적 장애, 낮은 자아개념, 왜곡된 성의식, 약물남용, 반사회적 행동, 대인관계 어려움 등을 경험하는 것으로 나타났다. 또한 이들 가운데 상당수의 청소년은 교육의 기회까지도 차단되어 더욱 악순환의 상태에 놓일 수 있다(김현선, 2002; 조정자, 2002).

성매매피해 청소년은 가족구조, 가족의 경제 수준, 부모의 양육 방식, 가족 응집력이나 지지 제공의 기능적 역할 모두에서 결손을 보이는 경우가 많으며(홍봉선, 남미애, 2009), 부모의 역기능적 양육태도, 가정에서의 학대로 인해 반복적으로 가출을 하게 되는데, 이러한 가출로 인한 빈곤이 종종 성매매의 계기가 되기도 한다(이춘화, 조아미, 2004). 이러한 역기능적 가족 특성뿐 아니라 학교에서의 부적응 또한 성매매에 영향을 미친다. 홍봉선과 남미애(2009)에 따르면, 학교 기반의 정체감과 대인관계를 정상적으로 형성하지 못하고 학업을 중단한 채 가출하는 청소년은 비슷한 경험을 가진 또래집단을 형성하거나 학대적 관계의 성인 및 또래들과 접할 가능성이 높은데, 결국에는 이러한 과정이 성매매의 주된 유입 경로가 된다. 또한 인터넷 채팅이 음란채팅과 청소년 성매매의 주요 경로로 이용된다고 할 만큼 인터넷 채팅을 통한 성문제 역시 그 심각성이 크다(한국청소년개발원, 2006).

4) 음란물 접촉

인터넷, 스마트폰, SNS와 같은 정보통신 기술 및 뉴미디어 콘텐츠의 발달로 성에 대한 수많은 정보들이 쉽고 걸러지지 않은 채로 청소년에게 전달됨으로써 청소년에게 큰 영향을 미치고 있다(최정임, 정동훈, 2014). 여성가족부(2018)의 청소년 음란물 접촉 실태조사 따르면, 청소년 전체 응답자 10명 중 4명은 성인용 영상물(39.4%)을 본 적이 있다고 답했고, 성인용 간행물을 본 적이 있다고 답한 청소년 비율도 23.3%로 나타났다. 성인용 영상물을 접속하는 주된 경로는 인터넷 포털 사이트가 28.2%로 가장 많았으며, 인터넷 실시간 방송 및 동영상 사이트를 통해 접촉한 경우가 17.7%였고, 스마트폰 사용이 일반화되면서 SNS(16.5%)와 스마트폰 앱(11.0%)을 통해 성인용 영상물을 접했다는 응답도 적지 않았다. 성인용 간행물을 이용하는 주요 경로는 인터넷 만화(17.3%), 인터넷 소설(8.6%), 종이 만화책(5.8%) 순으로 모든 경로에서 디지털 매체를 통한 이용 빈도가 더 높게 나타났다. 또한 최근 1년 동안 남학생의 27.1%는 성인용 인터넷 게임을 이용한 적이 있으며, 조건만남 메신저 또는 채팅 앱을 이용하는 청소년은 2.5%에 이르는 것으로 나타났다.

음란물 접촉 실태에 대한 남녀별 차이를 살펴보면, 다른 성행동과 마찬가지로, 성인용 영상물에 접촉한 비율은 남자 청소년(48.7%)이 여자 청소년(29.4%)보다 6.6% 높았고, 성인용 간행물 접촉 비율도 남자 청소년(25.9%)이 여자 청소년(20.5%)보다 5.4% 많은 것으로 나타났다(여성가족부, 2018).

청소년들의 음란물 접촉의 주요 경로에서 성인 인증이 이루어졌는지에 대한 응답에서, 인터넷 포털 사이트 이용 시 성인 인증이 이루어지지 않았다는 응답은 41.6%였다. 인터넷 만화 또한 나이를 확인하지 않았다는 응답이 27.5%, 나이를 확인하지 않는 곳도 있었다는 응답이 33.1%로, 성인 인증 절차가 일관되게 작동하지 못하는 것으로 조사되었다. 청소년 10명 중 2명은 스스로 음란물을 보지 않으려 해도 일상생활에서 음란물이 쉽게 노출된다고 보고하였다(여성가족부, 2018).

이와 같은 인터넷상의 성 관련 정보들 모두가 왜곡된 내용을 담고 있는 것은 아니며 건전한 성교육을 목적으로 하는 사이트들도 많다. 하지만 몇몇 정보들이 지나치게 자극적이고 부정확할 수 있어서 청소년의 올바른 성의식 형성에 부정적인 영향을 미칠 수 있다. 실제로 음란물에 많이 노출된 청소년은 혼전 성교나 혼외정사 등과 같은 성행동에 개방적인 태도를 더 많이 보여 주며(오은선, 2014), 성적 일탈행동을 조장할 수 있다.

청소년의 감각추구 성향이 높을수록(Leaper & Anderson, 1997), 자아존중감이 낮을수록(이정윤, 이명화, 2003), 부모가 무관심하고 부모-자녀 간의 유대감이 부족할수록, 학교에 적응을 못할수록 청소년의 음란물 노출 경험이 더 커지는 것으로 나타났다. 많은 청소년이 충동에 대한 자제력이 부족하고 성적 유혹에 취약한데, 이들은 음란물을 접촉함으로 인해 성충동의 욕구를 불건전하게 해결할 수 있으며, 결과적으로는 이들의 성적 가치관과 성적 태도에 부정적인 영향을 미칠 수밖에 없다.

3. 청소년 성문제의 원인

1) 개인 발달적 측면

청소년기는 급격한 신체발달과 함께 성적 성숙이 이루어진다. 성호르몬

분비로 인한 2차 성징으로 남성과 여성은 외적으로 두드러진 변화를 나타낸다. 이때 남성의 성호르몬은 테스토스테론으로 대표되는 안드로겐이고, 여성의 성호르몬은 에스트로겐과 프로게스테론이다. 2차 성징과 급격한 신체 발달로 신체와 정서 간 불균형이 초래되어 불안정감을 초래하며, 성에 대한 관심이 고조되면서 여러 가지 성문제를 겪게 된다.

또한 청소년 시기에는 현실적 자아와 이상적 자아 간의 갈등이 심해진다. 즉, 스스로 설정한 높은 기준을 가진 이상적인 자신의 모습과 호르몬의 왕성한 분비에 따른 강한 성충동을 지닌 자신 간에 큰 괴리감을 느끼면서 좌절감을 느낄 수 있다. 이러한 좌절감이 클수록 청소년의 스트레스가 커지고 그로 인해 다양한 문제가 야기될 수 있다.

2) 가정 기능의 약화

김상원(1999)은 청소년의 성문제를 유발하는 가정의 문제를 다음의 네 가지로 정리하였다. 첫째, 가정유형의 핵가족화다. 이전의 대가족제도에서 담당하던 예절, 도덕, 습관, 정서 등의 인성교육이나 공동체 의식을 함양하는 훈련이 사실상 어려워지면서 아동은 어려서부터 자신의 욕구를 억제하기 어려워하고 매사를 참지 못하고 자기중심적으로 처리하는 습관을 갖게 된다. 둘째, 부모의 영향력 약화다. 가정에서 위계질서가 성립되어 있지 않으며, 많은 경우에 부모가 뚜렷한 성역할을 제시하지 못하고 있기 때문에 자녀들은 성역할을 학습할 기회를 상실하게 되었다. 셋째, 자녀에 대한 지나친 과잉보호적 양육태도로 인해 청소년이 이기적이고 의존적이게 되었다는 것이다. 자녀를 과잉보호함에 따라 자녀는 자신의 욕구만이 앞서고 욕구를 적절하게 통제하는 자제력이 부족해진다. 따라서 위기에 직면했을 때에도 청소년은 이를 극복하지 못하고 부적응하게 된다는 것이다. 넷째, 과잉기대의 문제다. 자녀의 기대에 관계없이 부모가 자녀에게 요구하는 과잉 기대로 인해 자녀는 엄청난 심리적 갈등과 부담을 느끼게 된다. 이로 인해 많은 청소년이 현실도피나 가출 등 여러 가지 문제를 표출하게 된다.

3) 학교교육의 문제

학교는 학생이 가장 많은 시간을 보내는 장소이기 때문에 학교가 그 중심이 되어 체계적인 성교육 활동을 하는 것이 바람직할 것이다. 청소년을 위한 성교육을 위해 교육부에서는 2013년부터 연간 15시간 이상으로 성교육을 확대 실시하도록 하였고, 국가 수준의 학교 성교육 표준안을 편성하고 개발하였다. 그러나 학교에서 성교육 대부분을 담당하고 있는 보건교사의 중학교 배치율은 2013년도 기준으로 초·중·고등학교를 비교할 때 51.1%로 상대적으로 가장 낮게 나타났다(교육부, 2014). 성에 대한 관심이 고조되어 성교육의 필요성이 매우 중요해지는 중학교에서 성교육을 담당할 보건교사의 배치율이 낮다는 것에 주목할 필요가 있다. 따라서 중학교 시기에 학교에서 이루어지는 성교육에 대해 확인하고 이에 대한 대책 마련이 요구된다(이지선, 정혜선, 2015).

한편, 성교육 담당교사가 성교육에 대해 어떠한 인식과 자세를 갖고 있느냐에 따라 성교육의 효과는 달라질 수 있다. 학교에서는 청소년이 편안하게 자신의 성발달을 받아들이고 개방하며 발달상의 문제를 해결할 수 있도록 다양한 프로그램을 개발하고, 현실적이고 체계적인 성교육의 방법이나 내용을 고안해야 할 것이다.

4) 유해한 사회환경

유해한 사회환경은 청소년에게 성적인 자극 요소로 작용하여 다양한 문제들을 야기할 수 있다. 특히 각종 성 관련 사업이 만연되어 있는 사회 분위기나 왜곡된 성에 대한 태도, 부정적인 가치관이 청소년의 성적 쾌락주의를 부추기고 성에 대해 지나친 호기심을 갖게 함으로써 각종 성범죄를 유발할 수 있다.

또한 청소년이 여가를 보낼 수 있는 체육시설 등의 문화시설이 폭넓게 마련되어 있지 않기 때문에 청소년이 왕성한 에너지를 건강하게 발산할 장소가 많이 부족한 실정이다. 이에 청소년이 해롭지 않은 환경에서 그들의 에너지를 건강하게 발산할 수 있는 문화적 환경을 계속적으로 조성해 나가야 할 것이다.

한편, 대중매체를 통한 성의 상품화나 성차별 또한 청소년의 성문화에 부정적인 영향을 미칠 수 있다. 청소년은 성적 가치관이 완전하게 형성되지 않은 상태에 있기 때문에 성적 자극에 쉽게 영향을 받고 이를 무분별하게 받아들일 가능성이 있다. 이러한 다양한 부정적인 사회환경은 청소년 성문제의 사회적 원인이 될 수 있다.

4. 청소년 성문제 예방과 대처

1) 성교육 강화

성교육이란 건전한 남녀관계를 위하여 남녀가 제각기 지니고 있는 특성과 역할을 이해하고 인간으로서 행복한 생활을 할 수 있도록 도와주며, 이성을 보는 올바른 시야를 갖게 하고 사랑을 표현할 수 있는 능력을 기르게 함을 목적으로 하여 학교와 가정 그리고 사회에서 이루어지는 교육활동이다(김제한, 1995).

오늘날의 청소년은 과거에 비해 성적으로 더 조숙한 데 비해서 이들이 이해하고 있는 성적 지식이나 성에 대한 태도는 신체적 조숙과는 불균형을 이룰 만큼 왜곡되어 있거나 건전하지 않은 경우가 많다. 이에 청소년에게 발생할 수 있는 부적절한 성지식과 성행위를 사전에 방지함으로써 성에 대한 가치관을 보다 올바르게 정립할 수 있도록 돕기 위해 성교육이 필요하다.

성교육은 성적 변화에 대한 지식과 더불어 심리적 변화에 대한 지식을 제공한다. 신체적 변화는 심리적 변화의 원인이 될 수 있으므로 청소년이 자신의 정서변화와 행동변화를 함께 이해함으로써 이 시기의 발달과업을 적절하게 성취할 수 있을 것이다. 성교육 시에는 우선적으로 성에 대한 전반적 이해와 생리적 변화에 대한 지식을 전달한다. 더 나아가, 인간의 존엄성과 가치, 성의 엄숙함이나 자기조절력의 필요성은 물론, 책임감 있는 의사결정을 할 수 있는 능력, 또래의 압력에 저항할 수 있는 사회적 기술에 대해 알려 준다. 이때 강의나 토론, 역할극, 소집단 프로그램, 상담 등의 방법을 이용할 수 있다.

현재 성교육은 대부분 성교육 전문가에 의존하고 있으나, 부모·교사 중심의 성교육으로 전환될 필요가 있다. 또한 일반 아동·청소년뿐 아니라 장애를 가진 아동·청소년을 위한 성교육도 다양한 방법으로 실시되어야 할 것이다. 이를 위해 성교육을 위한 전문가 양성 지침은 물론, 전문가 양성을 위한 허브기관을 설치할 필요성도 제기된다(전영실, 이승현, 권수진, 이현혜, 2010).

2) 청소년 유해매체 규제

청소년은 유해매체를 통해 보다 손쉽게 유해매체물을 접할 뿐 아니라, 유해매체물의 왜곡된 내용을 통해 잘못된 성지식을 갖거나 성에 대한 편견을 갖기 쉽다. 이 가운데는 의도적으로 유해매체물에 접속하는 청소년도 있으나, 일부 청소년의 경우에는 각종 게임이나 광고를 빙자하여 성을 노출시키는 사이트를 통해 자신도 모르게 사이트에 접속되어 왜곡된 성지식이나 동영상을 접하게 되는 경우도 있다.

청소년이 가장 많이 접하는 유해매체로 남학생은 동영상, 여학생은 성인 영화로 나타났다(백혜정, 김은정, 2008). 이렇듯 동영상은 더 쉽고 간편하게 접할 수 있는 매체이기 때문에 청소년의 성충동을 강하게 자극할 수 있다. 따라서 청소년의 유해매체물 접촉을 줄일 수 있는 적절한 사회적 대처방안이 필요하다.

3) 청소년 성상담

(1) 청소년 성상담의 개념

청소년 성상담은 성장기에 있는 청소년으로 하여금 건강하고 바람직한 성 가치와 성윤리를 확립해서 건전한 인격으로 성장할 수 있도록 도와주는 활동을 의미하는 것으로(손종숙, 2000), 성과 관련된 인지적·행동적·정서적 특성의 성장을 조력하는 과정이라 할 수 있다.

청소년 성상담은 성에 대한 지식을 제공할 뿐 아니라 성에 대한 태도나 가치관을 다루어야 하는 과정이 요구된다. 따라서 청소년 성상담을 통해 청소년의 성문제 자체를 다루는 것도 요구되지만 동시에 일반상담과 마찬가지로 청소년의 전인적 측면에 대해 통합적으로 살피는 과정이 요구된다.

(2) 청소년 성상담자의 자질

청소년 성문제를 상담하는 상담자는 일반상담자에게 요구되는 사항과 청소년 성문제에 요구되는 다음의 사항들을 함께 고려해야 한다(한국청소년상담원, 1999b).

첫째, 상담에 대한 일반적인 능력을 갖추고 있어야 한다. 일반적으로 성상담은 상담의 일반원리가 적용되며, 이를 위해 상담자는 상담이론을 이해하고 일반적인 상담면접 능력을 개발해야 한다. 물론 성상담을 하기 위해서는 성에 대한 지식이 요구되지만, 이보다 더 중요한 것이 상담에 대한 일반적인 능력이다. 상담자가 성에 대한 지식이 풍부할지라도 상담능력이 부족한 경우에는 상담이 실패로 돌아가기 쉽다.

둘째, 청소년 성실태에 대한 현실검증 능력과 현실수용 능력이 요구된다(한국청소년상담원, 1999b). 모든 청소년은 성적인 변화를 맞닥뜨리지만 이 변화를 자연스럽게 맞이하기보다는 변화하는 자신들의 신체와 불안정한 감정으로 인해 혼란스러워한다. 바람직한 발달과정을 겪는 청소년부터 임신과 성병 등의 다양한 성문제에 직면하는 청소년까지 청소년마다 각각의 고민 영역이 존재하며, 이들에게는 미지의 세계를 안내하는 누군가가 필요하다. 따라서 청소년 성문제를 상담하는 상담자는 청소년이 현실적으로 어떠한 고민을 하고 있고, 무엇을 원하며, 무엇을 경험하고 있는지의 성 관련 실태와 변화에 대해 이해하려는 노력이 필요하다.

셋째, 성과 관련된 포괄적인 지식을 습득하여야 한다. 청소년 성문제를 상담하는 상담자는 남녀 생식기의 구조와 기능 및 발달특성, 임신, 출산, 피임, 성병 등 생리적인 수준의 성에 관한 전문지식을 함양해야 한다. 동시에 이상심리와 관련된 성적 특성, 성교와 관련된 인간 심리, 남녀의 성심리 등의 사회적 · 문화적 · 심리적 차원에서의 성과 관련된 다양한 특성에 대해서도 이해해야 할 것이다.

넷째, 성과 관련된 법과 정책, 가정의 문화적 특성을 이해해야 한다(한국청소년상담원, 1999b). 청소년과 성에 대한 주제에 대해 상담하기 전에 상담자는 성과 관련된 국가의 정책과 법, 청소년이 속해 있는 사회의 규범, 가정의 문화나 종교적 특성을 파악해야 할 것이다. 가령, 청소년 성문제를 상담하는 상담자는 '성적 학대와 관련되어 어떠한 법이나 규정이 있는가?' '가정과 학교 및 사회에 대한 상담자의 책임은 무엇인가?' '청소년에게 피임도구를 제공해야 하는가?' 등과 같은 여러 가지 문제에 대해 해결하고 대안을 제시해 줄 수 있어야 할 것이다.

다섯째, 상담자 자신의 가치와 태도를 파악해야 한다. 청소년 성문제를 상담하는 상담자는 성문제를 겪은 내담자와의 상담에서 불편감을 느낄 수 있다. 이러한 경우 상담자가 지각하는 불편감에 대하여 그것이 비교적 정상적인 반응인지 혹은 과도한 반응인지 등에 대해 상담자 스스로 객관적인 분석을 해야 할 것이다. 또한 상담자는 다양한 성적 주제 중 자신이 어떤 주제에 특히 민감하고 불편한지 등에 대한 객관화가 이루어져야 할 것이다. 이렇듯 상담자 자신이 성에 대해 어떠한 태도를 지니고 있으며 어떠한 입장을 취하는지를 이해해야만 성문제로 고민하는 청소년 내담자와의 상담에서 그들을 있는 그대로 수용해 줄 수 있을 것이다. 그렇지 못할 경우 상담자는 자신의 문제로 인해 내담자가 호소하는 성문제를 수용하지 못하고 중립적 자세를 취하는 데 어려움을 겪을 수 있다.

(3) 청소년 성상담의 목표

청소년 성상담을 통해 청소년이 자신의 문제에 대해 현실에 효과적으로 대처하고 더 나아가 미래의 성문제를 예방할 수 있을 것이다. 이를 위해 다음과 같은 점을 목표로 하여 상담이 이루어져야 한다.

첫째, 청소년이 자신의 성적 경험을 정상적이고 자연스러운 과정으로 받아들임으로써 자신의 성을 받아들이고 성에 대한 가치관을 형성하도록 도와야 한다. 대부분의 청소년이 겪고 있는 신체적 변화나 성적 반응들은 청소년 자신에게는 생소하지만 대부분의 청소년이 경험하는 보편적인 사실이다. 그러나 많은 청소년이 자신들의 낯선 경험에 대해 부끄러워하거나 죄책감을 느끼기 때문에 이를 터놓고 다루지 않음으로써 오히려 성에 대한 올바른 가치관 형성이 지연될 수 있다. 청소년 성상담을 통해 자신의 성적 변화가 일반적이고 보편적인 경험이라는 점을 알려 줌으로써 청소년의 성적 경험이 정상적인 발달과업이라는 점을 이해해야 할 것이다.

둘째, 정확한 성지식을 습득하도록 도와야 한다. 대부분의 청소년은 자신이 필요로 하는 성적인 정보를 주로 또래나 인터넷, 잡지, 만화 등을 통해 습득한다. 특히 청소년기 성행동 발달에 있어서 또래집단은 성지식 제공과 성역할 모델의 중요한 기능을 담당한다. 이를 통해 청소년은 보다 쉽게 성적인 정보를 얻을 수 있으나, 정보들 가운데에는 과장되고 부정확하거나 왜곡된 내용이 많아서 자칫 불필요한 불안을 유발하는 원인이 되기도 한다. 따라서 청소년은 성상담을 통해 보다 정확하고 객관적인 성지식을 습득할 수 있어야 할 것이다.

셋째, 안전하고 편안한 장소에서 성과 관련된 의사소통을 할 수 있는 기회를 제공해야 한다. 청소년이 자신의 성에 대해 터놓고 이야기하는 것은 쉽지 않다. 그러나 청소년은 신뢰 있는 사람과 자신의 성에 대해 이야기할 수 있는 의사소통 창구를 필요로 한다(한국청소년상담원, 1999b). 청소년 내담자가 성과 관련된 주제들을 편안하게 이야기하도록 상담자가 용기를 북돋아 줄 때, 청소년은 솔직하게 성과 관련된 고민들에 대해 이야기함으로써 문제를 해결할 수 있다.

넷째, 성적 의사결정 기술과 사회적 기술을 습득하도록 해야 한다(백지숙 외, 2009). 청소년이 성적 지식을 충분히 갖추고 있다 하더라도 개인적으로 겪는 성적인 갈등을 만족스럽게 처리하지 못하거나 대인관계에서 성적 행동에 대해 적절히 대처하지 못하는 경우가 많다. 이는 성적 가치관이 명료화되어 있지 않거나, 혹은 자신의 의견을 상대방에서 분명하게 전달할 수 있는 자신감이나 자기표현 능력이 부족하기 때문이다. 따라서 청소년이 자신의 가치관을 명료하게 인식하고, 그러한 생각을 상대방에게 분명하게 전달할 수 있는 자신감을 향상시켜야 할 것이다. 아울러 적절하게 자기표현을 하기 위해서는 반복적인 연습이 필요함을 강조해야 한다.

4) 성폭력 예방

청소년은 성폭력에 관해 올바르게 인식하고 성폭력 가해자와 피해자의 특성을 비롯하여 성폭력 예방법에 대해서도 반드시 습득할 필요가 있다. 대부분의 학생이 학교에서 이러한 성폭력 예방교육을 받고 있지만 학생들의 만족도가 낮은 것으로 보고되고 있으며, 이는 학년이 올라갈수록, 여학생보다는 남학생일수록 만족도는 낮아지는 것으로 나타났다(윤지현, 2010; 이종희, 2013; 이혜정, 2013). 이렇게 되는 이유는 이들이 다양한 매체를 통해 성 관련 정보나 음란물에 노출되는 경험이 많아지는데도 대부분의 성폭력 예방교육은 이들의 수준을 따라가지 못하고 있기 때문으로 분석되고 있다(이종희, 2013).

청소년에게 보다 효과적으로 성폭력 예방교육을 실시하기 위해서는 학교에서의 체계화된 교육이 필요하다. 이를 위한 방안에 대해 이혜정(2015)은 다음과 같은 네 가지의 개선방안을 제안하고 있다.

첫째, 성폭력 예방교육은 바람직한 성가치관의 형성을 목적으로 하여 실시되어야 한다(윤지현, 2009; 이종희, 2013; 정옥분, 2005; 정현미, 2009). 성에 대한 올바른 이해를 통해 차이를 존중하고 타인에 대한 배타적 태도에서 벗어나 갈등과 대립이 아닌 평등한 관계성에 도움을 줄 수 있는 인권교육 실시를 전제로 해야 한다. 따라서 성폭력 예방교육에는 의사결정 능력과 또래의 압력에 저항할 수 있는 사회적 기술 향상 등을 포함시켜야 한다(윤지현, 2008).

둘째, 학생의 수준에 적합한 내용과 방법으로 구성하고 제시하여야 한다(이종희, 2013; Wurtele et al., 2008). 이를 위해 학생들의 연령과 성별 차이, 특성 차이를 고려한 프로그램이 마련되어야 할 것이며, 학생들이 궁금해하는 영역뿐만 아니라 학생들이 반드시 알아야 하는 영역의 내용까지도 고루 포함시켜야 할 것이다. 한편, 성폭력 예방교육을 실시함에 있어서도 기존의 강의식 교육뿐만 아니라 연극이나 참여 학습 등의 보다 다양한 방법을 이용하여 학생들의 관심과 참여를 유도할 필요가 있다.

셋째, 성폭력 예방교육을 담당하는 교사들의 전문성 향상을 위해 관심과 지원이 필요하다(김정효, 2000; 정현미, 2009). 성폭력 예방교육은 보다 소극적인 피해 예방이 아니라, 적극적인 가해 예방이 되어야 할 것이며(김정효, 2000; 정현미, 2009), 이를 위해 성폭력 예방교육 교사들이 실제 현장에서 적용할 수 있는 전문적인 연수와 프로그램을 제공해야 할 것이다.

넷째, 성폭력 예방교육에 있어서 학생뿐만 아니라 학부모의 관심과 이해를 유도해야 할 것이다. 학부모가 성폭력에 대한 우려가 큰 것에 비해서 실제 성폭력에 대한 대처나 예방에 있어서 무지한 경우가 많다. 따라서 청소년을 대상으로 한 성폭력 예방교육은 물론, 학부모를 대상으로 한 예방교육이 동시에 이루어질 필요가 있다. 또한 계속적인 성폭력 예방교육에 대한 홍보나 정보제공을 통해 학부모의 관심을 유도해야 할 것이다.

연습문제

1. 성폭력 유형을 몇 가지 분류체계로 구분할 때, 최근 많이 발생하고 있는 '사이버성폭력'을 어떻게 구분할 수 있는지 설명하시오.
2. 청소년 성매매의 원인과 문제점에 대해 설명하시오.
3. 청소년 성문제의 다각적인 원인에 대해 설명하시오.
4. 청소년 성상담에서 반드시 고려해야 할 사항들에 대해 설명하시오.

참고문헌

교육부(2014). 2014년 학생건강증진 기본방향.

교육부, 보건복지부 질병관리센터(2013). 제9차 2013년 청소년 건강행태 온라인조사 통계.

구승희, 이호, 심지원(2001). **청소년과 성인의 성의식 변화 연구: 다문화주의 시대의 바람직한 성문화를 위하여.** 서울: 한국간행물윤리위원회.

김상원(1999). **성교육, 성상담의 이론과 실제.** 서울: 교육출판사.

김성경(1999). **가출소녀를 위한 사회복지서비스연구.** 서울: 한국여성개발원.

김정효 (2000). 예방교육의 방향정립을 위한 일. **이화여자대학교 교육과학연구, 31**(3).

김제한(1995). 성상담의 실제 I: 성지식 상담. 대학생활연구, 13, 57-75. 한양대학교 학생생활연구소.

김진화, 송병국, 고운미, 이채식, 최창욱, 임형백, 이창식, 김경준, 김진호, 권일남, 양승춘(2002). 청소년 문제행동론. 서울: 학지사.

김현선(2002). 성매매의 폭력적 특성과 성매매피해여성의 외상후 스트레스 장애. 성공회대학교 대학원 석사학위논문.

김혜원, 이해경(2000). 청소년들을 위한 양성평등 성교육 방향의 모색: 남녀 고등학생들의 성의식과 성행동 실태에 근거하여. 한국여성심리학회, 5(2), 29-45.

문화관광부(2003). 2002 청소년백서.

백지숙, 김혜원, 김영순, 방은령, 임형택, 주영아(2009). 청소년상담. 서울: 신정.

백혜정, 김은정(2008). 청소년 성의식 및 행동 실태와 대처방안 연구. 서울: 한국청소년정책연구원.

백혜정, 김지연, 김혜영, 방은령(2012). 청소년 한부모가족 종합대책 연구 I: 총괄보고서. 서울: 한국청소년정책연구원.

서경춘(2008). 인터넷 음란물이 청소년의 성 개념 형성에 미치는 영향. 단국대학교 교육대학원 석사학위논문.

서울YMCA(2005). 2005 청소년 성경험 및 성태도 연구조사 세미나 자료집.

손종숙(2000). 고교생 이성교제 지도를 위한 사회복지적 접근. 대전대학교 대학원 석사학위논문.

오은선(2015). 인터넷 음란물 노출이 초등학생의 성지식, 성태도에 미치는 영향. 한국아동학회 아동학회지, 36(3), 93-113.

윤옥경, 이유진(2013). 아동 청소년 성매매 지원 대책의 효과성에 관한 연구: 전문가 의견조사 결과를 중심으로. 청소년보호연구, 26, 297-335.

윤지현(2008). 아동 대상 성폭력 예방교육에 대한 초등 교사들의 요구 및 인식. 한국가정과교육학회지, 20(3), 231-258.

윤지현(2010). 초등학생의 교육 경험 및 인식을 중심으로 한 성희롱 · 성폭력 예방교육 실태. 한국실과교육학회지, 23(3), 59-78.

이성구(2000). 비행청소년의 이해. 서울: 제3공간.

이원숙(2003). 성폭력과 상담. 서울: 학지사.

이정윤, 이명화(2003). 음란물을 자주 접촉하는 청소년의 성 및 심리사회적 특성. **청소년상담연구, 11**(1), 32-41.

이종희(2013). 성폭력 예방과 학교생활교육. 2013년도 한국가정과교육학회 동계학술대회.

이지선, 정혜선(2015). 중학교 보건교사와 일반교사의 성교육 중요도와 수행도: IPA 방법을 이용하여. **한국학교보건학회지, 28**(1), 10-21.

이춘화, 조아미(2004). **청소년 성매매의 상습화 예방 및 치료 프로그램 개발연구**. 한국청소년개발원 연구보고서 04-R17.

이해경(2002). 인터넷상에서 청소년들의 폭력게임중독을 예측하는 사회심리적 변인들. **한국심리학회지: 발달, 14**(4), 55-79.

이혜정(2013). 초·중등학생들의 학교성교육에 대한 인식 및 요구 분석. **교육종합연구, 11**(4), 239-268.

이혜정(2015). 학교 성폭력예방교육의 효율적 운영을 위한 개선방안 탐색: 교사 견해를 중심으로. **교육종합연구, 13**(1), 167-191.

전영실, 이승현, 권수진, 이현혜(2010). **장애아동·청소년의 삶의 질 향상을 위한 지원방안 연구 II: 장애아동·청소년의 성문제 실태 및 대책 연구**. 한국청소년정책연구원, 한국청소년개발원 연구보고.

정옥분(2005). **청년발달의 이해**. 서울: 학지사.

정현미(2009). 성인지적 관점의 폭력예방교육을 위한 법제화 방안. **법학논집, 14**(2), 317-341. 이화여자대학교 법학연구소.

조정자(2002). 미술치료가 성폭력에서 성매매로 이어진 청소년의 자아개념증진에 미치는 효과. **한국미술치료학회: 미술치료연구, 9**(2), 139-169.

질병관리본부(2019). 청소년건강행태조사.

청소년위원회(2006). 유해정보 실태 조사.

최수정, 김지연(2015). 청소년기 임신·출산에 대한 태도가 학생미혼모의 학습권 인식에 미치는 영향: 중·고교생의 학생미혼모 접촉경험 매개효과를 중심으로. **청소년복지연구, 17**(3), 137-156.

최정임, 정동훈(2014). 스마트폰을 통한 청소년의 성 관련 콘텐츠 노출 원인 분석. **한국콘텐츠학회논문지, 14**(4), 445-455.

여성가족부(2018). 청소년 매체이용 및 유해환경 실태조사.

한국청소년개발원(2006). 청소년문제론.

한국청소년상담원(1999a). 청소년 사이버문화 실태조사. 한국청소년상담원 상담교육자료.

한국청소년상담원(1999b). 청소년 성상담. 한국청소년상담원 상담원교육자료.

한국청소년상담원(1999c). 청소년들의 또래관계. 한국청소년상담원 상담교육자료.

홍봉선, 남미애(2009). 성매매청소년 교육수강제에 참여하는 청소년의 현황 및 사회적 피해경험에 관한 연구. **한국청소년학회**, 16(2), 63-94.

Flanagan, A. S., & Furman, W. C. (2000). Sexual Victimization and Perceptions of Close Relationships in Adolescence. *Child Maltreatment, 5*(4), 350-359.

Leaper, C., & Anderson, K. J. (1997). Gender Development and Heterosexual Romantic Relationships During Adolescence. *New directions for child development, 78*, 85-104.

Wolfe, D. A., & Feiring, C. (2000). Dating Violence Through the Lens of Adolescent Romantic Relationships. *Child Maltreatment, 5*(4), 360-363.

World Bank (2012). World Development Indicators. http://data.worldbank.org/indicator/SP.ADO. TFRT

Wurtele, S. K., Simons, D. A., & Durham, R. L. (2008). Developmental experiences of child sexual abusers and rapists. *Child Abuse & Neglect, 32*(5), 549-560.

인터넷 중독

IT 기술이 급격히 발달하면서 우리나라의 인터넷 보급률은 세계 최고 수준에 이르고 있다. 청소년은 친구들과 전화보다는 인터넷 채팅을 통해 의사소통을 하고, 학원에 직접 가지 않아도 인터넷으로 유명 강사의 강의를 집에서 들을 수 있다. 이러한 현상은 청소년에게만 일어나는 것은 아니다. 성인도 인터넷으로 쇼핑을 하고, 신문이나 방송으로 보던 뉴스도 이제는 인터넷을 통해 보는 것이 낯설지 않다. 이처럼 인터넷이 없는 사회는 상상도 할 수 없을 정도로 우리 생활에 인터넷은 일부가 되어 있으며, 사람들은 인터넷을 통해 자신의 다양한 욕구를 충족하고 있다. 그러나 이러한 인터넷이 개인의 욕구 충족이나 편리한 삶만을 야기하는 것은 아니다. 인터넷은 긍정적으로 사용하면 유용한 도구이지만 지나치게 많이 사용할 경우 인터넷 중독이라는 치명적인 결과를 야기한다. 특히 청소년의 경우 학업 등으로 인해 스트레스가 많은 데 비해 조절력이 부족하기 때문에 인터넷 중독이 되는 것이 용이하며, 이러한 인터넷 중독은 낮은 학업성적, 부모와의 갈등, 친구들로부터의 소외 등 다양한 문제를 야기한다. 이처럼 인터넷이 우리 삶의 일부가 되면서, 스마트폰을 통해 삶과 더 밀접하게 되면서, 인터넷 중독 및 스마트폰을 통한 인터넷 중독은 청소년 문제들 중에서 가장 중요한 문제의 하나가 되고 있다. 이러한 문제를 파악하고 정부도 인터넷중독예방센터 등을 통해 청소년의 인터넷 중독 문제를 해결하고자 노력하고 있지만, 청소년의 인터넷 중독 문제는 매우 복잡하고 난해한 문제여서 쉽지만은 않다. 따라서 이 장에서는 인터넷 중독의 특성, 현황, 원인 등을 살펴보고, 이를 줄일 수 있는 예방 및 대처 활동에 대해 설명하고자 한다.

1. 인터넷 중독의 이해

1) 인터넷 중독의 정의

인터넷 중독은 1995년 골드버그(Goldberg)가 최초로 언급한 것으로 당시 골드버그는 인터넷을 지나치게 많이 사용하여 임상적으로 심각한 문제가 있는 것을 인터넷 중독이라 부르며, 이를 정신병으로 취급하여야 한다고 주장하였다. 골드버그(1996)는 인터넷 중독으로 정의 내리기 위해서는 다음과 같은 세 가지 조건을 만족해야 한다고 하였다. 첫째, '내성'으로 인터넷을 아무리 많이 해도 더 많이 사용을 해야 만족을 느끼는 것을 말한다. 둘째, '금단'으로 인터넷을 하다가 중단하거나 감소하면 정신운동성 초조와 불안을 경험하거나 인터넷에 대한 강박적인 사고, 환상 등의 증상이 나타나는 것을 의미한다. 셋째, 최근 12개월 내 인터넷으로 인해 자신에게 중요한 사회적 · 직업적 활동을 포기하는 경우로 이러한 조건들이 충족될 때 인터넷 중독자라고 하였다. 골드버그와 유사하게 영(Young, 1996) 역시 인터넷 중독을 알코올이나 도박처럼 중독이 되는 특성이 있는 심리적 장애라 하고, DSM-IV에 제시된 도박 장애 진단 준거를 적용하여 인터넷 중독에 대해 다음과 같은 여덟 가지 기준을 제시하였다. ① 인터넷에 접속하지 않을 때도 접속하는 생각에서 벗어나지 못하는 것, ② 계속해서 더 많은 시간 동안 인터넷을 사용하기 위해 노력하는 것, ③ 인터넷 사용을 그만하려고 노력하지만 실패하는 것, ④ 인터넷 사용을 중단하면 불안, 짜증, 우울해지는 현상이 나타나는 것, ⑤ 자신이 처음 계획한 것보다 인터넷을 더 오래 사용하게 되는 것, ⑥ 인터넷으로 인해 대인관계, 직업, 학업, 경력 등 자신의 주요 생활에 문제가 발생하는 것, ⑦ 가족이나 주변 사람들에게 인터넷 사용을 숨기는 것, ⑧ 현실에서 당면하는 다양한 문제를 피하거나 불쾌감을 줄이기 위해 인터넷을 사용하는 것 등이다. 영(1996)은 이러한 8개 기준 중 5개 이상인 경우 인터넷 중독 의존자로 정의하였다. 그리고 그 후 1998년 20개의 문항으로 된 인터넷 중독 검사를 개발하였으며, 이는 현재까지도 많이 활용되고 있다.

한편, 최근 우리나라에서는 스마트폰을 통한 인터넷 사용이 크게 증가하고 있으며, 이를 스마트폰 과의존 또는 스마트폰 중독이라고 한다. 스마트폰 중독은 과도한 스마트폰 이용으로 ① 스마트폰에 대한 현저성이 증가하고, ② 스마트폰 이용 시간을 스스로 조절하지 못하며, ③ 그로 인해 문제적 결과를 경험하는 상태를 말한다. 이때 현저성(salience)이란 삶에서 스마트폰을 이용 패턴이 삶에서 다른 활동 패턴보다 두드러지고 가장 중요한 활동이 되는 것을 말하며, 조절 실패(out of control)란 이용자가 설정한 주관적 목표와 비교 시 스마트폰 이용에 대해 자율적으로 조절하는 능력이 부족한 것을 말한다. 마지막으로, 문제적 결과는 스마트폰 이용으로 신체적 · 심리적 · 사회적으로 부정적인 결과를 경험함에도 불구하고 스마트폰을 지속적으로 이용하는 것을 말한다(과학기술정보통신부, 한국정보화진흥원, 2019).

2) 인터넷 중독의 특성

(1) 인터넷 중독 유형

영(1999)은 인터넷 중독을 사이버 섹스 중독(cyber sex addiction), 사이버 관계 중독(cyber-relational addiction), 네트워크 강박증(net compulsion), 정보 과몰입(information overload), 컴퓨터 중독(computer addiction)의 다섯 가지 하위유형으로 나누었다. 사이버 섹스 중독이란 사이버를 통해 포르노를 보거나 채팅방에서 사이버 섹스하는 것에 중독되는 것을 말하고, 사이버 관계 중독이란 채팅 등을 통해 실제가 아닌 사이버상에서의 관계에 중독되는 경우를 말한다. 또한 네트워크 강박증은 온라인 쇼핑이나 도박과 같이 인터넷을 통해 강박적으로 매매하는 것을 말하며, 정보과몰입은 인터넷으로 과도하게 자료를 검색하는 것을 의미한다. 마지막으로 컴퓨터 중독은 강박적으로 온라인 게임이나 프로그램 제작에 몰두하는 것을 의미한다. 그 후 데이비스(Davis, 2001)는 영의 기준이 너무 세분화되어 있다고 보고, 특정적 병리적 인터넷 사용(specific pathological internet use)과 일반적 병리적 인터넷 사용(generalized pathological internet use)으로 구분하였다. 특정적 병리적 인터넷 사용은 도박, 섹스, 게임과 같이 어떤 목적을 가지고 인터넷을 과도하게 사용하는 것을 말하고, 일반적 병리적 인터넷 사용은 목적은 없지만 인터넷을 과도하게 사용하는 것을 말한다.

우리나라에서도 인터넷 중독의 문제가 심각해지면서 많은 학자가 인터넷 유형에 대해 언급하였는데, 어기준(2000)의 경우에는 인터넷 중독을 게임 중독, 통신 중독, 음란물 중독으로 구분하였다. 그의 구분은 우리나라 청소년에게 가장 많이 나타나는 것으로 알려진 게임 중독을 중요하게 언급하였다는 점 그리고 PC 통신이 사용되던 시대라 통신 중독이라는 이름을 사용했다는 것이 특징적이다. 그 후 인터넷 중독이 국가적인 문제가 되면서 2002년 인터넷중독센터(현 스마트쉼센터)가 만들어졌으며, 한국정보화진흥원에서 제작한

『인터넷중독예방가이드북』(2009)에서는 인터넷 중독을 음란물 중독, 채팅 중독, 검색 중독, 게임 중독으로 구분하였다. 이를 세부적으로 살펴보면 다음과 같다.

① 음란물 중독(인터넷 섹스 중독)

- 인터넷에서 성적인 욕구를 충족시키기 위해 음란물 사이트, 성인 대화방 또는 섹스와 관련된 내용을 찾는 데 지나치게 몰입하는 것을 말함
- 왜곡된 성의식을 형성하거나 성비행, 성범죄의 원인이 되기도 하며, 동영상으로 신체를 노출하는 행위를 하기도 함
- 음란물에 중독되면서도 한편으로는 그런 자신 때문에 우울, 죄책감을 느낌

② 채팅 중독

- 인터넷상에서 문자 또는 영상 대화에 지나치게 몰입하는 것을 말함
- 인터넷상에서라도 사회적 관계를 유지하기 위해 하기도 하고, 일회성 만남을 위해 채팅을 하기도 함
- 인신매매 및 성폭력 등으로 이어지기도 함

③ 검색 중독

- 특정한 지식이나 정보가 아니라 충동적으로 검색을 하거나 검색 자체에 지나치게 몰입하는 경우를 말함
- 새로운 정보를 사람들에게 배포하고 인정받기 위해 또는 흥미로운 정보를 검색하기 위해 강박적으로 몰입하기도 함
- 충동적으로 검색하기 때문에 시간 통제가 잘 되지 않음

④ 게임 중독

- 인터넷 게임에 지나치게 몰입하는 경우를 말함
- 한번 하게 되면 중단하기가 쉽지 않은 게임 구조, 레벨 상승 등을 통해 현실에서 불만이 게임상에서 충족되어 중독되기가 쉬움
- 게임에서의 공격성, 폭력성이 현실에서 나타나기도 함

참고

〈스마트폰 중독 증상과의 차〉

인터넷 중독과 스마트폰 중독은 금단, 내성, 초조, 불안, 강박적 사용, 생활장애 등의 중독 증상은 유사하게 나타난다. 그러나 스마트폰은 언제 어디서나 사용할 수 있기 때문에 인터넷보다 사용 조절이 어려워서 중독성이 더 강하다(오강탁, 이재은, 2012). 그 결과 인터넷 중독은 스마트폰 중독에 비해 우울, 편집, 반항 등에 더 큰 문제를 보일 가능성이 크며, 스마트폰 중독은 우울 증상 보다는 산만하고 에너지가 상승되는 특징을 보인다(한국정보문화진흥원, 2012).

참고

〈스마트폰 중독과 인터넷 중독 유형의 차이〉

스마트폰 중독의 유형 중 모바일 성인용 콘텐츠 중독과 모바일 게임 중독, 정보검색 중독은 인터넷 중독의 유형과 유사하나 모바일 메신저 중독, SNS 중독, 앱 중독은 차별화된 것이라 볼 수 있다.

- 모바일 메신저 중독: 모바일 메신저를 통한 인간관계에 과도하게 몰입해 실제 인간관계를 등한시하는 것
- SNS 중독: 개인홈페이지, 인터넷카페 등을 운영하거나 소셜 네트워크 서비스(SNS)를 이용하는 데 과도하게 몰입하는 것
- 앱 중독(앱피로 증후군): 스마트폰에 모바일 앱을 다운받는 것에 지나치게 몰입하는 것

(2) 인터넷 중독의 증상

과도하게 인터넷을 하는 청소년들은 신체적 · 심리적 · 그리고 일상생활 등에 다양한 문제를 야기한다. 가장 대표적으로는 공부를 하지 않고 인터넷을 과도하게 하기 때문에 성적이 떨어지고, 이로 인해 부모와 갈등이 생긴다. 또한 부모의 눈을 피해 인터넷을 해야 하기 때문에 거짓말을 하거나 PC방을 가야 할 돈이 부족해서 다른 사람의 돈을 훔치기도 하며, 심지어는 현실세계와 가상의 세계를 구분하지 못하게 되는 등 삶 전반에 걸쳐 심각한 부정적 영향을 준다. 구체적으로는 다음과 같다.

- 신체적 문제: 거북목 증후군, 척추측만증, 시력저하, 수면장애 등
- 심리적 문제: 우울, 잦은 화, 충동성 및 자기통제력 저하, 낮은 자존감 등
- 대인관계 문제: 가족과의 갈등, 친구들과 단절, 교사와의 갈등 등
- 학업 문제: 성적 저하, 집중력 저하, 수업시간에 잠자기, 무단결석 등
- 행동 문제: 거짓말 증가, 도벽 등
- 현실구분장애: 가상 세계와 현실세계 구분 안 됨. 칠판이나 천장 등에 게임 등장 등

2. 인터넷 중독의 현황

미래창조과학부와 한국정보화진흥원(2015)은 유선 · 무선 인터넷을 과다 사용하여 인터넷 이용에 대한 금단 · 내성을 지니고 있으며 이로 인해 일상생활 장애가 유발되는 상태를 인터넷 위험군으로 정의하고, 2014년 만 3세 이상 59세 이하 인터넷 이용자 18,500명을 대상으로 가구방문 대인면접조사를 통하여 인터넷 중독의 위험군 현황을 조사하였다. 그 결과를 토대로 우리나라의 인터넷 현황을 살펴보고자 한다.

전체 인터넷 이용자 중 청소년의 인터넷 중독 위험군 비율은 12.5%였으며, 그중 고위험군은 2.9%, 중위험군은 9.6%으로 나타났다. 그리고 유아동과 성인은 각각 5.6%, 5.8%였다. 초등학생, 중학생, 고등학생 중에서 중학생의 인터넷 중독 위험군이 13.2%로 가장 높았고, 환경적으로는 맞벌이 가정(12.9%)과 한부모 가정(13.3%)의 청소년이 높은 것으로 나타났으며, 만 3세에서 만 5세의 이용률이 증가하는 것으로 보아 인터넷 이용이 저연령화되는 현상을 보이고 있다. 또한 전체 이용자의 1일 평균 인터넷 이용시간은 138.6분이었으며, 중독 위험군은 189.1분 그리고 고위험군은 225.1분으로 나타났다. 중독 위험군의 주중 평균 이용시간은 176분이었으나 주말과 공휴일 평균 이용시간은 202.2분으로 나타나 주중보다 주말이나 공휴일에 더 많이 사용하는 것으로 나타났다.

그러나 최근에는 스마트폰을 통해 인터넷 사용이 증가하면서 스마트폰을 통한 인터넷 중독이 문제가 되고 있다. 2019년 청소년의 스마트폰 이용 실태 조사를 살펴보면, 청소년 스마트폰 중독 위험군(스마트폰 고위험)은 30.2%인 것으로 나타났다(과학기술정보통신부, 한국정보화진흥원, 2020). 2014년 청소년

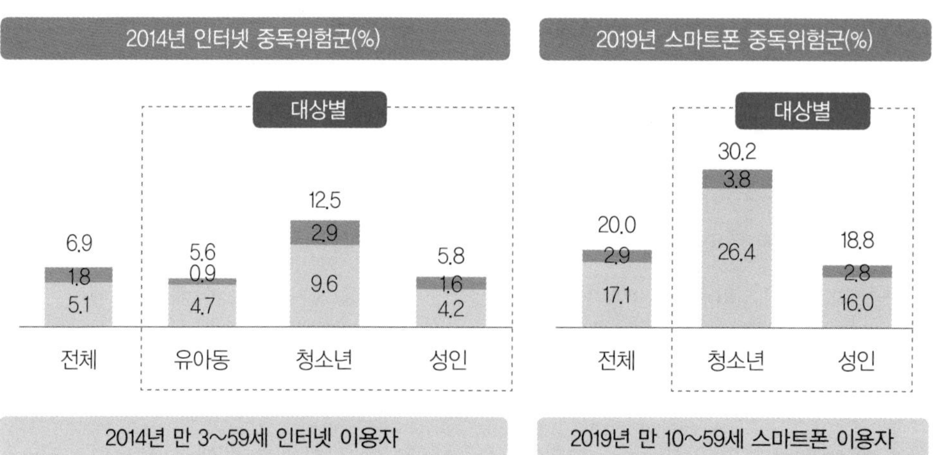

[그림 8-1] 인터넷 중독과 스마트폰 중독 위험군

의 인터넷 중독 위험군의 비율과 단순 비교하는 것은 무리가 있지만, 2014년 청소년 인터넷 중독 위험군에 비해 스마트폰 중독 위험군이 훨씬 더 많음을 알 수 있다. 이는 인터넷 중독과는 달리 스마트폰 과중독은 언제 어디서나 사용이 가능하기 때문에 중독성이 더 크기 때문이다. 기본적인 성향은 비슷하나 스마트폰이 가지고 있는 다양한 특성 때문에 인터넷 중독과 스마트폰 중독은 다소 차이가 있다.

3. 인터넷 중독의 원인

인터넷을 이용하는 목적은 일반적으로 뉴스검색이나 메신저 등이지만, 중독 위험군의 경우에는 온라인게임이 가장 많은 것으로 나타났다. 특히 온라인게임의 경우 화려한 그래픽, 웅장한 사운드로 시청각을 자극할 뿐 아니라 승리에 따라 즉각적인 보상이 이루어지고, 잘하는 경우 돈을 벌 수도 있다. 특히 현실에서 친구를 잘 사귀지 못하거나 성적이 좋지 않은 청소년들도 온라인에서는 대화를 나눌 상대도 있고, 레벨을 올리거나 게임에서 승리를 함으로써 성취감을 경험할 수 있는 등 현실에서 얻지 못하는 욕구를 충족할 수 있기 때문에 중독되기 쉽다. 이러한 다양한 이유들로 많은 청소년이 온라인게임 그리고 더 나아가 인터넷에 중독된다. 인터넷에 중독되는 원인들을 좀 더 체계적으로 살펴보면, 개인 요인, 사회 요인 그리고 인터넷 자체의 특성으로 인한 요인으로 구분해 볼 수 있다.

1) 개인 요인

취약한 개인의 특성은 다양한 문제행동을 야기하는데, 인터넷 중독도 예외는 아니다. 개인 요인 중 대표적인 것으로는 생물학적 요인, 우울이나 불안과 같은 심리 요인, 대인관계 요인 그리고 문제 대처 요인 등을 들 수 있다.

(1) 생물학적 요인

인터넷 중독을 야기하는 생물학적인 요인으로는 쾌락을 담당하는 대뇌 변연계의 이상이 있다. 즉, 인터넷 중독이 되는 사람들은 대뇌 변연계에 문제가 생겨 쾌락을 원하는 정도가 일반인에 비해 강하며, 그 결과 계속해서 더 강한 자극을 원하기 때문에 중독이 된다는 것이다(김진세, 2003).

(2) 심리 요인

인터넷 중독을 설명할 때 생물학적 원인보다는 개인의 심리적 문제에 초점을 더 맞추는 것이 일반적이다. 구체적으로 인터넷 중독의 50% 이상이 우울증 경력을 보이고 있는데, 이처럼 우울이나 불안 등 심리적 문제가 심각한 청소년의 경우 일상생활에서 적응하기가 힘들고, 따라서 인터넷에 쉽게 중독되는 특성을 지니고 있다.

(3) 대인관계 요인

친구가 없거나 친구와 심한 갈등을 경험하는 등 대인관계에 문제가 있는 청소년의 경우 현실보다는 인터넷이라는 가상의 공간을 통해 사회적 상호작용을 갈구하게 되며, 이는 인터넷 중독의 원인이 된다. 심지어 크라우트 등(Kraut et al, 1998)은 알지 못하는 사람들과 상호작용을 하고자 하는 욕구가 인터넷 중독을 가장 잘 설명한다고 할 정도로 대인관계 문제는 인터넷 중독의 중요한 원인이라 할 수 있다.

(4) 문제 대처 요인

인간은 누구나 스트레스를 경험하게 된다. 이러한 스트레스 상황에서 문제를 적극적으로 해결하기보다는 인터넷이라는 곳으로 회피하는 대처 기제를 사용하는 청소년들이 있는데, 이들이 바로 중독되기 쉽다.

2) 환경 요인

개인의 생물학적 · 심리적 특성 등과 함께 가정, 사회문화 등의 환경 요인이 인터넷 중독이 주요한 원인이 된다.

(1) 가정 요인

사회가 급속히 발전하면서 우리 사회는 맞벌이 가정이나 한부모 가정 그리고 외동으로 자라는 가정이 급격하게 증가하였다. 일반적으로 이러한 가정의 청소년은 가정 내 혼자 있는 시간이 많으며, 함께 있어도 부모와 자녀 간에 친밀한 관계가 단절된 경우가 많다. 따라서 이러한 가정 내 청소년은 외로움, 소외감 등을 경험할 가능성이 크며, 이러한 것이 심화될 때 자연스럽게 인터넷 중독으로 이어진다.

(2) 사회문화 요인

우리나라 대부분의 청소년은 자신의 미래를 설계하고 자아의 행복을 위해 살아가는 것이 아니라 학업이나 입시에 사로잡혀 살고 있다. 하루의 대부분을 학교와 학원에서 보내고 있으며, 공부가 아닌 다른 활동을 상상하는 것이 쉽지 않다. 그들의 놀이 문화를 생각했을 때는 더욱 그러하다. 시간이 나서 여유를 즐기고 싶을 때, 스트레스를 받아 스트레스를 풀고 싶을 때, 그들은 무엇을 할 수 있는가? 가정에서도 학교에서도 그리고 친구들과도 그들이 할 수 있는 것은 거의 없다. 심지어 초등학생조차 친구들과 만나려면 학원을 가야 만날 수 있다. 이러한 상황에서 상대적으로 시간과 공간의 제약을 덜 받고, 접근이 용이하면서도 스트레스를 줄일 수 있는 것이 인터넷이다. 이러한 상황은 스마트폰의 사용으로 더 확대되고 있다. 예전에는 인터넷을 일부 청소년들 중심으로 사용했다면, 오늘날 스마트폰은 그 대상을 점점 더 확대하고 있다. 지하철을 타면 스마트폰을 하고 있지 않는 남녀노소를 찾기 힘들 정도로 스마트폰은 우리 일상생활에 깊이 침입했으며, 이는 하나의 현상을 넘어서 우리 사회의 문화가 되었다고 할 수 있다.

3) 인터넷 자체의 특성으로 인한 요인

인터넷 공간은 현실과는 다른 다양한 특성을 지니고 있다. 무엇보다 편리하고 시간이 가는 줄도 모를 정도로 흥미로우며, 익명성으로 인해 평소 못하던 다양한 행동을 하게 된다. 이러한 사이버 공간이 가지고 있는 특성은 청소년에게 인터넷 중독을 야기하는 주요 원인이다.

(1) 익명성

인터넷에서는 자신의 신분을 공개하지 않고 자신의 생각이나 감정 등을 자유롭게 표현할 수 있다. 평소에 다른 사람의 시선 때문에 하지 못했던 억압된 감정을 표출하고, 실제와는 다른 자신이 원하는 이미지를 만들 수 있기 때문에 인터넷에 중독되기 쉽다.

(2) 흥미성

인터넷은 화려하다. 뉴스, 쇼핑 등 다양한 콘텐츠가 있을 뿐 아니라 게임의 그래픽이나 음향 또한 장대하다. 또한 인터넷 채팅에 시간 가는 줄 모르는 등 인터넷은 청소년의 시선을 끌기에 충분하다. 소외감으로 대표되는 현대 사회에서 인터넷은 그야말로 청소년에게 친구로서 끊임없는 재미를 주기 때문에 인터넷 중독이 되기 쉽다.

(3) 현실도피

청소년 문제를 이야기할 때 빠질 수 없는 것이 바로 공부에 대한 스트레스다. 우리나라 청소년은 성적과 대학입시 등으로 가장 많은 스트레스를 받고 있으며, 그 외에도 또래관계나 외모 등으로 상당한 스트레스를 받고 있다. 인터넷을 하는 동안은 이러한 과도한 스트레스에서 벗어나게 될 뿐만 아니라, 현실과는 달리 인터넷에서 인기남(녀)가 되기도 하고, 게임에서 레벨업 등을 통해 성취감을 경험하기도 한다. 이처럼 현실의 고통을 잊거나 현실에서 하지 못하는 것을 대리만족하기 위해 인터넷에 점점 중독된다.

(4) 가상적 대인관계

청소년기는 다른 어느 시기보다 친구가 중요한 시기다. 그러나 현실세계에서 이러한 관계에 대한 욕구가 충족되지 않는 청소년은 인터넷에서 가상의 대인관계에 빠지기가 쉽다. 상처를 받는 현실과는 달리 인터넷에서는 쉽게 정서적 지지와 배려를 받기도 하고, 소속감을 경험하기도 한다. 따라서 이러한 청소년의 경우 인터넷에서 가상의 대인관계를 끊임없이 추구하고, 이는 인터넷 중독의 원인이 된다.

4. 인터넷 중독의 평가

인터넷 중독 정도를 평가하기 위한 척도들이 다양하게 존재하지만, 최근에는 한국정보화진흥원(2011)이 개발한 표준화된 인터넷 중독 진단척도(K-척도)가 가장 많이 활용되고 있다. 이 척도는 유아용(관찰자용), 청소년용, 성인용이 있다. 유아용은 관찰자용이며, 청소년용과 성인용은 자기보고식과 관찰자용이 있다. 각각은 15개의 문항으로 구성되어 있으며, 모두 4점 척도로 총점의 범위는 20~80점이다. 하위요인의 구성 및 문항 수는 다음과 같으며,

자필 또는 인터넷에서 가능하며 자세한 문항 및 결과는 뒷장(pp. 205-208)에 제시하였으며 스마트폰 과의존(중독) 척도(p. 209)도 제시하였다.[1]

인터넷 중독 진단척도(K-척도) 구성

- 하위요인과 문항 수
  - 일상생활장애(Disturbance of Adaptive Functions) 5문항
  - 가상세계지향(Virtual life orientation) 2문항
  - 금단(Withdrawal) 4문항
  - 내성(Tolerance) 4문항

K-척도 청소년 관찰자 진단의 구성

- 대상: 초등학교 고학년 및 중·고등학생에 대한 관찰자(상담자, 교사, 학부모 등)
- 하위요인별 문항 수

참고

〈스마트폰 중독 동기와의 차〉

인터넷 중독과 스마트폰 중독 모두 즐거움 추구, 외로움을 달래고 가상 공간의 대인관계를 추구한다는 점에서는 동일하나 인터넷 중독은 현실도피, 도전/성취 동기가 강한 것에 비해 스마트폰 중독은 자기과시, 체면 차리기, 인정에 대한 동기가 강하다는 점에서 차이가 있다(한국정보문화진흥원, 2012).

1) 1388청소년사이버상담센터(www.cyber1388.kr) > 상담실 > 웹심리검사 > 중독에서 실시 가능하다.

청소년 인터넷 중독 자가진단 척도

________년 _____월 _____일 ________학교 _____학년 (남 , 여) 성명_______

번호	항목	전혀 그렇지 않다	그렇지 않다	그렇다	매우 그렇다
1	인터넷 사용으로 건강이 이전보다 나빠진 것 같다.				
2	오프라인에서보다 온라인에서 나를 인정해 주는 사람이 더 많다.				
3	인터넷을 하지 못하면 생활이 지루하고 재미가 없다.				
4	인터넷을 하다가 그만두면 또 하고 싶다.				
5	인터넷을 너무 사용해서 머리가 아프다.				
6	실제에서보다 인터넷에서 만난 사람들을 더 잘 이해하게 된다.				
7	인터넷을 하지 못하면 안절부절못하고 초조해진다.				
8	인터넷 사용 시간을 줄이려고 해보았지만 실패한다.				
9	인터넷을 하다가 계획한 일들을 제대로 못한 적이 있다.				
10	인터넷을 하지 못해도 불안하지 않다.				
11	인터넷 사용을 줄여야 한다는 생각이 끊임없이 들곤 한다.				
12	인터넷 사용시간을 속이려고 한 적이 있다.				
13	인터넷을 하고 있지 않을 때는 인터넷이 생각나지 않는다.				
14	주위 사람들이 내가 인터넷을 너무 많이 한다고 지적한다.				
15	인터넷 때문에 돈을 더 많이 쓰게 된다.				

출처: 미래창조과학부, 한국정보화진흥원(2016).

청소년 인터넷 중독 자가진단 척도 채점 및 해석 방법

<table>
<tr><td rowspan="2">채점
방법</td><td>[1단계]
문항별</td><td>전혀 그렇지 않다: 1점, 그렇지 않다: 2점, 그렇다: 3점, 매우 그렇다: 4점
※ 단, 문항 10번, 13번은 다음과 같이 역채점 실시
〈전혀 그렇지 않다: 4점, 그렇지 않다: 3점, 그렇다: 2점, 매우 그렇다: 1점〉</td></tr>
<tr><td>[2단계]
총점 및 요인별</td><td>총 점 ▶ ① 1~15번 합계
요인별 ▶ ② 1요인(1, 5, 9, 12, 15번) 합계
③ 3요인(3, 7, 10, 13번) 합계
④ 4요인(4, 8, 11, 14번) 합계</td></tr>
<tr><td rowspan="4">고위험
사용자군</td><td>중 · 고등학생</td><td>총 점▶ ① 44점 이상
요인별▶ ② 1요인 15점 이상, ③ 3요인 13점 이상, ④ 4요인 14점 이상</td></tr>
<tr><td>초등학생</td><td>총 점▶ ① 42점 이상
요인별▶ ② 1요인 14점 이상, ③ 3요인 13점 이상, ④ 4요인 13점 이상</td></tr>
<tr><td colspan="2">판정: ①에 해당하거나, ②~④ 모두 해당되는 경우</td></tr>
<tr><td colspan="2">인터넷 사용으로 인하여 일상생활에서 심각한 장애를 보이면서 내성 및 금단 현상이 나타난다. 대인관계는 사이버 공간에서 대부분 이루어지며, 오프라인에서의 만남보다는 온라인에서의 만남을 더 편하게 여긴다. 인터넷 접속시간은 중 · 고등학생의 경우 1일 약 4시간 이상, 초등생 약 3시간 이상이며, 중 · 고생은 수면시간도 5시간 내외로 줄어든다. 대개 자신이 인터넷 중독이라고 느끼며, 학업에 곤란을 겪는다. 또한 심리적으로 불안정감 및 우울한 기분을 느끼는 경우가 흔하며, 성격적으로 충동성, 공격성도 높은 편이다. 현실세계에서 대인관계에 문제를 겪거나, 외로움을 느끼는 경우도 많다.
▷ 인터넷 중독 성향이 매우 높으므로 관련기관의 전문적인 지원과 도움이 요청된다.</td></tr>
<tr><td rowspan="4">잠재적
위험
사용자군</td><td>중 · 고등학생</td><td>총 점▶ ① 41점 이상~43점 이하
요인별▶ ② 1요인 14점 이상, ③ 3요인 12점 이상, ④ 4요인 12점 이상</td></tr>
<tr><td>초등학생</td><td>총 점▶ ① 39점 이상~41점 이하
요인별▶ ② 1요인 13점 이상, ③ 3요인 12점 이상, ④ 4요인 12점 이상</td></tr>
<tr><td colspan="2">판정: ①~④ 중 한 가지라도 해당되는 경우</td></tr>
<tr><td colspan="2">고위험 사용자에 비해 보다 경미한 수준이지만, 일상생활에서 장애를 보이며, 인터넷 사용시간이 늘어나고 집착을 하게 된다. 학업에 어려움이 나타날 수 있으며, 심리적 불안정감을 보이지만 절반 정도의 학생은 자신이 아무 문제가 없다고 느낀다. 대체로 중 · 고등학생은 1일 약 3시간 정도, 초등생은 2시간 정도의 접속시간을 보이며, 다분히 계획적이지 못하고 자기조절에 어려움을 보이며, 자신감도 낮은 경향이 있다.
▷ 인터넷 과다사용의 위험을 깨닫고 스스로 조절하고 계획적으로 사용하도록 노력한다. 인터넷 중독에 대한 주의가 요망되며, 학교 및 관련기관에서 제공하는 건전한 인터넷 활용 지침을 따른다.</td></tr>
<tr><td rowspan="4">일반
사용자군</td><td>중 · 고등학생</td><td>총 점▶ ① 40점 이하
요인별▶ ② 1요인 13점 이하, ③ 3요인 11점 이하, ④ 4요인 11점 이하</td></tr>
<tr><td>초등학생</td><td>총 점▶ ① 38점 이하
요인별▶ ② 1요인 12점 이하, ③ 3요인 11점 이하, ④ 4요인 11점 이하</td></tr>
<tr><td colspan="2">판정: ①~④ 모두 해당되는 경우</td></tr>
<tr><td colspan="2">중 · 고등학생의 경우 1일 약 2시간, 초등생 약 1시간 정도의 접속시간을 보이며, 대부분 인터넷 중독 문제가 없다고 느낀다. 심리적 정서 문제나 성격적 특성에서도 특이한 문제를 보이지 않으며, 자기행동을 잘 관리한다고 생각한다. 주변 사람들과의 대인관계에서도 충분한 지원을 얻을 수 있다고 느끼며, 심각한 외로움이나 곤란함을 느끼지 않는다.
▷ 인터넷의 건전한 활용에 대하여 자기점검을 지속적으로 수행한다.</td></tr>
</table>

출처: 미래창조과학부, 한국정보화진흥원(2016).

청소년 인터넷 중독 관찰자 척도

• 대상자: 연령 ______세 ______성별 (남, 여)　　　성명________

• 관찰자: 대상자와의 관계 ______연령 ______세　　　성명________

번호	항 목	전혀 그렇지 않다	그렇지 않다	그렇다	매우 그렇다
1	인터넷 문제로 가족들과 자주 싸운다.				
2	평소와는 달리, 인터넷을 할 때만, 할 말을 다하고 자신감이 있어 보인다.				
3	인터넷에 빠진 이후로, 폭력적(언어적, 신체적)으로 변했다.				
4	하루에 4시간 이상 움직이지 않고 한곳에서 인터넷을 한다.				
5	식사나 휴식 없이 화장실도 가지 않고 인터넷을 한다.				
6	인터넷 사용으로 인해 주변 사람들의 시선이나 반응에 무관심하다.				
7	인터넷을 하는데 건드리면 화내거나 짜증을 낸다.				
8	하루 이상을 밤을 새우면서 인터넷을 한다.				
9	인터넷 사용으로 학교성적이 떨어졌다				
10	인터넷을 하는데 건드려도 화내거나 짜증 내지 않는다.				
11	밤새워서 인터넷을 하지는 않는다.				
12	인터넷 사용 때문에 피곤해서 수업시간에 잔다(혹은 잔다고 한다).				
13	인터넷을 안 할 때, 다른 것에 집중하지 못하고, 불안해 보인다.				
14	점점 더 많은 시간 동안 인터넷을 사용한다.				
15	인터넷 사용으로 인해 약속을 지키지 않고 거짓말을 자주 한다.				

출처: 미래창조과학부, 한국정보화진흥원(2016).

청소년 인터넷 중독 관찰자 척도

<table>
<tr><td rowspan="2">채점 방법</td><td>[1단계]
문항별</td><td colspan="2">전혀 그렇지 않다: 1점, 그렇지 않다: 2점, 그렇다: 3점, 매우 그렇다: 4점
※ 단, 문항 10번, 11번은 다음과 같이 역채점 실시
〈전혀 그렇지 않다: 4점, 그렇지 않다: 3점, 그렇다: 2점, 매우 그렇다: 1점〉</td></tr>
<tr><td>[2단계]
총점 및 요인별</td><td colspan="2">총　점 ▶ ① 1~15번 합계
요인별 ▶ ② 1요인(1, 5, 9, 12, 15번) 합계
③ 3요인(3, 7, 10, 13번) 합계
④ 4요인(4, 8, 11, 14번) 합계</td></tr>
<tr><td rowspan="4">고위험 사용자군</td><td>중 · 고등학생</td><td colspan="2">총　점▶ ① 35점 이상
요인별▶ ② 1요인 14점 이상, ③ 3요인 12점 이상, ④ 4요인 11점 이상</td></tr>
<tr><td>초등학생</td><td colspan="2">총　점▶ ① 30점 이상
요인별▶ ② 1요인 14점 이상, ③ 3요인 12점 이상, ④ 4요인 11점 이상</td></tr>
<tr><td colspan="3">판정: ①에 해당하거나, ②~④ 모두 해당되는 경우</td></tr>
<tr><td colspan="3">인터넷 사용으로 인하여 일상생활에서 심각한 장애를 보이면서 내성 및 금단 현상이 나타난다. 대인관계는 사이버 공간에서 대부분 이루어지며, 오프라인에서의 만남보다는 온라인에서의 만남을 더 편하게 여긴다. 인터넷 접속시간은 중 · 고등학생의 경우 1일 약 4시간 이상, 초등생 약 3시간 이상이며, 중 · 고등학생은 수면시간도 5시간 내외로 줄어든다. 대개 자신이 인터넷 중독이라고 느끼며, 학업에 곤란을 겪는다. 또한 심리적으로 불안정감 및 우울한 기분을 느끼는 경우가 흔하며, 성격적으로 충동성, 공격성도 높은 편이다. 현실세계에서 대인관계에 문제를 겪거나, 외로움을 느끼는 경우도 많다.
▷ 인터넷 중독 성향이 매우 높으므로 관련기관의 전문적인 지원과 도움이 요청된다.</td></tr>
<tr><td rowspan="4">잠재적 위험 사용자군</td><td>중 · 고등학생</td><td colspan="2">총　점▶ ① 32점 이상~34점 이하
요인별▶ ② 1요인 13점 이상, ③ 3요인 11점 이상, ④ 4요인 10점 이상</td></tr>
<tr><td>초등학생</td><td colspan="2">총　점▶ ① 28점 이상~29점 이하
요인별▶ ② 1요인 13점 이상, ③ 3요인 11점 이상, ④ 4요인 10점 이상</td></tr>
<tr><td colspan="3">판정: ①~④ 중 한 가지라도 해당되는 경우</td></tr>
<tr><td colspan="3">고위험 사용자에 비해 보다 경미한 수준이지만, 일상생활에서 장애를 보이며, 인터넷 사용시간이 늘어나고 집착을 하게 된다. 학업에 어려움이 나타날 수 있으며, 심리적 불안정감을 보이지만 절반 정도의 학생은 자신이 아무 문제가 없다고 느낀다. 대체로 중 · 고등학생은 1일 약 3시간 정도, 초등생은 2시간 정도의 접속시간을 보이며, 다분히 계획적이지 못하고 자기조절에 어려움을 보이며, 자신감도 낮은 경향이 있다.
▷ 인터넷 과다사용의 위험을 깨닫고 스스로 조절하고 계획적으로 사용하도록 노력한다. 인터넷 중독에 대한 주의가 요망되며, 학교 및 관련기관에서 제공하는 건전한 인터넷 활용 지침을 따른다.</td></tr>
<tr><td rowspan="4">일반 사용자군</td><td>중 · 고등학생</td><td colspan="2">총　점▶ ① 31점 이하
요인별▶ ② 1요인 12점 이하, ③ 3요인 10점 이하, ④ 4요인 9점 이하</td></tr>
<tr><td>초등학생</td><td colspan="2">총　점▶ ① 27점 이하
요인별▶ ② 1요인 12점 이하, ③ 3요인 10점 이하, ④ 4요인 9점 이하</td></tr>
<tr><td colspan="3">판정: ①~④ 모두 해당되는 경우</td></tr>
<tr><td colspan="3">중 · 고등학의 경우 1일 약 2시간, 초등생 약 1시간 정도의 접속시간을 보이며, 대부분 인터넷 중독 문제가 없다고 느낀다. 심리적 정서 문제나 성격적 특성에서도 특이한 문제를 보이지 않으며, 자기행동을 잘 관리한다고 생각한다. 주변 사람들과의 대인관계에서도 충분한 지원을 얻을 수 있다고 느끼며, 심각한 외로움이나 곤란함을 느끼지 않는다.
▷ 인터넷의 건전한 활용에 대하여 자기점검을 지속적으로 수행한다.</td></tr>
</table>

출처: 미래창조과학부, 한국정보화진흥원(2016).

스마트폰 과의존(중독) 척도

_______년 _____월 _____일 _________학교 _____학년 (남 , 여) 성명_______

번호	항 목	전혀 그렇지 않다	그렇지 않다	그렇다	매우 그렇다
1	스마트폰 이용 시간을 줄이려 할 때마다 실패한다.				
2	스마트폰 이용 시간을 조절하는 것이 어렵다.				
3	적절한 스마트폰 이용 시간을 지키는 것이 어렵다.				
4	스마트폰이 옆에 있으면 다른 일에 집중하기 어렵다.				
5	스마트폰 생각이 머리에서 떠나지 않는다.				
6	스마트폰을 이용하고 싶은 충동을 강하게 느낀다.				
7	스마트폰 이용 때문에 건가에 문제가 생긴 적이 있다.				
8	스마트폰 이용 때문에 가족과 심하게 다툰 적이 있다.				
9	스마트폰 이용 때문에 친구 혹은 동료, 사회적 관계에서 심한 갈등을 경험한 적이 있다.				
10	스마트폰 때문에 업무(학업 또는 직업 등) 수행에 어려움이 있다.				

채점 및 해석

- 채점 방법: 1번 → 1점, 2번 → 2점, 3번 → 3점, 4번 → 4점
- 하위요인: 조절실패(1~3번), 현저성(4~6번), 문제적 결과(7~10번)
- 고위험군(31점 이상): 스마트폰 중독 경향성이 매우 높으므로 관련 기관의 전문적 지원과 도움이 필요함
- 잠재적 위험군(22~30점): 스마트폰 과의존에 대한 주의가 필요함. 스마트폰 중독의 위험성을 깨닫고 스스로 조절하고 계획적인 사용을 하도록 노력해야 함
- 일반사용군(22점 이하): 스마트폰을 적절히 이용하고 있지만, 앞으로 지속적인 점검이 필요

출처: 과학기술정보통신부(2017).

5. 인터넷 중독 예방과 대처

1) 정부의 대처

청소년 인터넷 중독에 대처하기 위해 여성가족부는 한국청소년상담복지개발원과 전국의 청소년상담복지센터를 중심으로 가족치유캠프, 치료비 지원 등을 실시하고 있다. 특히 인터넷 중독 고위험군 청소년의 발굴에서부터 상담, 치유 그리고 사후관리까지 체계적으로 지원을 하고 있으며, 이에 대한 추진 절차는 [그림 8-2]와 같다.

또한 「국가정보화기본법」(현 「지능정보화기본법」) 제 14종에 근거해서 전국 17개 광역시도별로 스마트쉼센터까지 개설되어 있다. 스마트쉼센터는 과의존 인터넷, 스마트폰 예방해소를 위한 전문상담기관이었으나 최근에는 과의

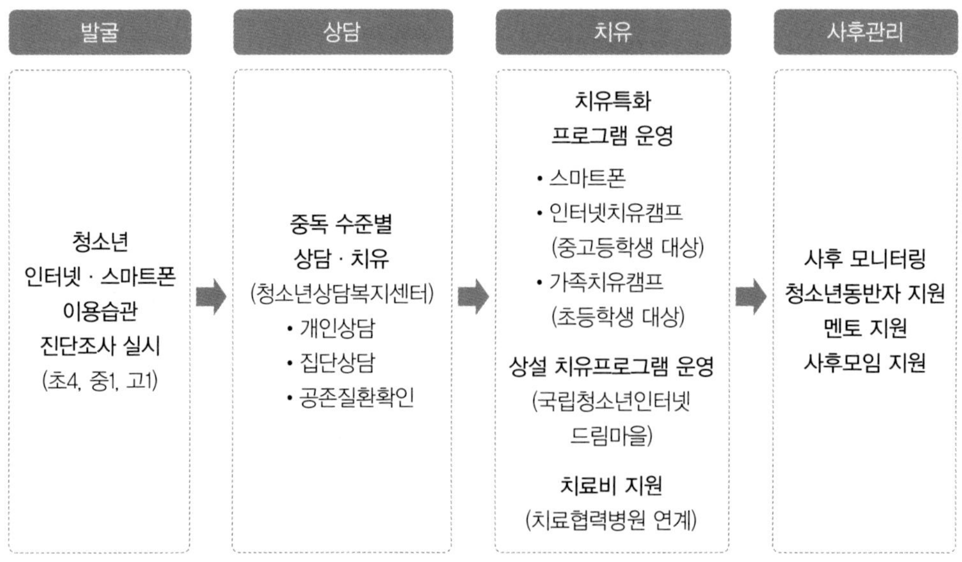

[그림 8-2] 인터넷 중독 예방을 위한 추진 절차

출처 : 한국청소년상담복지개발원(www.kyci.or.kr)

[그림 8-3] 스마트쉼센터홈페이지(http://www.iapc.or.kr)

존 스마트폰 예방해소에 주력하고 있다. 즉, 스마트폰을 과도하게 사용하고 있는 사람들을 위해 예방교육, 전문상담(온라인상담, 전화상담, 내방상담), 예술 치료 등을 실시하고 있으며, 방문 상담이 필요한 사람들을 위해 가정 방문 상담을 실시하고 있는 것이 특징이다. 스마트쉼센터의 상담 전화번호는 1599-0075이다.

2) 예방하기

인터넷에 중독이 되면 문제를 해결하기 어렵기 때문에 사전에 예방하는 것이 매우 중요하며, 이러한 예방은 가정에서부터 그리고 가능한 한 일찍 하는 것이 좋다. '내 자식은 아니겠지.' 하는 순간 나의 자녀도 인터넷 중독자가 될 수 있다. 따라서 부모는 자녀가 처음 인터넷을 시작할 때부터 건전한 인터넷 문화 조성, 부모가 모델링되기, 함께 즐길 수 있는 활동하기, 다양한 예방 프로그램 활동 등을 통해 적극적으로 예방활동에 참여해야 한다.

(1) 건전한 인터넷 문화 조성

가정에서는 먼저 건전한 인터넷 문화를 만들어야 한다. 예를 들어, 컴퓨터를 거실 등을 둔다거나 정해진 시간에만 인터넷을 사용할 수 있게 하는 등 인터넷 사용에 대한 규칙을 정하는 것이다. 부모 중에는 자녀가 어릴 때는 인터넷 중독의 심각성을 인식하지 못하고, 자녀가 인터넷을 사용하도록 장려 또는 묵인하다가 청소년 시기가 되면 갑작스럽게 인터넷 사용을 못하도록 금지하는 경우가 많다. 그러나 이러한 갑작스러운 변화는 자녀와의 관계만 악화될 뿐 자녀의 인터넷 사용을 줄이기 힘들다. 따라서 처음 자녀가 인터넷 사용을 할 때부터 컴퓨터를 거실에 두고, 인터넷 시간을 조절할 수 있도록 습관을 형성해 주는 것이 가장 좋은 인터넷 중독 예방 방법이다.

스마트폰 역시 각자 소유하기보다는 가족구성원의 합의하에 집에 오면 거실의 특정 장소에 두고 필요한 경우에만 쓰게 하는 것도 좋은 방법이다. 이때 부모 역시 예외가 되어서는 안 된다.

(2) 부모가 모델링되기

자녀는 부모의 거울이라는 말이 있다. 인터넷 사용에 대해 자녀에게는 엄격한 기준을 적용하고, 부모는 끊임없이 인터넷을 사용한다면 자녀의 인터넷 중독을 예방할 수 있을까? 그렇지 않다. 청소년 자녀가 가장 많이 하는 말 중 하나가 "엄마, 아빠는 하면서……."다. 따라서 부모가 먼저 모범을 보이는 것이 중요하다.

이러한 문제는 스마트폰의 경우는 더 심각하다. 인터넷에 비해 휴대하기 용이한 스마트폰의 경우 청소년뿐 아니라 부모도 중독이라는 말이 무색할 만큼 많이 사용한다. 부모는 자신이 먼저 쇼핑, 주식, 뉴스 검색 등 인터넷(스마트폰) 사용을 줄여야 한다.

(3) 함께 즐길 수 있는 활동하기

인터넷에 중독되는 주된 이유 중 하나는 스트레스를 풀 곳이 없거나 정서적으로 기댈 곳이 없다는 것이다. 따라서 평소에 자녀와 함께하는 다양한 활동(예: 등산, 캠핑, 외식)을 통해 자녀가 인터넷보다는 실생활에서 스트레스를 풀고 부모와 좋은 관계를 유지하도록 한다면 인터넷 중독의 가능성을 현저히 줄일 수 있다.

(4) 다양한 예방 프로그램 활용

자녀가 유해한 사이트를 사용하거나 인터넷을 과도하게 사용하지 않도록 인터넷사용조절프로그램(한국청소년상담원, www.kyci.or.kr), 유해차단프로그램(방송통신심의위원회, http://spam.kocsc.or.kr/index.html) 등을 활용하는 것도 좋은 예방 방법이다.

3) 대처하기

인터넷 중독 청소년 또는 인터넷 중독에 걸릴 위험이 높은 청소년을 대상으로 하는 경우, 다음과 같은 대처가 필요하다. 다른 문제들처럼 조기에 대처할수록 인터넷 중독에서 빨리 벗어날 수 있기 때문에 무엇보다 청소년에게 관심을 가져 주는 것이 필요하며, 인터넷 중독 문제가 있어 보이는 청소년은 진단을 통해 전문가에게 개입을 의뢰할 필요가 있다.

(1) 1단계: 점검하기

인터넷 사용으로 학교생활 등에 문제가 있는 학생이 있는지 점검할 필요가 있다. 인터넷을 많이 하게 되면, 늦잠을 자기 때문에 지각이나 결석을 많이 하게 되고, 공부를 할 시간이 없기 때문에 성적이 하락하고, 결석을 많이 하거나 성적이 하락하는 경우, 또는 친구 없이 혼자 다니는 경우 모두 인터넷 사용을 많이 해서 그런지 점검할 필요가 있다.

(2) 2단계: 분석하기

인터넷 중독이 의심되면 어느 정도 심각한지 중독 수준을 분석할 필요가 있다. 인터넷 중독 진단검사(pp. 205-208쪽 참고)를 통해 인터넷 중독 정도를 파악한다. 검사 결과, 고위험인 경우에는 반드시 전문가에게 의뢰를 해야 하며, 중위험인 경우에는 스스로 또는 부모, 전문가 등의 도움하에 다음 단계들을 실행한다. 또한 문제 상황을 세밀하게 파악하고, 정확하게 개입하기 위해서는 심리적 특성과 환경적 특성 또한 함께 분석하는 것이 바람직하다. 심리적 특성으로는 우울, 불안, 충동성 등의 성격, 인터넷을 하고자 하는 동기, 변화욕구 등을 들 수 있으며, 환경적 특성에는 부모의 인터넷 사용에 대한 태도, 부모의 지원 정도 등을 들 수 있다. 이러한 심리적 · 환경적 특성들은 문제를 강화하거나 또는 개입을 방해하는 요인이 될 수 있기 때문에 면밀히 조사해야 한다.

(3) 3단계: 문제 인식하기

인터넷 중독에서 벗어나기 위해서는 먼저 인터넷 중독의 심각성을 인식해야 한다. 인터넷 중독에 빠진 청소년은 자신이 왜 문제인지 모를 수 있다. 따라서 인터넷에 중독되어 일상생활에서 나타나고 있는 다양한 문제점을 인식시켜 줘야 하며, 이를 통해 변화에 대한 동기를 갖게 해야 한다. 이때 특히 신경 써야 할 것은 변화에 대한 자신감이다. 대부분의 청소년은 인터넷에서 벗어나고자 하는 동기가 생겼다 해도 '내가 인터넷 중독에서 벗어날 수 있을까?' '인터넷 중독에서 벗어나면 뭐가 달라지는데?'와 같은 생각을 가질 수 있다. 따라서 인터넷 중독 청소년이 가지고 있는 불안을 줄이고, 자신감과 확신을 가지고 노력할 수 있도록 도와줘야 한다.

(4) 4단계: 목표 세우기

인터넷 중독에서 벗어나고자 하는 동기가 생겼다면, 변화에 대한 실행 가능한 구체적 목표를 설정해야 한다. 예를 들어, 인터넷을 하루 8시간씩 하던 청소년에게 오늘부터 하루 1시간만 하라고 하는 것은 실현 불가능하다. 청소년과 이야기를 통해 무리하지 않고 실질적으로 줄일 수 있는 시간을 목표로 정한다(예: 5시간, 6시간).

목표를 정했다고 해서 매일 꼭 목표를 지키지는 못할 수 있다. 이럴 때 부모나 교사가 "너가 그럼 그렇지." "야! 너 약속 안 지켜?"라며 야단을 치기보다는 지킬 수 있는 것으로 목표를 수정하거나, "할 수 있어."라고 지지를 해 주어야 한다. 또한 인터넷 외에 여행, 친구와 놀기 등 재미를 느낄 수 있는 활동을 할 수 있도록 하며, 인터넷에 빠질 수밖에 없었던 원인이 있었다면 그 문제를 해결해야 한다.

(5) 5단계: 변화 체크하기

청소년 스스로 정한 목표를 달성했는지를 점검해야 한다. 이때 실패한 날에 초점을 두는 것보다는 성공한 날에 초점을 두어야 한다. 즉, 성공한 날이 일주일에 하루라도 된다면, 그날을 칭찬해 주고, 그날은 어떻게 해서 성공했는지를 점검하도록 한다. 또한 실패한 날이 많다면 왜 실패했는지를 분석함으로써 중간에 포기하지 않고 지속적으로 도전할 수 있도록 해야 한다.

참고

이런 방법도 고려하자!

인터넷 중독이나 스마트폰은 그야말로 중독이다. 중독은 스스로 조절하기 힘들다. 따라서 중독이 심한 경우에는 약물치료를 병행하거나 인터넷 · 스마트폰 치유 캠프 등을 통해 인터넷이나 스마트폰과 인위적으로 격리시키는 것을 고려해야 한다.

참고문헌

과학기술정보통신부(2017). 과의존 실태조사 최종보고서.

과학기술정보통신부, 한국정보화진흥원(2020). 2019 스마트폰 과의존 실태조사.

김진세(2003). 목적 불분명 통화 많으면 중독자. 뉴스메이커.

미래창조과학부, 한국정보화진흥원(2015). 2014년 인터넷 이용 실태조사.

미래창조과학부, 한국정보화진흥원(2016). 2015년 인터넷 과의존 실태조사.

오강탁, 이재은(2012). 스마트 라이프 혁명의 실제와 스마트폰, 중독. Internet and Information Security, 3(4), 21-43.

어기준(2000). 청소년의 컴퓨터 중독 유형과 제반 문제점. 제19회 특수상담사례 연구 발표회 자료집. 서울: 한국청소년상담원.

한국정보화진흥원(2009). 인터넷중독예방가이드북.

한국정보화진흥원(2011). 인터넷중독진단척도고도화연구.

한국정보화진흥원(2012). 스마트폰 중독 진단척도. 서울: 한국정보화진흥원.

Davis, R. A. (2001). A Cognitive-Behavior Model of Pathological Internet Use(PIU). *Computer in Human Behavior, 17*(2), 187-195.

Goldberg, I. (1995). Internet addiction disorder: Diagnostic criteria. Retrieved from http://users.rider.edu/~suler/psycyber/supportgp.html.

Goldberg, I. (1996). Internet Addiction Disorder. Retrieved November 24, 2004 from http://www.rider.edu/~suler/psycyber/supportgp.html.

Goldberg, I. (1996). Internet addiction disorder [Electronic mailing list message]. Retrieved from http://users.rider.edu/~suler/psycyber/supportgp.html.

Kraut, R., Patterson, M., Lundmark, V., Kiesler, S., Mukopadhyay, T., & Scherlis, W. (1998). Internet paradox: A social technology that reduces social involvement and psychological well-being? *American Psychologist, 53*, 1017-1031.

Young, K. S. (1996). *Internet Addiction: The Emergency of a New Clinical Disorder*. Paper presented at the 104th Annual Conversation of American Psychologic Association.

Young, K. S. (1999). Internet addiction: Symptoms, evaluation, and treatment. In L.Vande Creek & T. Jackson (Eds.), *Innovation in clinical practice: A source Book*, *17*, (pp. 19-31). Sarasota, FL: Professional Resource Press.

스마트쉼센터. http://www.iapc.or.kr. 2020. 9. 6.에 인출

한국청소년상담개발원. https://www.kyci.or.kr/userSite/sub02_3_info.asp. 2020. 9. 6.에 인출.

자 살

자살은 전 생애에 걸쳐 보일 수 있는 자기 파괴적 행위이지만, 특히 청소년기 연령대에서 가장 발생률이 높다는 점에서 큰 사회문제가 되고 있다. 청소년의 사망원인 가운데 자살은 남녀 학생 모두에서 1위를 차지하고 있으며, 더욱이 자살 생각이나 자살 시도를 하는 연령 또한 낮아지고 있음을 볼 때, 더욱더 적극적으로 청소년의 자살을 예방하고 도울 필요성이 제기된다. 자살 생각이나 자살 시도는 그 이후의 생애과정에도 부정적인 영향을 미치므로 그 심각성이 크다고 할 수 있지만(김윤정, 이창식, 2014), 자살 행동은 다양한 동기와 의미, 스트레스 등이 섞여서 종합적으로 나타나는 결과이기 때문에 이를 예방하는 과정 역시 단순하지만은 않다.

이에 먼저 청소년이 자살 생각을 하거나 자살 시도를 하는 데에 대한 심층적인 이해가 필요하다. 이를 위해 자살의 역사와 의미에 대해 이해해야 할 것이며, 우리가 자살과 비슷하게 혼용하여 사용하고 있는 용어들, 즉 자살 생각과 자살 시도, 자살 완료의 개념에 대해서도 구체적으로 이해해야 할 것이다. 다음으로, 자살에 영향을 주는 위험요인들을 살펴볼 것이며, 마지막으로 자살 위험성이 있는 청소년들을 도울 수 있는 다양한 방법들을 제시하고자 한다.

1. 자살의 정의

'자살'이란 '자발적으로 그리고 의도적으로 자신의 생명을 끊거나 끊으려고 시도하는 행동 혹은 그러한 경향'으로 정의할 수 있다. 지나친 흡연, 과도한 음주, 위험한 운동, 위험한 직업, 섭식 장애, 과도한 업무 등은 분명히 자발적으로 자기 파괴적인 행동을 하는 경우이긴 하지만 그 행동이 자신의 목숨을 끊으려는 의도를 분명히 내포하지 않은 경우는 '유사자살(parasuicide)'이라 하여 자살의 하위유형으로 분류하기도 한다(육성필, 2013).

자살을 시도하는 사람 모두가 동일한 과정을 거쳐서 자살을 하는 것은 아니다. 이러한 측면에서 자살 행동(suicidal behavior)은 크게 자살 생각, 자살 시도, 자살 완료로 나뉜다.

자살 생각(suicidal ideation 또는 suicidal thought)은 '자살을 행하는 것에 대한 생각이나 사고'로 정의할 수 있으며, 죽기 위한 계획을 구체적으로 생각하는 행동, 사고, 정서를 의미한다(조현진, 1990). 자살 생각은 우리가 살아가면서 누구나 한번쯤 일시적으로 갖는 '인생이 가치 없다' 또는 '죽고 싶다'는 생각과 같은 보편적인 현상부터 자신이 정말 죽으려고 구체적인 계획을 세우는 것까지를 포함한다(Meehan, Lamb, Saltzman, & O'Carroll, 1992). 자살 생각은 자살에 대한 자기 몰입적인 생각으로서 자살의 위험이 증가한다는 것을 의미하지만, 자살 생각에 반드시 자살 행동이 수반되는 것은 아니다. 선행연구에 따르면, 청소년기에 자살 생각을 한 사람은 미래에 자살을 시도할 확률이

11배나 증가한다고 하였다(Reinherz, Tanner, Berger, Beardslee, & Fitzmaurice, 2006). 이렇듯 자살 생각은 자살 시도와 자살 행동의 요인이 되기 때문에 청소년 자살에 대한 대부분의 연구에서 자살 생각을 미래의 자살 행동에 대한 중요한 지표로 간주하고 있다(박병금, 2007).

자살 시도(attempted suicidal)는 자살하기 위해서 실제 행동으로 표현하는 것을 의미한다. 자살 시도는 자기 스스로를 해칠 수도 있다고 믿는 자발적인 행위만을 언급하는 것이기 때문에 목숨을 잃을 수도 있고 그렇지 않을 수도 있다. 자살 시도는 자살 완료의 경우와는 달리 정식으로 보고되지 않기 때문에 정확한 수치를 알기는 매우 어렵다. 아마도 완료된 자살보다 훨씬 높은 비율인 8배(Cohen et al., 1996), 심지어 50~200배에 이를 것으로 추정되기도 한다(Hawton, 1986; Pfeffer, 1986; Weissman, 1974). 또한 자살을 시도해 본 우리나라 청소년이 10.8~12.0%로 나타난 실태를 통해 볼 때(강은실 외, 2004), 청소년의 자살 위험성은 심각한 문제라고 할 수 있다.

자살 완료(completed suicidal)는 자살 행동의 결과가 죽음으로 나타는 것으로서 실제로 목숨을 잃는 자기 지시적인 행동을 지칭한다. 자살 행동을 하는 청소년 중에는 법과 규범을 위반하는 청소년이 많으며, 특히 소년원이나 교도소에 수감되어 있는 청소년이 일반 청소년에 비해 자살 행동의 위험이 극단적으로 높다(Memory, 1989).

2. 청소년 자살의 현황

1980년대 이후 우리나라의 자살률은 증가해 왔으며 그 증가율도 높아지고 있다. 통계청(2020)에 따르면, 2019년 우리나라 전체 청소년(15~19세) 사망자 610명 가운데 자살자는 255명으로 자살 비율이 41.8%에 이르는 것으로 발표했다. 이 비율은 약 20년 전인 2000년(13.6%)의 세 배에 이르는 수치라 할 수 있다. 자살의 경우에는 원인을 유족들이 숨기려는 경향이 많을 수 있기 때문에 수치가 과소 추정될 수 있음을 고려할 때, 청소년 자살은 보고된 자료보다 훨씬 더 높을 것으로 예상된다. 이와 비슷하게, 통계청 자료를 볼 때도 청소년의 사망원인 중 자살이 남녀 학생 모두에서 1위를 차지하고 있으며, 자살 생각이나 자살 시도 연령이 낮아지고 있다는 점에 주목할 만하다(통계청, 2013).

미국의 경우 12~15세 청소년들 중 대략 1% 정도가 적어도 한 번쯤 자살을 시도하는 것으로 알려졌으며, 20대에 자살률이 가장 높게 나타났다(유제민, 김정휘, 김청송, 2010).

성별 차이를 살펴보면, 여자 청소년들은 남자 청소년들에 비해 약 2배 정도 더 많이 자살 시도를 하지만, 남자 청소년들이 더 확실한 방법을 선택하기 때문에 실제 자살 비율은 남자 청소년들이 3~4배 정도 더 높다(유제민 외, 2010).

3. 자살 위험의 평가

1) 우울과 무망감

청소년기는 신체적 · 정서적 · 심리적으로 변화가 많은 시기로서 다양한 역할혼미를 거쳐 성숙한 인격으로서의 정체감을 확립하게 된다. 특히 이 시기에는 신체적 변화가 급격한 데 비하여 정서적 · 심리적 발달은 미숙한 단계에 머무르기 때문에 청소년이 겪는 갈등은 매우 클 수밖에 없다. 이러한 갈등으로 인해 우울증이 나타나기도 하는데, 우울증은 의욕상실, 주의집중력 감소 등의 심리적 측면은 물론이고, 식욕감소, 체중변화, 불면증과 같은 신체적 증상들을 나타낸다(McWhiter, McWhiter, Hart, & Gat, 2000).

청소년기에 흔히 나타날 수 있는 우울 증상은 심리치료를 필요로 하는 청소년은 물론이고, 일반 청소년들도 일상생활을 통해서 보편적으로 경험할 수 있는 정서 상태라고 할 수 있다(양돈규, 1997). 특히 우리나라 청소년은 입시 위주의 치열한 교육 분위기로 인해 많은 학생이 우울 증상을 겪을 수 있으리라 예측할 수 있다. 이러한 성적이나 교육 분위기는 물론, 교우관계, 가족 분위기나 가족의 기능, 부모-자녀 간의 의사소통, 학교생활 만족도 등도 우울의 선행요인으로 확인되었다(도현심, 1998; 류기영, 1999; 박금순, 1995; 송동호, 1996; 최규련, 1999).

우울 외에 무망감 또한 자살 행동과 밀접하게 관련되는 증상이다. 무망감은 개인적 실패에 대한 지각, 의기소침, 죄책감, 비참함과 불행을 자신이나 그 어느 누구도 바꿀 수 없다는 부정적인 신념을 의미한다. 자살을 시도하는 청소년은 스트레스 상황이 발생되면 문제를 해결하려는 생각보다도 오히려 무망감이 증가한다(Kazdin, French, Unis, Esveldt-Dawson, & Sherick, 1983). 또한 청소년들은 열등감과 장래에 대한 무망감을 느낄 때 자살 충동을 가장 많이 경험하는 것으로 나타났다(이경진, 2003).

2) 이전의 자살 시도 경험

청소년이 이전에 자살을 시도한 적이 있다면 자살 위험은 훨씬 더 심각하다고 할 수 잇다. 남자 청소년 자살 시도자의 1/5과 여자 청소년 자살 시도자 중 1/3이 과거에 자살 시도 경험이 있었으며(Shaffer, Garland, Gould, Fisher, & Trautman, 1988), 또 다른 연구에서는 청소년 자살 시도자 중 10%가 3개월 내에 또 다른 자살을 시도한 것으로 나타났다(Spirito, Bond, Kurkjian, Devost, Bosworth, & Brown, 1992).

따라서 자살 위험성을 평가하기 위해 이전 자해 경험과 자살 시도에 사용된 수단들을 평가해야 하며, 이전 행동들의 동기와 반복성을 평가하는 것이 자살 위험 평가에 도움이 될 것이다. 다만, 자해 경험을 평가할 때, 그 경험이 자살 시도였는지 아니면 자해와 더 가까운지 탐색할 필요가 있다. 그 이유에 대해 파악하면 청소년의 행동이 관심을 추구하는 방법으로서 더 의미가 있는지 아니면 자살을 위한 제스처였는지가 명확해질 수 있기 때문이며, 그 동기에 따라서 청소년으로 하여금 더 생산적인 행동으로 이끄는 개입 지침을 확립할 수 있을 것이다.

3) 낮은 자아존중감

자아존중감은 자신에 대해 긍정적인 가치를 부여하는 것으로 13세에서 성인 초기까지 그 중요성이 점차로 증가한다. 만일 이 시기에 자아존중감 형성에 문제가 생겨 왜곡된 자아상을 갖게 되면 부적응적이거나 자기 거부적인 행동을 보이며, 더 나아가 자살 행동에까지 이르게 된다(O'malley & Bachman, 1983).

자아존중감이 높은 청소년은 자신감, 용기, 성취동기가 높고 인생의 다양한 변화에 원만하게 대처해 나간다. 또한 자신이 열심히 노력하면 성공할 수 있다고 생각하고 일상생활에서 받는 스트레스에도 효율적으로 대처할 수 있다. 반면에 자아존중감이 낮은 청소년은 소극적이고 자신감이 낮으며 대인관계가 좋지 않아 열등감이 심하다. 또한 자기 노력의 결과에 대해 부정적으로 기대하거나 미래의 자신의 모습에 대해 부정적으로 생각하며, 위기 상황에 취약하게 된다. 따라서 낮은 자아존중감은 자살 시도의 강력한 예측인자가 되는 것으로 나타났다(김은정, 2002; 이경진, 2003; 이숙, 2003).

4) 자살한 가족이나 친지가 있는가

자살한 사람과 개인적인 친분이나 직접적인 관계가 있을 때 자살 선택이 더 쉬워지는데, 이를 자살군(cluster suicides) 효과라고 일컫는다. 특히 어린

아동일수록 이러한 영향을 더 크게 받을 수 있는데, 이는 자살한 가족이나 친지의 경험이 모델링 요인으로서 작용하기 때문이다. 청소년의 경우에도 가족 구성원 중에서 자살 경력이 있는 가정의 청소년일 경우 일반 청소년에 비해 위험성이 더 큰데(Adams, Gullotta, & Markstrom-Adams, 1994), 이러한 면은 가족구성원의 자살력이 그 가족의 여러 가지 역기능적인 요인들을 반영하는 결과로 생각할 수 있다.

5) 가정의 문제

청소년의 자살 위험성에 영향을 미치는 가정의 특성은 크게 경제적 · 구조적 · 기능적 측면으로 나누어 살펴볼 수 있다.

경제적 측면으로 보면, 청소년은 가족의 소득이 낮을수록 자살 충동을 느끼는 것으로 나타났다(김은정, 2002). 구조적 측면에서 보면, 청소년은 부모가 결혼 상태를 유지하고 함께 사는 경우에 자살을 생각하는 정도가 낮았고, 사별, 별거, 이혼, 재혼 순으로 자살 생각의 정도가 높았다. 기능적인 측면으로 보면, 부모가 권위적이고 체벌 정도가 강할 때(임명원, 1999), 부모와 극단적인 긴장 혹은 갈등 상태이고 가정 분위기가 패쇄적이어서 부모-자녀 간에 정서적 분리가 일어날 때(우선유, 1999; Sands & Dixon, 1986), 그리고 부모가 우울, 약물복용, 알코올 남용과 같은 문제를 가지고 있을 때(Blau & Gullotta, 1995) 자살 위험이 높게 나타났다.

가정의 문제가 청소년의 자살 생각에 미치는 영향은 경제적 · 구조적 측면이 기능적 문제를 유발하는 것으로 추측할 수 있다. 구조적 · 경제적 측면의 문제로 어떠한 스트레스 상태가 발생할 경우 기능적으로 문제가 있는 가정에서 매우 높은 스트레스를 경험하게 된다. 이러한 스트레스를 해소할 수 있는 문제해결 기술이 부족하거나 결여되어 있는 청소년은 우울이나 절망감, 혹은 문제나 문제를 유발한 환경에 대한 분노와 복수심에 압도된다. 따라서 자살이라는 극단적이고 부적절한 수단을 생각하는 것으로 이해해 볼 수 있다(이윤주, 2008).

6) 지지체계의 부족

청소년이 주변 생활에서 얻을 수 있는 지지체계는 청소년의 정신건강에 영향을 미친다. 특히 사회적 지지체계는 청소년의 자아존중감과 관련지어 함께 살펴볼 수 있는데, 청소년이 사회적 지지를 적게 받을수록 자아존중감이 낮고 자아존중감이 낮을수록 사회적 지지를 적게 받는 것으로 인식하며, 이러한 상태에 있는 청소년일수록 자살 성향이 높을 수 있다.

7) 스트레스 요인

청소년의 자살에 영향을 주는 스트레스 요인은 다양할 것이다. 스트레스를 바라보는 관점은 스트레스를 자극으로 바라보는 관점, 자극에 대한 반응으로 보는 관점, 그리고 자극과 반응의 상호작용으로서 바라보는 관점 등 세 가지로 구분하여 살펴볼 수 있다. 이들 관점 가운데에서 스트레스를 자극과 반응의 상호작용으로서 바라보는 관점은 스트레스 작용에 대한 인간의 심리적 과정을 강조하고 있다. 즉, 어떤 사건이 스트레스로 지각되느냐 지각되지 않느냐를 결정하는 것은 자극이나 반응 그 자체라기보다는 당사자가 환경을 해석하고 그 요구에 응할 수 있는 주관적인 대처능력에 달려 있다는 관점이다(남지영, 1998). 이러한 관점에서 청소년의 자살을 이해할 수 있는데, 우리나라의 청소년은 학력 위주의 사회에서 사회적으로 많은 기대와 책임을 느끼며, 주변의 기대가 지나치게 높다고 생각할수록 실패감을 경험할 가능성이 높고, 이러한 스트레스로부터 벗어나기 위한 수단으로서 자살을 생각하기도 한다.

또한 자살을 시도하는 청소년 대부분은 자신이 겪는 일상 스트레스를 더 심하게 경험한다(De Wilde, Kienhorst, Diekstra, & Wolters, 1992; Hendin, 1987). 청소년은 부모로부터 받는 야단과 질책, 학업 및 진로와 관련하여 과도하게 스트레스를 받아 자살 충동을 경험하는 것으로 나타났고, 중요한 인물의 상실이나 갈등, 경제적 문제, 질병 등의 환경적 스트레스와 부모, 이성, 교사와의 관계로부터 받는 스트레스 모두가 자살과 관련되는 것으로 조사되었다(박경애 외, 1993).

그렇지만 모든 청소년이 스트레스하에서 동일한 정도로 자살 생각이나 자살 시도를 하는 것은 아니며, 심한 스트레스 상황에서 적절한 대처방법을 찾지 못할 경우에 청소년들은 현실도피의 한 방법으로서 자살을 시도하는 것이다(한국청소년개발원, 1996). 따라서 청소년 개개인이 느끼는 '고통스러운 스트레스 요인'을 발견하고 다뤄 주는 것이 중요해 보인다.

8) 개인적 특성

청소년의 성격특성도 자살에 영향을 미칠 수 있다. 예를 들어, 대처기술이 경직되거나 충동적일 때, 부정적 사건에 대해 내적 귀인을 하는 경우 등에 있어서 문제 해결을 합리적으로 하기가 어려워지기 때문이다. 또한 청소년이 심한 스트레스를 받았을 때, 그것에 대처할 수 있는 대안들이 협소해질수록 청소년은 더욱더 부적절한 방식, 가령 '싸우거나 도망가거나' '전부 아니면 무'와 같이 더 경직되고 덜 건강한 방식으로 대처하기 쉬우므로 결국 자살 행동을 할 수 있다. 충동성은 자살에 대한 중요한 위험요인으로 지목되고 있다. 충동성이 큰 청소년은 공격적이며, 욕구좌절을 견뎌 내는 내성이 부족하고 심약하기 때문에 자살에 취약할 수 있다. 또한 부정적인 사건에 대해 청소년 자신이 그 문제의 근원에 있다고 귀인하는 경우에도 문제해결 방식이 더 제한적으로 지각되기 때문에 자살 위험이 커질 수 있다.

9) 그 밖의 요인들

청소년의 약물복용 또한 자살에 영향을 미치는 요인이다. 약물은 개인의 감정, 사고, 행동에 영향을 미쳐 억제력을 감소시켜 순간적이고 즉각적으로 자살 행동을 하게 만드는 위험요인이 될 수 있다. 아울러, 만성적인 음주나 약물의 복용은 사회적이고 가족적인 측면의 다양한 스트레스와도 관련이 깊다. 약물 의존 청소년이 그렇지 않은 청소년에 비해 자살 의도가 더 높은 것으로 나타났고(강은실 외, 2004; 정혜경 외, 2003), 우울한 청소년이 약물남용을 할 경우 우울과 약물복용의 악순환을 거쳐서 자살 행동을 하게 된다(Hawton et al., 1993).

환경적인 요인 또한 청소년의 자살에 영향을 미칠 수 있다. 이 가운데 대중매체에서 실제 자살에 관한 보도를 하거나 가상의 자살 내용을 전달하기만 해도 청소년과 같은 젊은 성인들의 자살률이 7~10% 정도 증가한다는 보고가 있다. 또 다른 환경적인 요인으로서 접근 용이성을 들 수 있는데, 청소년이 알코올을 포함한 약물이나 무기 같은 위험한 도구들을 쉽게 구입할 수 있을 때 실제 자살 비율이 극적으로 높아질 수 있다.

4. 자살 예방과 대처

1) 자살의 예방

(1) 사회적 지지자원 개발

청소년이 스트레스를 받을 때 활용할 수 있는 사회적 지지체계를 개발하도록 도와야 할 것이다. 청소년이 느끼는 사회적 고립감은 무가치감, 삶의 목적 상실, 이 사회에 자신의 자리가 없다는 느낌들을 자극할 수 있다. 또한 청소년이 생각한 사회적 지지체계는 '위험한 행동 금지 계약서' 작성에도 포함시켜서 기록하도록 하는 것이 도움이 된다. 최소한 한 명의 사회적 지지자라도 있는 경우에는 청소년에게 연계감을 줄 수 있기 때문이다.

(2) 학교의 노력

학교와 관련된 스트레스는 자살을 야기하는 하나의 요인이 될 수 있으므로, 학교에서는 학업과 관련된 과도한 스트레스를 인식하고 이를 교과과정이나 생활 지도에 반영해야 할 것이다. 청소년이 가장 많은 시간을 보내고 있는 곳이 학교이므로, 학교 안에서 친구나 교사들과 자신의 어려움을 소통할 수 있는 분위기가 조성된다면 많은 청소년의 자살 시도가 줄어들 수 있을 것이다.

아울러, 학교에서는 위험해 보이는 청소년을 사전에 발견하고, 이들에게 도움을 줄 수 있는 구체적인 방법들을 준비해 놓는 것이 필요하다. 따라서 병원이나 상담 전문가와의 적극적 연계 방법, 도움을 받을 수 있는 다양한 기관 전화번호 등을 알아 놓아야 한다.

(3) 청소년의 문제해결 방식의 변화

걱정이 많고 스트레스를 많이 받는 청소년은 자신의 고민을 누군가에게 솔직하게 털어놓고 다루는 것에 익숙하지 않은 경우가 많다. 자신의 불안을 말로써 표현하고 문제를 합리적으로 해결할 수 있도록 주변의 도움을 받는 것에 익숙해질 필요가 있다. 합리적인 문제해결을 가로막고 있는 청소년의 부적응적인 특성들이 단 한 번에 변화하긴 어려울지라도, 매우 심각한 정신적인 문제가 아닌 한은 대개 전문적인 상담과정을 통해 변화가 가능하다. 전문가는 청소년의 대처 방식, 충동성, 귀인 유형을 파악하여 현실적인 위험성을 파악하고 적응적으로 대처할 수 있도록 해야 할 것이다.

(4) 가정의 노력

부모는 위기를 겪고 있는 청소년을 가장 가까이에서 직접적으로 지도·감독하는 지지원이 될 수 있다. 부모는 청소년의 어려움에 대해 적극적인 관심을 갖고서 문제해결을 위해 노력해야 한다. 부모는 자녀와의 대화를 통해 자녀가 진정으로 원하는 것이 무엇인지에 대해 파악하고 이를 개방적으로 수용 및 조율해야 할 것이다. 또한 부모는 가정의 고유한 기능을 유지시킴으로써 청소년이 가정에서 안정감을 느낄 수 있도록 해야 한다.

(5) 청소년의 강점 지지하기

청소년의 기대를 확인하고 청소년 자신의 강점에 초점을 맞추도록 도와야 한다. 즉, 청소년 자신의 삶에서의 '동기'와 '목적의식'을 발견하고 이를 강조하면 좋을 것이다. 아울러, 청소년이 최소한 한 사람과는 연결되어 있음을 발견하고 이것이 청소년에게 하나의 자원이라는 점을 확실히 해야 할 것이다.

(6) 예방교육

전체 청소년을 대상으로 하는 자살 예방교육이 필요하다. 이러한 교육에는 자살에 관한 전문 자료나 관련된 교과과정을 이용할 것을 권장한다. 예방교육에는 자존감과 의사소통 교육이 포함되어야 하며, 스트레스 대처를 포함하여 문제해결 능력 증진에 대한 교육도 요구된다. 또한 정서장애에 대한 교육도 필요할 것이다.

2) 자살 대처

(1) 자살 위험성 확인

자살 위험이 높은 청소년의 많은 경우가 자살에 대해 생각하고 있음을 주변 사람들에게 드러낸다. 청소년의 자살은 수많은 도움과 지지에 대한 호소가 무시된 후에 발생하는 것이라고 알려져 있다. 가령, '내가 사라지면 너는 나에게 미안할 거야.' 혹은 '이 모든 것은 곧 문제가 되지 않을 거야.'와 같이 말로 표현될지도 모를 청소년의 신호를 주변 사람들은 분명히 인식해야 한

표 9-1 자살 위험 징후들

성격 변화	눈에 띌 정도로 현저하게 슬프고, 비사교적이고, 화를 잘 내고, 냉담하던 청소년이 심각한 정도의 우울감을 호소한 후 성격이 갑자기 변해서 증상들의 상당 부분이 개선됨
우울	극도의 불행과 무기력을 나타냄
죽음에 관하여 이야기함	죽음에 관해 유달리 몰두함. 즉, 죽음 후에 무슨 일이 일어나는지 질문하거나, 생명보험증권을 구매함
자살에 대한 직간접적 암시들	자신이나 자신의 삶이 무가치하다고 말하거나 아무도 관심을 가지지 않는다고 이야기함. 예를 들어, "부모님에게는 내가 없는 것이 더 나아요." 또는 "나는 얼마 못 살 거예요."와 같은 이야기를 함.
분위기나 행동의 이유 없는 변화	삶에 관한 감각이 극도로 부정적임. 통상적인 활동이나 취미생활에 참여하지 않거나 그것을 즐기지 못함. 한때 즐거움을 주던 컴퓨터 게임이나 농구, 애완견 돌보기 같은 취미생활에 더 이상 흥미가 없음
수면, 식사, 습관의 변화	잠을 더 많이 자거나 잠이 없어지며, 식사를 더 많이 하거나 적게 하는 등의 변화가 있음
용모의 변화	머리카락이나 옷차림 등에 신경을 안 쓰거나 꾀죄죄함. 체중이 급격히 불거나 감소함. 얼굴 표정이 무감각해 보이고 변화가 없어 보임. 눈빛이 분명하게 움직이지 않고 생기가 없고 어두움
후퇴와 단절	주변 사람들과 의사소통을 거의 하지 않음. 가족과 친구를 피함
절망감	곧 있을 사태들에 흥미가 없음. 현재의 상황이나 미래에 관해 희망이 없음
약물 증가	약이나 알코올을 지나치게 복용함
화, 공격적 행동	성격이 급해지거나 쉽게 화를 냄
불안	안절부절못함, 안달함, 전전긍긍함
소유물 정리	특별히 좋아하거나 귀하게 여기던 것들을 남에게 주어 버림

출처: 이윤주(2008).

다. 말로 표현되는 신호 외에도, 청소년은 지나친 피로와 우울증을 호소하기도 하며, 비생산적인 활동을 나타낼 수 있다. 특정 주제나 특정 생각에의 열중은 자살 사고의 또 다른 지표가 되기도 한다. 이 밖의 자살 위험에 대한 징후들에 대해서 〈표 9-1〉을 참고하면 좋을 것이다.

자살의 신호가 긴급하고 심각하다고 판단되면 상담 관련 전문가 및 정신건강 기관에 상담을 받도록 해야 한다. 특히 긴박하게 병원 치료를 의뢰해야 하는 경우는 청소년이 심리적으로 극히 혼란된 상태에 있는 경우, 말이나 행동을 통해서 자신을 해칠 강한 의향을 표현할 경우, 그리고 좀처럼 말이 없고 신상의 안전에 대해 확신을 주는 것을 꺼리는 경우 등이다. 만약 청소년에게 있어서 자살의 신호는 감지되지만 강한 사회적 지원과 통제가 유효하며, 징후가 의학적으로 심각하지 않은 경우, 그리고 자살 충동을 행동으로 옮기기보다는 누군가에게 전화를 걸 것이라는 확신을 준다면 병원 치료는 아닐지라도 전문적인 상담을 하는 것이 필요하다.

청소년과의 상담과정에서 청소년이 자살에 대한 생각을 대화로서 나눌 준비가 안 되어 있다면 자살 위험성을 사정할 수 있는 질문지를 사용하는 것이 좋다. 자살 위험성을 사정할 수 있는 질문지로는 Beck의 자살 생각 척도인 SSI(Scale for Suicidal Ideation) 질문지, 자살 위험성 예측 척도인 SPS(Suicide Probability Scale), 자살 잠재력 측정 도구인 IPS(Index of Potential Suicide) 등이 있다.

(2) 위험한 행동 금지 계약서 작성

청소년이 자살 시도와 같은 위험한 행동을 하지 않겠다는 위험한 행동 금지 계약서를 사용하는 것이 필요하다. 이 계약서에는 날짜를 적고, 특정 기간 안에 자해하지 않겠다는 진술을 적도록 한다. 어떤 경우에는 전화번호나 이메일 주소를 포함한 세세한 정보들을 적게 하기도 한다. 그리고 위험한 행동을 할 때 도움을 받거나 연락할 수 있는 사람들의 명단도 적도록 한다.

연습문제

1. 자살의 유형에 대해 설명하시오.
2. 자살에 대한 평가 시 고려해야 할 사항들에 대해 설명하시오.
3. 위험한 행동 금지 계약서 작성 방법 및 고려할 사항에 대해 설명하시오.
4. 자살을 예방할 수 있는 다양한 방안들에 대해 설명하시오.

참고문헌

강은실 외(2004). 청소년의 자살의도, 우울, 영적 안녕과의 관계. **정신간호학회지, 13**(2), 190-199.

김윤정, 이창식(2014). 청소년의 스트레스와 자살생각에서 희망의 매개효과. **한국디지털정책학회, 12**(6), 539-547.

김은정(2002). 여자 청소년의 청소년 성매매 유입과정에 관한 연구. 이화여자대학교 대학원 석사학위논문.

남지영(1998). 대학생의 성격유형과 자기지각수준, 스트레스 대처의 관계. 연세대학교 대학원 석사학위논문.

도현심(1998). 어머니의 양육행동 및 또래 경험과 아동의 자아존중감 간의 관계. **아동학회지, 19**(2), 19-33.

류기영(1999). 안산시 청소년들의 우울증. 고려대학교 대학원 석사학위논문.

박경애, 구본용, 김원중, 송종용(1993). **청소년 자살행동 연구**. 서울: 청소년대화의 광장.

박금순(1995). 도시 고등학교 학생들의 우울증상과 관련요인 조사 연구. 충남대학교 대학원 석사학위논문.

박병금(2007). 청소년의 가족환경요인과 자살생각-자아존중감과 우울의 매개효과를 중심으로. **생활과학연구논총, 11**(1), 1-17.

송동호(1996). 청소년 자살기도자의 정신의학적 특성. **신경정신의학, 35**(6), 1366-1375.

양돈규(1997). 부모갈등과 사회적 지지가 청소년의 우울과 비행에 미치는 영향. 중앙대학교 대학원 석사학위논문.

우선유(1999). 청소년의 자살생각에 영향을 주는 변인에 관한 연구. 서울여자대학교 대학원 석사학위논문.

유제민, 김정휘, 김청송(2010). **아동 청소년 발달문제론**. 서울: 시그마프레스.

육성필(2013). 부부친밀감에 따른 배우자 사별노인의 사별스트레스가 우울 및 자살생각에 미치는 영향: 중재-매개모형. **한국심리학회지: 상담 및 심리치료, 25**(4), 933-951.

이경진(2003). 청소년 자살의 고위험 집단과 저위험 집단의 심리적 특성. 가톨릭대학교 대학원 석사학위논문.

이숙(2003). 자아존중감, 생활만족도 및 직업특성에 따른 취업모의 양육행동. **한국가정과학회지, 6**(1), 81-93.

이윤주(2008). 여성 한부모 및 양부모 가정의 모-자녀 의사소통과 청소년 자녀의 심리적 소외감. **한국가정관리학회지, 26**(3), 15-23.

임명원(1999). 심리적 가정환경과 청소년 자살충동의 관계에 대한 연구. 명지대학교 대학원 석사학위논문.

정혜경, 안옥희, 김경희(2003). 청소년의 자살충동에 영향을 미치는 예측요인. **청소년학연구, 10**(2), 107-126.

조현진(1990). 우울, 자기비하 및 삶의 의미가 자살개념에 미치는 영향. 서울대학교 대학원 석사학위논문.

최규련(1999). 가족체계의 기능성, 부모 및 자녀요인, 부모-자녀관계가 청소년 자녀의 심리적 복지수준에 미치는 영향. **대한가정학회지, 37**(2), 99-111.

통계청(2013). 2013 사망원인통계.

통계청(2020). 2019 사망원인통계.

한국청소년개발원 편(1996). **청소년문제론**. 서울: 양서원.

Adams, G. A., Gullotta, T. P., & Markstrom-Adams, C. (1994). Adolescent life experiences. Boston, MA: Brooks/Cole.

Blau, G., & Gullotta, T. P. (1995). Adolescent Dysfunctional Behavior: Causes, *Interventions, and Prevention*. SAGE Publication.

Cohen, Y., Spirito, A., & Brown, L. K. (1996). Suicide and suicidal behavior. In R.

J. DiClemente, W. B. Hansen, & L. E. Ponton (Eds.), *Handbook of adolescent risk behavior* (pp. 193-224). New York: Plenum Press.

De Wilde, E. J., Kienhorst, C. W. M., Diekstra, F. W., & Wolters, M. H. G. (1992). The relationship between adolescents suicidal behavior and life events in childhood and adolescence. *American Journal of Psychiatry, 149*, 45-51.

Hawton, K. (1986). *Suicide and attempted suicide among children and adolescents.* New York: Plenum Press.

Hawton, K., Fagg, J., & Hawkins, M. (1993). Factors associated with suicide after parasuicide in young people. *British Medical Journal, 306*, 1641-1644.

Kazdin, A. E., French, N. H., Unis, A. S., Esveldt-Dawson, K., & Sherick, R. B. (1983). Hopelessness, depression, and suicidal intent among psychiatrically disturbed inpatient children. *Journal of Consulting and Clinical Psychology, 51*(4), 504-510.

McWhiter, B. T., McWhiter, J. J., Hart, R. S., & Gat, I. (2000). Preventing and treating depression in children and adolescent. In D. Capuzzi & D. R. Gross (Eds.), *Youth at Risk: A prevention resource for counselors, teachers, and parents* (pp. 137-165). Alexandria, VA: American Counseling Association.

Meehan, P. J., Lamb, J. A., Saltzman, L. E., & O'Carroll, P. W. (1992). Attempted suicide among young adults: Progress toward a meaningful estimate of prevalence. *American Journal of Psychiatry, 149*, 41-44.

Memory, J. M. (1989). Juvenile suicides in secure detention facilities: Correction of published rates. *Death Studies, 13*, 455-463.

O'malley, P. M., & Bachman, J. G. (1983). Reliability and consistency in self-reports of drug use. *International Journal of the Addictions, 18*(6), 805-824

Pfeffer, C. R. (1986). *The suicidal child.* New York: Gilford Press.

Reinherz, H. Z., Tanner, J. L., Berger, S. R., Beardslee, W. R., & Fitzmaurice, G. M. (2006). Adolescent Suicidal Ideation as Predictive of Psychopathology, Suicidal Behavior, and Compromised Functioning at Age 30. *The American Journal of psychiatry, 163*(7), 1226-1232.

Sands, R. G., & Dixon, S. L. (1986). Adolescent crisis and suicidal behavior: Dynamics and treatment. *Child and Adolescent Social Work Journal, 3*(2), 109-122.

Shaffer, D., Garland, A., Gould, M., Fisher, P., & Trautman, P. (1988). Preventing teenage suicide: A critical view. *Journal of the American Academy of Child and Adolescent Psychiatry, 27*, 675-687.

Spirito, A., Bond, A., Kurkjian, J., Devost, L., Bosworth, T., & Brown, L. (1992). Gender differences among adolescent suicide attempters. *International Journal of Suicide and Crisis Studies, 62*, 464-468.

Weissman, M. M. (1974). *The Depressed Woman: A Study of Social Relationships.* Chicago: University of Chicago Press.

다문화 청소년

국제결혼의 증가, 탈북자의 증가, 외국인 노동자의 유입으로 우리 사회는 전통적 단일민족 사회가 아닌 다문화 사회로 빠르게 진입하고 있다(이창호, 2008). 1980년대 후반부터 민족적 · 문화적 다양성이 급증하기 시작하였고, 사회적인 차원에서 다문화 가정에 대한 지원을 시작하였다. 그러나 다문화 사회의 경험이 거의 없는 우리 사회에서 국제결혼 가정 등의 소수집단들은 일상생활에서 차별을 포함한 여러 가지 어려움을 겪고 있다. 다른 문화와 생활습관을 가진 사람들이 만난 다문화 가정은 부부갈등, 자녀문제와 같은 실질적인 어려움에 봉착하고 있으며, 특히 국제결혼 가정의 청소년들은 인종적으로 다른 부모와의 문화적 갈등은 물론 사회적인 갈등과 혼란을 경험할 수밖에 없다.

다문화 청소년들이 신체적 · 심리적 · 사회적 발달과정에서 겪는 사회문화적 갈등과 부적응 문제는 일반 청소년들이 겪는 것보다 훨씬 더 심각하다. 다문화 청소년들은 외모적인 특징이 두드러진 경우에 주변으로부터 상처를 받는 경우가 있으며, 매우 복잡한 환경에서 생활하기 때문에 정서적으로 혼란스러움을 경험하기도 한다. 또한 언어와 문화의 장벽은 대인관계의 어려움으로 이어지면서 무능감과 부적응을 경험할 수 있다.

따라서 다문화 청소년에 대한 사회적 관심과 배려가 요구되며 이들이 경험하는 여러 가지 문제점들에 대한 객관적 인식을 통한 해결책 마련이 필요하다. 이 장에서는 다문화의 의미와 다문화 청소년의 개념에 대해 파악하고, 다문화 청소년에 대한 실태를 알아볼 것이다. 다음으로 다문화 청소년이 안고 있는 일반적인 문제점들에 대해 살펴보고, 다문화 청소년을 위한 지원방안에 대해 살펴보고자 한다.

1. 다문화 청소년의 정의

1) 다문화의 개념

다문화(multiculture)의 개념은 사전적 의미로는 '많을 다(多)'자에 '문화(文化)'라는 말이 붙어서 '여러 나라의 생활양식'을 뜻하며, 기술적으로 '문화적 다양성의 존재 자체'를 말한다. 현대 사회의 교통과 통신의 발달 및 세계화 경향에 따라 단일민족 국가들이 갖고 있던 다양한 문화를 서로 인정하고 교류하기 위해 여러 문화를 존중하고자 하는 다문화주의가 등장하였고, 많은 나라에서 다문화적 고찰을 통해 이질적인 문화의 주변 문화를 제도권 안으로 수용하려는 입장을 보이고 있다(오경석 외, 2009).

다문화는 국제화와 세계화 시대에 각 나라와 민족의 문화를 연결 · 반영 · 적용하여 근본적으로 각 문화의 다양성을 추구하는 것이다. 이렇듯 서로 다른 민족과 문화 배경을 가진 사람들로 구성된 가정을 통칭하여 다문화 가정으로 부르고 있으며, 그에 따른 정책 대상으로는 국제결혼 가정 자녀와 외국인 근로자 자녀, 새터민 자녀를 포함하는 것으로 규정된다(교육인적자원부, 2006).

2) 다문화 청소년의 개념과 구분

'다문화 가정 자녀'라는 용어는 다문화 가정의 아동과 청소년을 모두 포함하는 용어로서 보편적으로 사용되고 있다. 다문화 청소년은 다문화 가정 자녀 중에서 청소년 연령에 속하는 집단만을 일컫는 용어로서, 두 가지 이상의 문화권에 걸쳐 성장하고 생활하는 청소년을 말한다(정하성, 2007).

다문화 가정은 생성 배경에 따라 국제결혼 가정과 외국인 가정으로 구분되고, 국제결혼 가정은 다시 국내출생 자녀와 중도입국 자녀로 구분된다(〈표 10-1〉 참조). 따라서 다문화 청소년은 두 가지 이상의 문화권에 걸쳐 성장하고 생활하는 청소년을 말하는 것으로(정하성, 2007), 다문화 가정의 유형에 따라 다르게 구분될 수 있다. 즉, 국제결혼 가정에서의 다문화 청소년에는 한국인 아버지와 외국인 어머니 사이에서 태어났거나 한국인 어머니와 외국인 아버지 사이에서 태어난 청소년이 포함된다. 아울러, 외국인 가정에서의 다문화 청소년은 외국인 근로자가 한국에서 결혼하여 태어난 청소년이거나, 본국에서 결혼하여 형성된 가족이 한국에 이주한 가정의 청소년에 해당된다.

이렇게 볼 때, 우리 사회에서 볼 수 있는 다문화 청소년의 유형은 크게 국제결혼 가정의 자녀, 외국인 노동자 가정의 자녀, 새터민 자녀로 나눌 수 있다. 국제결혼 가정의 자녀는 한국인 아버지와 외국인 어머니 혹은 한국인 어머니와 외국인 아버지가 결혼한 가정에서 태어난 청소년이다. 외국인 노동자 가정의 자녀에는 본국에서 태어나 부모의 초청으로 한국에 왔거나, 한국에서 태어나서 자란 청소년이 해당된다. 새터민 자녀에는 북한 출신으로서 탈북하여 한국에 거주하고 있는 청소년이거나, 부모의 탈북 이후 한국에서 태어나서 자란 청소년이 해당된다.

표 10-1 다문화 가정 자녀의 구분

구분		내용
국제결혼 가정 자녀	국내출생 자녀	• 한국인과 결혼한 외국인 배우자(이하 '결혼이민자') 사이에서 출생한 자녀 • 「국적법」 제2조 제1항에 따라 국내 출생과 동시에 한국 국민이 되므로 헌법 제31조에 따른 교육권을 보장받음
	중도입국 자녀	• 결혼이민자가 한국인과 재혼한 이후에 본국에서 데려온 자녀, 국제결혼 가정 자녀 중 외국인 부모의 본국에서 성장하다가 청소년기에 입국한 자녀 • 국내 입국 시 외국 국적이나 특별 귀화를 통해 한국 국적으로 전환 가능 • 대부분이 중국인 · 조선족임(약 90% 이상) • 비교적 연령대가 높은 10대 중 · 후반(중 · 고등학생)에 입국하는 경우가 많음
외국인 가정 자녀		• 외국인 사이에서 출생한 자녀 • 「헌법」 제6조 제2항 및 'UN 아동의 권리에 관한 협약'(2019년, 비준)에 따라 한국 아동과 동일하게 교육권을 가짐 • 미등록 외국인 자녀의 경우에도 「초 · 중등교육법 시행령」 제19조 및 제75조에 따라 거주 사실 확인만으로 초 · 중학교 입학이 가능

출처: 교육과학기술부(2012).

2. 다문화 청소년의 현황

다문화 가정의 자녀 수는 2007년에는 44,258명이었는데 2009년에는 107,689명으로 2배가량 증가하여, 2017년에는 약 5배 증가한 222,455명으로 파악되었다. 2018년에는 다시 증가하여 237,506명으로 집계되고 있다. 자녀의 연령대별 분포를 보면, 2018년 현재 만 6세 이하는 114,125명으로서 비중으로는 과반수에 가까운 48.0%를 차지하고 있다. 만 7~12세 이하는 92,368명(38.8%)이고, 중학생에 해당하는 만 13~15세 이하의 다문화 아동 수는 19,164명

표 10-2 다문화 가정 자녀 연령별 현황 (단위: 명)

구분	연령별 현황				
	계	만 6세 이하	만 7~12세	만 13~15세	만 16~18세
2018	237,506	114,125	92,368	19,164	11,849
2017	222,455	115,085	81,826	15,753	9,791
2016	201,333	113,506	56,768	17,453	13,606
2015	197,550	116,068	61,625	12,567	7,290
2014	204,204	121,310	49,929	19,499	13,466
2013	191,328	116,696	45,156	18,395	11,081
2012	168,583	104,694	40,235	15,038	8,616
2011	151,154	93,537	37,590	12,392	7,635
2010	121,935	75,776	30,587	8,688	6,884
2009	107,689	64,040	28,922	8,082	6,645
2008	58,007	33,140	18,691	3,672	2,504
2007	44,258	26,445	14,392	2,080	1,341

주: 2009년 자녀 수의 큰 폭의 증가는 2009년도부터 결혼이민자의 배우자 정보를 활용하여 조사한 것이 원인임

출처: 여성가족부(2020).

(8.0%)이며, 고등학생 연령대인 만 16~18세 이하는 11,849명(4.9%)으로 파악되었다. 모든 연령대의 다문화 가정 아동 · 청소년이 증가하는 추세인데, 특히 초 · 중 · 고등학생 학령기의 다문화 인구가 증가하고 있다.

한편, 〈표 10-3〉에서 볼 수 있듯이, 다문화 초 · 중 · 고 학생 수는 점차 증가하여 2019년에는 총 137,225명으로 전체 학생의 2.49%를 차지하고 있다. 전체 학생은 매년 20만 명씩 감소하나, 다문화 학생 수는 6천 명 이상씩 증가하고 있다. 〈표 10-4〉에서 보면, 학급별로는 초등학생이 75.7%로 가장 많고, 중학생이 15.8%, 고등학생이 8.2%의 분포를 나타내고 있다.

표 10-3 다문화 학생 증가 추이 (단위: 명, %)

연도 / 인원	2012	2013	2014	2015	2016	2017	2018	2019
다문화 학생 수(A)	46,954	55,780	67,806	99,186	99,186	109,387	122,212	137,225
전체 학생 수(B)	6,732,071	6,529,196	6,333,617	5,890,949	5,890,949	5,773,998	5,633,725	5,502,880
다문화 학생 비율 (A/B × 100)	0.70	0.86	1.07	1.68	1.68	1.89	2.17	2.49

출처: 여성가족부(2020).

표 10-4 학교급별(초·중·고) 다문화 학생 수 (단위: 명, %)

유형		초등학교	중학교	고등학교	각종 학교	계
총합계	국내출생	83,602	15,891	8,464	112	108,069
	중도입국	5,148	2,131	1,220	198	8,697
	외국인 자녀	15,131	3,671	1,550	107	20,459
	계	103,881	21,693	11,234	417	137,225
비율		75.7	15.8	8.2	0.3	100

출처: 여성가족부(2020).

3. 다문화 청소년의 문제

다문화 가정에서 태어나서 성장하고 있는 다문화 청소년의 문제점을 살펴보면, 일반적으로 학습결손으로 인한 부적응, 언어소통의 어려움, 가치관 차이, 사회적 편견으로 인한 놀림과 따돌림, 일탈 등을 들 수 있다.

첫째, 많은 다문화 청소년이 학습결손으로 인한 학교 부적응을 경험하고 있다. 주정(2016)의 연구에 따르면, 2014년 다문화 가정 자녀의 학교 중도탈락률은 일반 학생에 비해 초등학생의 경우는 133배, 중학생은 150배, 고등학생은 131배다. 또한 우룡(2009)의 연구에 따르면, 다문화 청소년의 가장 큰 고민이나 걱정거리가 공부와 학업 문제다.

다문화 청소년에게 학습결손이 심각한 이유는 이들 부모의 상당수가 사회적 · 경제적 기반이 취약함으로 인해 소득이 낮고 학습 환경이 열악하기 때문이다(조영달, 2006). 천정웅(2012)에 따르면, 실제로 다문화 청소년이 겪는 어려움의 상당수는 친구나 교사와의 관계에서 오는 정서적인 문제보다도 학교 공부나 숙제 및 준비물과 같은 실질적인 부분이 더 크다고 설명하고 있다.

이러한 학습부진은 대인관계 문제나 정체감 혼란으로 연결되기 때문에 다문화 청소년은 심각한 심리적 어려움을 겪으며 학교 부적응을 경험하게 된다. 한편, 정하성(2010)에 따르면, 다문화 청소년 가운데 외국인 근로자 가정 청소년보다는 국제결혼 가정 청소년이 교육이나 공부하기를 훨씬 더 어려워하는 것으로 나타났다.

둘째, 다문화 청소년이 겪는 또 다른 어려움은 언어소통의 장애에서 오는 부적응 문제다(우룡, 2009). 다문화 청소년의 14.7%가 언어(말투, 말씨, 한글 등) 문제로 인해 크게 고민하고 있었으며, 19.8%는 언어(한국어와 한글)를 배우기가 어렵다고 응답하였다. 이들은 이해력이나 작문 실력이 일반 학생에 비해 떨어지는 것으로 나타났으며, 다른 과목에 비해 언어소통과 밀접한 관련이 있는 국어 과목이 매우 취약하다(오성배, 2005). 다문화 청소년은 어려서부터 한국말이 서툰 외국인 부모에 의해 양육되기 때문에 언어 습득에 어려움을 겪고, 한국어 습득의 어려움은 학교수업에 대한 이해도에도 영향을 미친다. 이러한 문제점은 더 나아가 대인관계에도 직간접적으로 영향을 미칠 수밖에 없다.

셋째, 다문화 청소년은 각기 다른 행동과 가치관을 가진 부모로 인해 혼돈을 경험하면서 부적응을 경험할 수 있다(우룡, 2009). 다문화 청소년의 부모는 각각 다른 나라 출신으로서 이들의 문화적 배경과 가치관은 다문화 청소년과 확연히 다르다. 다문화 청소년이 출생한 국가가 아닌 다른 부모 국가의 문화나 관습의 차이를 이해할 수 있는 학습기회도 부족하다. 부모와 다문화 청소년 간 가치관 차이로 인한 다양한 문제를 해결하지 못한 채 어려움을 겪고 있는 청소년이 많다. 우룡(2009)의 연구에 따르면, 실제로 다문화 청소년의 19%가 자신의 행동과 가치관이 부모와는 다르며, 이로 인해 학교와 사회생활 적응에 어려움을 겪는다고 응답하였다.

넷째, 이들은 사회적 편견으로 인해 친구들로부터 놀림과 따돌림을 당할 수 있다. 정하성(2010)의 연구에 따르면, 다문화 가정 청소년에게 일상생활에서 자신의 외모 때문에 친구들에게 놀림이나 따돌림을 받은 적이 있는지 살펴본 결과, 친구들로부터 외모로 인한 놀림과 따돌림을 받지 않았다는 응답이 받았다는 응답보다 높게 나타났다. 이 같은 결과로 볼 때, 외모로 인한 친구들의 놀림과 따돌림은 모든 다문화 청소년이 경험하는 현상은 아닌 것으로 볼 수 있다. 그러나 일부 소수의 다문화 청소년에게는 외모로 인한 편견적 태도가 심각한 고민일 수 있다. 특히 외국인 근로자 가정 청소년에 비해 국제결혼 가정 청소년이 외모로 인한 놀림과 따돌림을 더 많이 당하는 것으로 보고되었으며, 이러한 놀림과 따돌림은 중학교 때보다는 초등학교 때 더 심각한 것으로 나타났다(이창호, 2008).

다섯째, 친구 사귀기의 어려움을 들 수 있다. 정하성(2008)의 연구에 따르면, 다문화 가정 청소년에게 친구 사귀기가 어떤지를 물어본 결과, 친구 사귀기가 어렵다는 응답은 31%이고 어렵지 않다는 응답은 45.7%로 나타났다. 이처럼 친구 사귀기가 어렵지 않다는 응답이 어렵다는 응답보다 더 높게 나타났으나, 상당수의 다문화 청소년은 친구 사귀기를 어려워하고 있었다. 다문화 청소년에게 대인관계 능력이 부족한 면도 일부 있으나, 이들은 대개 기초학업 능력이 부족하고 자존감이 낮은 특성이 있기 때문에 이러한 위축감은 또다시 대인관계에서의 자신감에 부정적인 영향을 미치게 된다. 따라서 대인관계에서 크게 외로움을 느끼거나 인간관계에 지나치게 집착하는 등 불안감을 느낄 수 있다. 또한 이들은 입학 초기, 학년 초와 같은 낯선 상황에서 일반 학생들과 잘 어울리지 못하는 등 대인관계에서 매우 소극적이었다(오성배, 2005). 한편, 외국인 근로자 가정의 청소년보다 국제결혼 가정의 청소년이 친구 사귀기를 더 어려워하는 것으로 나타났다.

여섯째, 일탈을 일삼을 수 있다. 사회상식에서 벗어난 행태부터 소년의 지위비행 및 범죄행위를 청소년 일탈로 간주할 때(김지선, 2012), 다문화 청소년의 일탈의 원인에 대해 학교, 가정, 사회라는 사회적 원인 중심으로 살펴보면 다음과 같다(배종대, 2011).

먼저, 비행하위문화이론으로 다문화 청소년의 일탈을 설명할 수 있다. 비행하위문화이론에서는 하위계층의 문화권에서 사회화된 청소년이 중류계층의 가치와 규범에 대한 반동으로 특유의 문화를 형성한다고 주장한다. 즉, 하위계층의 청소년이 중류계층의 가치관에 의해 평가될 때 사회적 좌절감을 느끼고 낮은 자기존중감과 부적절감을 느끼게 됨으로써 일탈을 행하게 된다는 것이다. 따라서 다문화 청소년의 일탈은 하위계층의 문화 안에서 사회적 좌절감을 크게 느끼고 자존감이 낮아짐으로써 발생할 수 있다.

다음으로, 문화갈등이론으로 다문화 청소년의 일탈을 설명할 수 있다. 문화갈등이론에서는 상이한 문화체계를 갖는 지역에서 생기는 문화갈등을 1차적 문화갈등으로 보았고, 동일 문화체계 안에서 특정 집단이 기존 집단에 대한 반발로 인해 갈등이 유발되는 문화갈등을 2차적 문화갈등으로 설명하고 있다. 이러한 이론에 비추어 볼 때, 다문화 청소년의 일탈은 상이한 문화체계로 인한 1차적 문화갈등을 비롯하여 기존의 문화 구조 안에서 여러 가지 변화를 겪게 되면서 야기되는 2차적 문화갈등 모두로 설명된다.

한편, 사회유대이론에서는 애착, 수용, 참여, 신념을 통해 사회적 결속을 강화시킬 경우에 비행청소년의 일탈행위 가능성이 낮아진다고 보고 있다. 따라서 다문화 청소년이 학교와 사회에서 차별받지 않고 한 구성원으로 유대관계를 맺으며 적응해 나갈 수 있다면 이들의 일탈행위는 줄어들 수 있다는 것이다.

마지막으로, 아노미이론을 통해 다문화 청소년의 일탈을 살펴볼 수 있다. 이 이론에서는 하위계층 청소년이 구조적으로 성공하기가 어렵고, 동등한 기회가 차단되며, 목표를 향하는 과정에서 긴장과 좌절이 심해짐으로써 결국 비행에 이르게 된다는 것이다. 이 이론은 우리 사회가 다문화 사회로 급격히 변화해 가면서 기존 문화와의 충돌, 본래적 사회규범의 통제력 약화, 사회적 유대의 부족, 사회구조의 모순과 같은 문제가 드러나며, 이로 인해 다문화 청소년의 일탈이 비롯될 수 있음을 설명해 주고 있다.

4. 다문화 청소년 문제에 대한 예방과 대처

1) 정부 및 지방자치단체의 다문화 가정 지원

다문화 가정 자녀의 지원 정책은 교육부와 여성가족부를 중심으로 이루어지고 있다. 교육부는 다문화가정 학생들에게 개인적 배경과 관계없이 동등한 교육기회를 보장하고, 모든 학생이 다문화가정 학생들의 문화적 차이를 수용하고 이해할 수 있는 인식개선을 위해 '2020 다문화교육 지원계획'을 수립하였다. 여성가족부에서는 다문화가족을 위한 가족교육, 상담, 문화 프로그램의 서비스를 제공함으로써 결혼이민자의 한국 사회 조기 적응 및 다문화가족의 안정적인 가족생활 지원에 역점을 두고 있다(천정웅, 2012).

이 외에도 법무부, 보건복지부, 문화체육관광부 등의 조직을 통해 한국어 습득이나 문화체험 및 인권보호 등의 사업과 프로그램, 외국인 근로자 가정을 위한 인권보호 및 사회통합 관련 지원사업 등이 이루어지고 있다.

한편, 지방자치단체에서도 결혼이민자 및 그 가족에 대한 지원사업을 계속적으로 실시하고 있다. 즉, 전국 8개의 도에서 외국인 주부 혹은 이주여성을 대상으로 하여 한국어 습득, 문화체험, 인권보호 및 사회통합 등의 사업과 프로그램을 실시하고 있다.

2) 다문화 청소년을 위한 적응 프로그램 마련

상당수의 다문화 청소년이 한국 문화에 대체로 잘 적응하고 있으나 일부 청소년은 적응에 심각한 어려움을 겪고 있다. 앞서 언급하였듯이, 다문화 청소년이 경험하는 문제들은 크게 학습결손으로 인한 부적응, 언어소통의 어려움, 가치관 차이, 사회적 편견으로 인한 놀림과 따돌림, 일탈 등으로 나타났다. 따라서 다문화 청소년을 위한 적응 프로그램은 이들의 부적응 정도와 그 심각성에 따라 다양하게 개발되고 실시될 필요가 있다.

다문화 청소년을 위해 필요한 프로그램을 구체적으로 살펴보면 다음과 같다.

첫째, 학습결손으로 인한 부적응 문제에 도움을 주기 위해 다문화 청소년을 위한 학습 프로그램을 개발하는 것이 필요하다. 많은 다문화 청소년은 기초학력 수준이 낮거나 기본적인 공부방법과 학습전략 등에 대해 잘 모르고 있다. 따라서 다문화 청소년의 기초학력을 보완해 주는 개별 학습 프로그램이나 과목별 공부방법과 학습전략을 마련해 주는 학습 프로그램과 같은 구체적인 학습 프로그램 개발이 요구된다.

한편, 조혜영(2007)이 제안한 바와 같이 다문화 청소년이 일반학교에 입학하기 이전에 학습적인 적응을 돕는 '완충 프로그램'을 개발하고 실시하는 것도 현실적으로 매우 필요할 것이다. 이를 통해 한국 학교에 입학하기 이전에 한국 문화를 이해하고 학교생활을 하면서 미리 학습 준비를 할 수 있다면 본격적인 한국 학교생활 적응이 보다 용이할 것이다.

둘째, 언어소통의 어려움을 해결하기 위해 언어를 습득할 수 있는 프로그램 개발이 요구된다. 다문화 청소년의 14.7%가 언어로 인한 걱정을 매우 많이 하고 있으며, 언어의 어려움은 학습문제와 대인관계의 부적응까지 연결되는 문제이기 때문에 그 심각성이 더 크다. 이를 위해 한국에 이주한 지 얼마

되지 않는 이주 초기의 다문화 청소년을 대상으로 하여 '초기 언어 습득 프로그램'을 개발하고 확대 · 보급하는 것이 필요할 것이다.

셋째, 가치관 차이로 인한 문제에 도움을 주기 위해 다문화 청소년뿐만 아니라 다문화 가족 전체가 참여하여 가족 간 소통을 증진시키는 가족 프로그램의 개발이 요구된다. 많은 다문화 가정의 가족원들은 가족 간 의사소통이 원활하지 않고 서로에 대한 이해나 관심이 부족하다. 다문화 청소년이 안정감을 느낄 수 있는 가정 안에서 원활한 소통이 이루어진다면 가족 간의 유대감을 증진시킬 뿐 아니라, 다문화 청소년과 가족 간의 가치관 차이를 상호 이해하고 해결방안을 모색할 수 있을 것이다. 또한 다문화 청소년이 한국의 문화나 역사를 더 잘 이해할 수 있도록 문화체험 프로그램을 개발하고 참여를 유도하는 것도 필요하다.

넷째, 사회적 편견으로 인한 놀림과 따돌림을 해결하고 또래집단과의 교류를 활성화시키기 위해 다문화 청소년과 일반 청소년이 함께 모여 상호 교류를 증진할 수 있는 프로그램을 개발할 필요가 있다. 가령, 다문화 청소년과 일반 청소년이 함께 참여하는 대인관계 증진 프로그램을 개발할 수 있을 것이다. 이를 통해 양쪽 청소년들은 각각 상대방이 입장을 생각해 보고 역지사지의 태도를 증진시킬 수 있을 것이다. 일반 청소년은 다문화 청소년들에 대한 편견을 줄일 수 있을 것이며, 다문화 청소년은 일반 청소년에 대한 불만 또는 고정관념이나 오해들을 대화로서 풀어 나갈 수 있을 것이다.

3) 다문화 청소년의 정서적 안정과 자아존중감 증진 방안 마련

다문화 청소년의 정서적 안정은 다문화 가정 안에서 어린 시절부터 이루어져야 하는 부분이라 할 수 있다. 다문화 청소년이 정서적으로 안정감을 찾기 위해서는 우선적으로 가족 안에서 자신의 어려움에 대해 표현하고 부모와 상호작용할 수 있는 환경이 조성되어야 할 것이다. 이를 위해 다문화 청소년은 물론 다문화 가정의 부모를 위한 교육 및 프로그램이 요구된다.

다문화 가정의 부모는 자녀에 대해 걱정하고 관심이 높지만 한국의 문화나 교육환경에 대해 잘 모르거나 낯설어하며, 이러한 문화 속에서 일반 학생들과 생활하고 있는 다문화 청소년 자녀의 현실적인 고민에 대해서는 잘 모르고 있는 경우가 많다. 따라서 다문화 가정의 부모가 자녀와 대화하고, 자녀가 처해 있는 교육환경을 이해하여 좀 더 관심을 가질 수 있도록 돕는 것이 필요하다. 다문화 가정의 부모가 자녀와의 대화를 증진하고 다문화 청소년의 어려움에 관심을 가진다면, 다문화 청소년의 정서적 안정감이 커질 것이며, 이러한 안정감을 통해 그 밖의 적응에도 긍정적인 영향을 미칠 수 있을 것이다.

아울러, 다문화 청소년은 정체성을 찾는 시기에 놓여 있다. 이 과정에서 다문화 청소년이 자신의 부정적인 모습보다도 긍정적인 모습을 더 많이 발견할 때 그들의 자아존중감이 향상될 수 있다. 청소년기의 자아존중감은 자기 역할을 얼마나 성공적으로 수행하는가에 대해 스스로 평가한 부분과 더불어 자신에 대한 타인의 평가에 의해 형성된다. 엄명용(2013)이 지적하였듯이, 다문화 청소년의 생활 가운데에는 '긍정성'이 존재하며, 이들이 어려움을 겪는 것이 사실이지만 이들의 어려움만을 지나치게 강조하는 것은 문제일 수 있다는 것이다. 다문화 청소년이 자신의 어려움은 물론 긍정성 또한 분명하게 발견해 나가면서 자신감을 갖고 자신의 정체성을 획득해 나갈 수 있도록 해야 할 것이다.

4) 사회적 인식 개선 및 제도의 변화

다문화 청소년의 삶의 질을 향상하고 한국생활의 적응을 위해서는 무엇보다도 사회 차원의 노력 및 구조 변화가 절실히 요구된다.

이를 위한 방법으로서, 첫째, 사회 차원에서 다문화 청소년과 함께할 수 있는 시설과 교육 프로그램을 개발하고 운영해 나가야 할 것이다. 프로그램 개발 시에는 이들의 미래 가능성을 구체화시켜 주는 프로그램을 운영하여 다문화 청소년에게 미래의 자화상을 만들어 갈 수 있도록 하는 것도 하나의 방법이 될 수 있을 것이다. 이들이 프로그램을 통해 자신이 필요한 존재이며, 능력이 있으며 쓸모 있는 존재라는 인식을 증진시키는 것이 필요할 것이다. 또한 각종 언론 매체 등을 통하여 이들에 대한 사회적 관심을 유도하는 것도 바람직할 것이다. 한편, 지역사회에서 다문화 청소년과 일반 청소년이 함께하는 다양한 프로그램을 상시 운영하여 이들을 일반적인 청소년 행사에서 소외시키지 않도록 해야 할 것이다(정하성, 2010).

둘째, 다문화 청소년과 일반 청소년 및 일반인을 대상으로 하여 다문화 이해교육을 실시해야 할 것이다. 이창호(2008)가 언급하였듯이, 다문화 청소년들을 인터뷰한 결과, 이들은 자신들이 다문화 가정으로 분류되고 혼혈인으로 불리는 것을 매우 싫어한다. 다문화 이해교육을 통해 다문화 청소년을 우리와 다른 존재로서 타자화하는 것이 아니라, 그들이 우리 사회의 한 구성원이 될 수 있다는 인식을 갖도록 해야 할 것이다. 또한 다문화 청소년이 가지고 있는 많은 장점, 가령 여러 나라 언어를 구사할 수 있고 여러 문화에 익숙한 점 등에 대해 다문화 청소년 스스로가 분명히 인식할 수 있어야 할 것이다. 이와 동시에 일반인 또한 이들의 긍정적인 특성에 대한 인식을 증진시켜야 할 것이다.

셋째, 적극적인 캠페인 실시나 법 제도 개정 및 개선이 필요할 것이다. 여성가족부(2019)에서 진행한 다문화수용성 조사를 살펴보면, 한국청소년들이 이주민을 대하는 방식에 있어서 문화나 경제적 수준으로 등급을 나누어 이중적으로 평가하는 경향이 2015년도에 비해 높아진 것으로 나타났다. 이를 위해 다문화 가정에 대한 사회의 편견을 개선할 수 있는 활동들, 가령 다문화 체험이나 다문화 가정과 함께 하는 단체 활동들을 통해 청소년들이 타인을 편견 없이 대하는 자세를 키워 나가는 것이 요구된다. 더 나아가 미등록한 채로 살아가는 다문화 가정 자녀에 대해 제도적 개선을 통해 한국에서의 사회적 지위를 가질 수 있도록 기회를 마련하는 것도 적극 고려해야 할 것이다. 특히 다문화 청소년의 국적 취득 문제는 이들의 정체성 문제와도 밀접하게 연관되는 부분이므로 제도적인 문제를 고려하지 않고서는 이들의 한국생활 부적응이나 일탈 문제를 해결하는 데에 한계점이 존재할 것이다.

연습문제

1. 다문화 청소년의 개념을 설명하고, 다문화 청소년의 유형을 구분하시오.
2. 다문화 청소년이 겪고 있는 문제점들에 대해 설명하시오.
3. 다문화 청소년을 위한 지원방안으로서 개인적 차원과 사회적 차원의 지원방안에 대해 설명하시오.

참고문헌

교육과학기술부(2012). 다문화학생 교육 선진화 방안 2012.

교육인적자원부(2006). 다문화가정의 자녀교육 실태조사.

김지선(2012). 다문화가정 청소년의 일탈현상과 대응방안. **경찰학논총**, 7(2), 141-165.

배종대(2011). **형사정책**. 서울: 홍문사.

엄명용(2013). 다문화가정 중도입국 청소년의 한국 사회적응 영향 요인. **한국가족복지학회**, 42, 39-82.

여성가족부(2015). 다문화가족 관련 연도별 통계.

여성가족부(2019). 2018년 전국 다문화가족 실태조사.

오경석, 김희정, 이선옥, 박홍순, 정진헌, 정혜실, 양영자, 오현선, 류성환, 이희수, 강희복(2009). **한국에서의 다문화주의**. 서울: 한울아카데미.

오성배(2005). 코시안(Kosian) 아동의 성장과 환경에 관한 사례 연구. 한국교육, 32(3), 61-83.

우룡(2009). 다문화청소년과 일반청소년 통합방안. 청소년보호지도연구, 4, 23-47.

이창호(2008). 국제결혼가정 청소년의 생활실태 및 지원방안 연구. 한국청소년시설환경학회지, 6(1), 3-15.

정하성(2007). 다문화가정 청소년의 사회적응 실태 및 사회적응 프로그램 개발방안. 서울: 한국청소년정책연구원.

정하성(2008). 다문화청소년을 위한 이미지 메이킹 전략. 한국지방자치학회, 8(1), 575-591.

정하성(2010). 다문화청소년개론. 서울: 이담북스.

조영달(2006). 다문화가정의 자녀 교육 실태조사. 서울대학교 교육인적자원부 정책연구 보고서.

조혜영(2007). 다문화가족자녀의 학교생활실태와 교사 · 학생의 수용성 연구. 서울: 한국여성정책연구원 · 한국청소년정책연구원.

주정(2016). 다문화가정 학생의 중도탈락 감소를 위한 다문화교육의 기초학력에 관한 연구. 한국사회복지경영학회, 3(1), 91-113.

천정웅(2012). 청소년학 분야의 글로벌청소년연구 동향에 관한 연구. 한국시민청소년학회, 3(1), 99-131.

청소년 노동

우리나라는 청소년이 일할 수 있는 환경이 아주 열악하다. 고용노동부는 청소년의 노동 상황을 개선하기 위해 다양한 정책을 입안하여 실시하고 있지만, 여전히 청소년은 노동에 있어서 사각지대 안에 놓여 있다. 청소년의 노동현장이 열악하고 심지어 학업에 충실해야 하는 청소년이 노동현장에 놓여 있는 것이 맞지 않다는 목소리로 인해 청소년 노동은 적극적인 정책을 펼치지 못하고 있는 한계가 있다. 하지만 우리 사회에서 청소년 노동은 증가하고 있다. 그러므로 노동현장에 참여하는 청소년들의 상황을 정확하게 파악하고 그들의 문제점이 무엇인지 살펴봄으로써 어떠한 지원이 청소년의 발달에 긍정적인 영향을 미칠 것인지에 대해 논의해 보는 것이 아주 중요하다. 청소년 노동은 직업을 가져야 함에도 불구하고 직업을 가지지 못하는 무직 또는 실업 청소년이 있고, 학업을 병행하면서 부수적인 업으로 노동을 하는 청소년 아르바이트에 대한 종류로 구분될 수 있다. 청소년의 무직, 실업, 아르바이트 등의 모든 내용을 살펴보기에는 한계가 있어 이 장에서는 청소년 노동의 일반적인 용어 구분, 청소년 아르바이트 현황 분석과 지원방안에 대해 살펴보고자 한다.

1. 청소년 노동의 이해

1) 청소년 노동의 정의

청소년의 노동 참여는 두 가지로 구분하여 논의할 수 있다. 첫째는 청소년 인구 중 학업을 수행하지 않고 노동현장에서 직업으로 일을 하는 청소년이고, 둘째는 학업을 수행하면서 아르바이트 명목으로 노동에 참여하고 있는 청소년이다.

하지만 학업을 더 이상 수행하지 않아 노동현장에 자의적 · 타의적으로 참여해야 하나 참여하고 있지 않은 무직 청소년도 있다. 일반적으로 청소년의 연령은 「청소년 기본법」의 정의에는 9세에서 24세까지이지만 「근로기준법」에서는 노동가능 연령을 15세 이상 65세 미만으로 규정하고 있다. 따라서 아르바이트 청소년은 9세부터 24세 청소년 가운데 학업을 병행하면서 노동에 참여하고 있는 청소년으로 볼 수 있지만, 무직 청소년은 15세 이상 24세 이하 청소년 중 학업에도 노동에도 참여하고 있지 않은 청소년으로 봐야 할 것이다.

무직 청소년의 개념은 비교적 나이와 학업, 노동 참여 여부에 따라 명확하게 구분되는 반면, 아르바이트에 대한 개념은 논란이 있어 왔다. 아르바이트는 독일어 Arbeit에서 유래한 것으로 일, 노동의 의미를 지닌다. 우리나라에서 아르바이트는 단기 혹은 임시고용의 의미로 주로 사용되며, 청소년 및 학생, 주부 등이 정규 업무가 아닌 부수적으로 수입을 얻기 위해 시간제로 일하거나 직업인이 부업으로 일하는 단기 계약직을 의미한다(위키백과, 2016).

이와 관련하여 전경숙(2006)은 아르바이트와 파트타임 근로가 거의 유사한 맥락에서 사용되고 있지만 대상에 따라 의미가 달라질 수 있음을 지적하였다. 국제노동기구(ILO)에 따르면, 파트타임 근로(part time employment, 시간제 근로)는 풀타임 근로(full time employment, 전일제 근로)와는 상반되며 비전형근로(non-standard employment)로 분류되는 계절적 · 임시적 · 일시적 고용형태까지를 포함하는 개념이다(오문완, 1997: 전경숙, 2006에서 재인용). 그런데 우리나라에서는 파트타임 근로와 아르바이트가 대상에 따라 모호하게 구분되는 경우가 많다. 즉, 30대 실업자나 주부가 생활비를 벌기 위해 단기간 근로를 할 경우 파트타임 근로로 불리는 반면, 만약 동일한 일을 청소년이 할 경우에는 아르바이트로 불리게 되는 모호한 상황이 발생하는 것이다. 더 나아가 아르바이트를 본업 외에 부업으로 하는 일의 의미로 규정할 경우, 정규 직장을 가지고 있지 않은 비진학 후기 청소년의 경우 이들이 참여하는 아르바이트가 결국 본업의 성격을 띨 수 있다는 점에서 문제가 있다(전경숙, 2006).

서울특별시실업대책위원회(2000)의 보고서에서는 청소년 아르바이트를 사회적 관습에 의해 돈을 벌어야 하는 나이 이전에 경제적 소득을 위해 단시

표 11-1 직업과 아르바이트의 정의 비교

구분	직업	아르바이트
기간	장기간 하는 일	단기간 하는 일
임금	상대적으로 높음	상대적으로 낮음
일의 정체성	사회적으로 일을 해야 하는 나이에 하는 일	사회적으로 일을 하지 않아도 되는 나이에 하는 일
직종	전문직	단순 서비스 업종
사회적 지위와의 관련성	사회적 지위를 결정하는 요소	사회적 지위와 관련되지 않음

출처: 서울특별시실업대책위원회(2000), p. 15.

간 또는 단시간 비정규직이나 자영업 형태의 노동행위를 하는 활동이라고 정의하였다. 따라서 직업과 아르바이트를 〈표 11-1〉과 같이 구분하여 정의하고 있다. 직업은 노동에 참여하는 기간이 장기간인 반면에 아르바이트는 단기간 하는 일이다. 직업의 임금은 아르바이트에 비해 상대적으로 높고 사회적으로 일을 해야 하는 나이에 하는 일인 반면에 아르바이트는 직업에 비해 임금이 상대적으로 낮고 사회적으로 일을 하지 않아도 되는 나이에 하는 일이다. 직업의 직종은 전문직인 반면에 아르바이트는 단순 서비스 업종이 대부분이며, 직업은 직업에 따라 사회적 지위를 결정하는 요소가 되는 반면에 아르바이트는 사회적 지위와 관련이 없다.

하지만 파트타임 근로라 하더라도 생계를 목적으로 하는 주업이 될 경우에는 이것은 아르바이트가 아니라 직업이 되는 것이다. 이와 같이 아르바이트는 파트타임 근로와 다른 개념으로서 본업 이외의 부업과 임시적 성격을 동시에 갖는 개념이다(박창남, 2007). 따라서 아르바이트는 본업이 있는 사람이 부가적으로 일을 수행하며 그 일을 통해 노동의 의미를 깨닫고 자아성취를 이루는 과정으로 이해할 수 있다(전경숙, 2003). 이러한 아르바이트에 대한 개념 해석으로 청소년 아르바이트는 청소년들이 학업과 병행하여 노동을 제공하고 이에 상응하는 대가를 받는 모든 행위로 정의할 수 있겠다.

2) 청소년 노동의 유형과 특성

(1) 청소년 노동의 유형

청소년의 노동 유형을 전경숙(2003)의 연구를 참고하여 노동의 목적과 참여 형태에 따라 분류하면 다음과 같다.

① 직업으로서의 노동활동

성인과 마찬가지로 생계와 관련된 삶의 계속적인 활동으로서 노동을 말한다. 중등교육을 마치거나 중퇴를 하고 직업선택을 통해 노동을 하는 경우가 이에 해당한다.

② 가족의 빈곤한 생계를 유지하기 위한 노동참여활동

부모의 실직, 가정의 빈곤, 부모의 이혼 등으로 조부모에게 맡겨지거나 가정의 생계를 책임지기 위해 당장 노동에 참여하여 생계를 유지하지 위한 생계형 노동자가 이에 속한다.

③ 가출청소년의 생활유지를 위한 노동활동

가정 문제 및 가족구성원들과의 갈등 등으로 가출한 청소년에게는 당장의 숙식 문제가 절대적으로 해결해야 하는 당면 과제다. 이러한 청소년이 생계를 위해 아르바이트를 하고 있다.

④ 소비활동을 하기 위해 필요한 용돈벌이형 노동활동

청소년은 각종 소비문화의 발달로 원하는 물건을 사거나 하고 싶은 일을 하기 위해 노동활동에 참여하는 경향성을 띤다. 이러한 노동활동은 가정의 경제적 수준과는 무관하게 개인의 취향에 따라 나타나고 있다.

이 외에도 청소년 자신의 진로선택에 있어 도움을 받기 위해 아르바이트를 하거나 사회경험을 쌓거나, 여가를 보람되게 보내기 위해 노동활동에 참여하기도 한다.

(2) 아르바이트 특성

- 아르바이트 직종의 비다양성
- 전문적 경험 미필요

- 낮은 임금
- 고임금의 경우 금지업종 종사
- 「근로기준법」상 성인과 다른 근로 규정

3) 청소년 노동에 대한 시각

1966년 유엔이 채택한 '경제적 · 사회적 · 문화적 권리에 관한 국제규약'에 따르면, 노동권이란 기본적으로 '자유롭게 직업을 선택할 권리'와 '강제노동 및 노예노동의 금지'를 의미한다. 노동권에는 자유롭게 직업을 선택할 수 있는 자유권적 요소와 강제노동 및 노예노동으로부터 보호받을 수 있는 사회권적 요소가 모두 포함되어 있다. 청소년 노동권에는 성인에 비해 자유권이 제약되고 사회권적 요소가 보다 강조된다고 할 수 있다(박창남, 2004).

마이어스(Myers, 1991)는 아동 · 청소년 노동에 대한 시각의 차이를 나타내는 근절론과 보호론의 입장을 제시하였다. 먼저, 아동 · 청소년 노동 근절론의 입장에 따르면, 문제의 핵심은 아동 · 청소년이 경제활동에 참가하도록 허락되고 있다는 사실이다. 아동기 및 청소년기는 우선적으로 학습과 놀이를 위한 시기이며, 집안에서의 허드렛일 정도만 해야 한다. 심지어 아동 · 청소년이 학대받지 않더라도 그들의 노동시장에의 참여는 성인임금과 고용을 약화시켜서 아동 · 청소년을 일하도록 강제하는 것이 바로 빈곤을 낳는 요인이 된다. 사실상 모든 일하는 아동 · 청소년은 당연히 위험한 상태에 있는 것으로 간주되며, 따라서 아동 · 청소년 노동의 근절이 위험을 감소시키는 유일한 방법이다. 궁극적인 목표는 모든 아동 · 청소년 노동의 근절이다.

다음으로 아동 · 청소년 노동 보호론의 입장에 따르면, 적절한 보호와 감독하에서라면 노동은 아동 · 청소년의 사회화, 훈련, 자존감을 낳는 중요한 수단이 될 수 있다. 아동 · 청소년의 경제활동 참여는 그것이 건전한 발달과 일치하는 한에 있어서 받아들여질 만하며, 실제 문제는 아동 · 청소년이 노동시장에 들어갔을 때 아동 · 청소년이 갖는 특별한 연약함이다. 위험한 일에 대한 아동 · 청소년의 참여를 근절시키는 것을 지지할지라도 일하기를 희망하는 아동 · 청소년은 일할 권리를 가져야만 하고 그들에게 적절한 고용기회의 부족은 착취적인 노동조건의 존재만큼이나 커다란 문제다. 먼저, 다른 가족의 실질적인 소득을 올리지 않고 아동 · 청소년 노동을 금지하는 것은 더욱 많은 빈곤한 아동 · 청소년을 양산하면서 빈곤층에 대한 비극을 초래할 것이다. 이러한 보호론 입장에서는 아동 · 청소년 노동이 불필요하도록 사회적 · 경제적 조건을 향상시켜 주는 것을 중요하게 인식한다.

따라서 근절론의 입장에서 청소년 노동권의 의미는 '노동으로부터의 배제'인 반면, 보호론의 입장에서 청소년 노동권의 의미는 '노동에 참여할 기회의 제공과 보호'이다(박창남, 2004에서 재인용).

2. 청소년 노동 실태 분석

1) 청소년 경제활동 참가율

2018년 15세 이상 24세 이하의 청소년 생산가능인구는 571만 7천 명으로 2017년에 비해 22만 9천 명 감소한 것으로 나타났다. 청소년 생산가능인구는 2%대의 감소 추세를 보이다가 2009~2014년 동안은 0~1%대로 증가했으나 2015년부터 다시 감소 추세로 전환된 이후 감소폭이 확대되고 있다.

청소년의 경제활동 참가율은 15세 이상 전체 경제활동참가율(63.1%)보다 33.8%p 낮은 29.3%이며, 15~19세 경제활동 참가율은 8.2%로 나타났다.

우리나라 청소년의 경제활동 참가율을 OECD 회원국과 비교해 보면, 그 비율이 하위 수준임을 알 수 있다. 2018년 OECD 회원국 청소년의 평균 경제활동 참가율은 47.5%로 우리나라보다 18.2%p나 높게 나타나고 있다. 우리

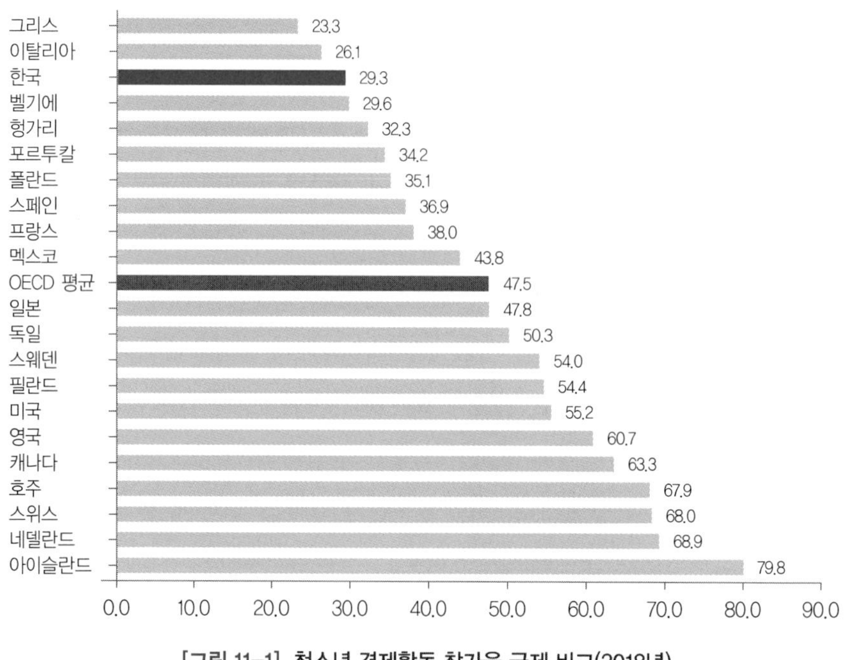

[그림 11-1] 청소년 경제활동 참가율 국제 비교(2018년)

출처: 여성가족부(2019), p. 408.

나라는 청소년 실업률이 40%를 넘고 있는 그리스를 포함하여 이탈리아, 벨기에와 함께 청소년의 경제활동참가율이 하위국가군에 속한 것으로 나타났다. 반면, 청소년의 경제활동참가율이 가장 높은 OECD 회원국은 아이슬란드(79.8%)였으며, 다음으로 네덜란드(68.9%), 스위스(68.0%), 호주(67.9%), 캐나다(63.3%), 영국(60.7%) 등은 OECD 청소년 평균 경제활동 참가율을 크게 상회하고 있다.

2) 청소년 실업 현황

우리나라의 실업률은 노동할 의욕과 능력이 있는 인구 중에서 실업자가 차지하는 비율을 말하는데, 2018년 3.8%(실업자 107만 3천 명)이지만 청소년 실업률은 10.5%로 전년대비 0.2%p 상승하였고, 전체 실업률과 비교하여 2.8배 높은 수준이다. 2018년 우리나라 청소년 실업률은 OECD 회원국 평균(11.1%)보다 0.6%p 낮은 수준이지만, 과거 수치와 비교해 보면 실업률이 크게 증가하였다. 실업 문제가 최대 사회 현안 중 하나인 그리스, 스페인, 이탈리아의 경우 청소년 실업률이 각각 39.9%, 34.3%, 32.2%를 기록하고 있다. 반면, 산학협동을 통해 청소년들의 노동시장 이행이 비교적 원활한 독일, 스위스 및 일본은 각각 6.2%, 7.9%, 3.8%로 비교적 낮은 수준의 실업률을 보이고 있다. 우리나라 청소년의 경제활동 참가율이 OECD 평균보다 하위권임에도 불구하고 실업률이 낮은 것은 다른 나라에 비해 정규 교육과정에 재학 중인 청소년 비율이 높은 것과 관련이 있다(여성가족부, 2019).

청년 세대의 경우 고용률과 실업률 모두 상승하고 있는 가운데 취업자 수는 오히려 감소하고 있으며, 실업자 수는 증가하고 있다. 이렇게 청년 취업자의 취업자 수가 크게 변화가 없거나 감소 추세임에도 청년 고용률이 증가하고 있는 이유는 청년 취업 현황이 좋아졌다기보다 청년층 생산가능인구의 감소 때문이다(김유빈, 2018).

청년 체감 실업률은 2015년 공표된 이래, 공식 실업률의 2배를 상회하는 수준을 보이고 있다. 2019년 체감 실업률은 22.9%로 나타났다(김유빈, 이영민, 김기헌, 2019). 한국경제연구원이 2009년부터 2019년까지 10년간 OECD 회원국의 청년 고용지표를 분석한 결과에 따르면, 청년(15~29세)실업률은 OECD 평균 4.4%p 감소하는 동안 우리나라는 0.9%p 증가한 것으로 나타났다. 통계청의 '2020년 9월 고용동향'에 따르면, 청년 체감 실업률은 25.4%로 청년 4명 중 1명은 취업을 못하고 있는 것으로 나타났다(헤럴드경제, 2020. 10. 19. 일자).

2019년 청소년 실업률은 15~19세 실업률(8.6%)이 지속적인 감소 추세를 보이고 있는 반면, 20~24세 실업률(10.7%)은 증가 추세를 보이고 있다. 2019년 전체 실업률이 3.8%이기에 청년 실업률은 성인 실업률의 약 2~3배가 되는 셈이다.

이러한 실업률은 다른 국가에 비해서는 낮은 편이다. 2014년 청년 고용 관

표 11-2 연령별, 성별 청소년 실업 및 실업률 (단위: 천 명, %)

구분	2000년		2005년		2010년		2015년		2016년		2017년		2018년	
		실업률		실업률		실업률		실업률		실업률		실업률		실업률
15~24세	249	10.8	211	10.2	146	9.7	194	10.5	197	10.7	186	10.3	176	10.5
남자	124	13.5	96	12.1	64	11.1	87	11.3	84	11.0	84	11.2	74	11.1
여자	125	9.1	115	8.9	83	8.9	107	10.0	113	10.5	102	9.7	102	10.2
15~19세	66	14.5	34	12.3	28	11.9	29	10.6	27	10.0	23	8.7	21	9.3
남자	34	15.2	16	13.0	15	15.1	13	10.4	14	10.9	12	9.8	11	10.4
여자	32	13.8	18	11.7	13	9.6	16	10.7	13	9.2	11	7.7	10	8.4
20~24세	183	9.9	177	9.8	119	9.4	165	10.5	170	10.8	163	10.6	155	10.7
남자	90	12.9	79	12.0	49	10.3	74	11.5	70	11.0	72	11.5	64	11.2
여자	93	8.1	97	8.6	70	8.8	90	9.8	100	10.7	91	10.0	91	10.4

출처: 여성가족부(2019), p. 415.

련 지표를 국제적으로 비교한 결과를 살펴보면, 우리나라 청년층은 실업률과 고용률이 모두 낮게 나타났는데, 우리나라의 청년 실업률(2014년 9%)은 OECD 34개국 중 28위, 청년 고용률은 40.7%로 29위로 집계되었다. 하지만 이러한 실업률 통계에는 일부 청년층의 데이터가 누락되어 있어 정확한 통계라고 보기

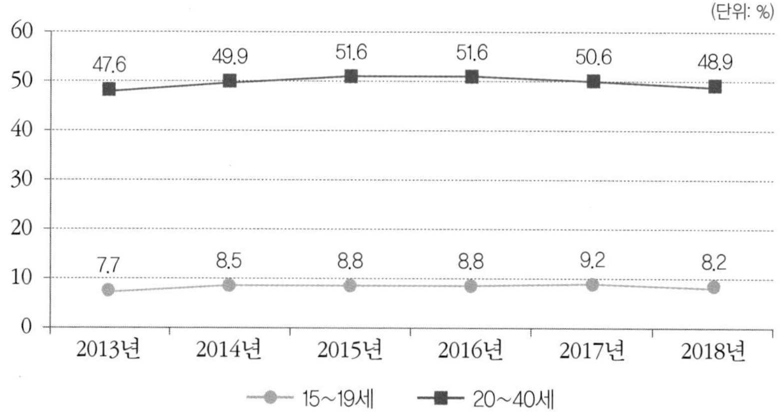

[그림 11-2] 청소년(15~24세) 경제활동 참여율

출처: 여성가족부(2019), p. XIII.

에 어려운 부분이 있다. 청년 실업률이 낮은 국가의 고용률이 대부분 높은 반면에 우리나라의 청년 고용률이 이처럼 낮은 것은 취업하지 않은 청년층 가운데 실업률 통계에 포함되지 않은 인구를 반영하는 노동저활용지표가 높을 가능성이 있음을 의미한다. 즉, 청년층의 경우 교육이나 직업 훈련을 받지 않고 취업도 하지 않는 '니트족'과 취업 준비생 등이 공식실업률 통계에서 제외되면서 실업률 지표가 OECD 평균보다 낮게 나온 것이다. 니트족의 규모는 우리나라가 18%로 OECD에서 여덟 번째로 높은 수준이었다(국회예산정책처, 2016).

3) 청소년 아르바이트 현황

청소년 아르바이트 참여율은 2016년부터 점차 감소하는 경향성을 나타내고 있고, 단순업무의 종사다. 더불어 여전히 노동현장에서의 부당처우를 경험하고 있다. 최근 청소년 아르바이트 경험을 조사한 보고서(김지경, 연보라, 정은진, 2018; 안선영, 황여정, 이수정, 이로사, 2014)를 토대로 청소년 아르바이트 참여 현황 등을 살펴보면 다음과 같다.

(1) 아르바이트 참여율

지금까지 한 번이라도 아르바이트를 경험해 본 적이 있는지 질문한 결과(김지경 외, 2018), 전체 응답자 가운데 9%로 나타나 2015년 25.1%, 2016년 11.3%로 상당 부분 감소하고 있다. 청소년의 아르바이트 경험은 여자 청소년의 경험률(9.4%)이 남자 청소년(8.7%)보다 높았다. 학교급별로는 고등학생의 아르바이트 경험률은 15.0%로 중학생(1.8%)보다 높고, 고등학교 유형별로는 특성화고등학교 34.4%, 일반계고등학교 11.0%를 나타냈다.

2014년도와 비교하여 고등학생의 아르바이트 참여율(2014년 28.9%)도 낮아졌지만 중학생의 아르바이트 참여율(2014년 13.2%)이 현저하게 낮아진 특성을 확인할 수 있다.

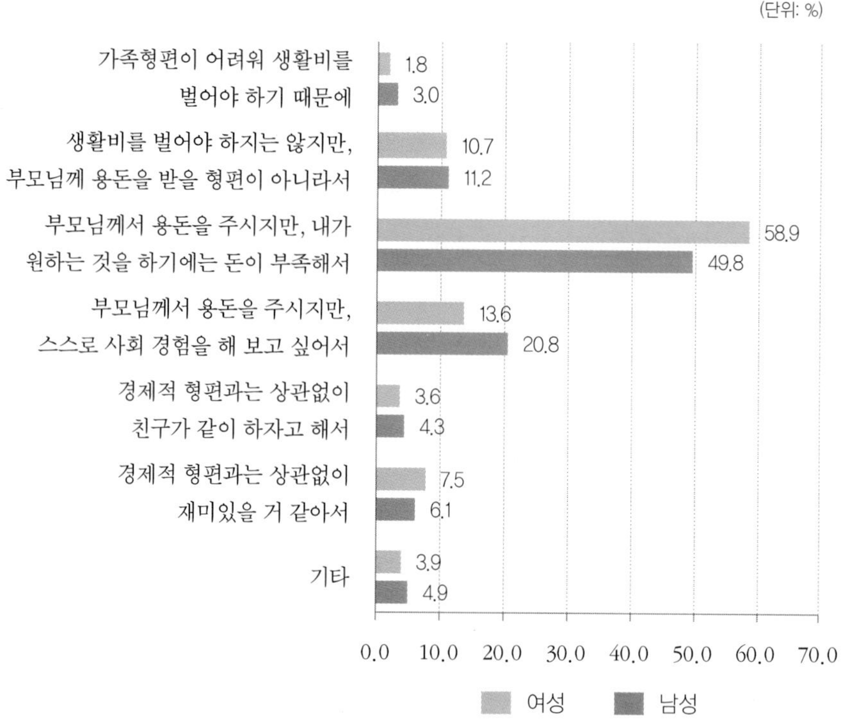

[그림 11-3] 청소년 아르바이트 목적

출처: 여성가족부(2019). p. XIII.

(2) 아르바이트 목적

2018년 아르바이트를 한 경험이 있는 청소년을 대상으로 아르바이트를 하는 주된 이유를 조사한 결과, '부모님(보호자)께서 용돈을 주시지만, 내가 원하는 것을 하기에는 돈이 부족해서'가 54.4%로 가장 많았고, 2016년 조사보다 이 응답이 증가(4%p)하였다.

(3) 아르바이트 구직 경로

아르바이트 정보를 얻는 경로는 '친구 또는 선후배의 소개'가 54.2%로 가장 많고, 그 다음으로 '아르바이트 전문 포털사이트'(26.2%)를 통해, '부모님, 알고 지내는 어른, 형제 · 자매 등의 소개'(13.8%)' 등의 순으로 나타났다.

(4) 임금

2018년 최저시급인 7,530원보다 적게 받았다고 응답한 비율은 34.9%로 나타났는데, 2011년 법정 시급 이하 지급 비율 37.2%(임영식 외, 2011)이며, 2014년 법정최저 시급 이하 지급 44.8%(안선영 외, 2014)인 것과 비교하여 노동시장에서의 청소년의 급여 수준은 여전히 취약한 것으로 나타났다.

(5) 업종

청소년이 참여하는 아르바이트의 업종으로는 음식점 · 식당 · 레스토랑이 45.9%, 뷔페 · 웨딩홀 · 연회장 14.1%, 전단지 배포(스티커 붙이기) 7.8%, 패스트푸드점 6.5%, 편의점 6.2% 등의 순으로 파악되었다. 중학생의 경우 다른 아르바이트 업종에 비해 전단지 배포(29.9%)가 높게 나타났다.

(6) 노동 기간

청소년 아르바이트는 안정성이 낮고 대부분 단기 아르바이트로 나타났는데, 평균 아르바이트 근무 일수는 2.7일이며 1일 이상 2일 미만의 노동 일수를 응답한 청소년은 25%로 나타났다. 하루 평균 노동 시간은 평균 6.2시간이며 하루 최대 노동 시간인 8시간을 초과한 경우도 19.6%로 나타났고, 특히 뷔페 · 웨딩홀 · 연회장의 경우 8시간을 초과한 비율이 50.0%로 가장 높았다.

(7) 아르바이트 참여와 관련요인

기존 연구들(김기헌, 유성렬, 2006; 안선영 외, 2013, 2014; 이경상, 박창남, 2006; 임영식 외, 2011)을 통해 청소년 아르바이트 참여에 영향을 미치는 요인을 살펴보면, 작은 지역 규모, 낮은 학업성적과 학업포부, 특성화 고등학교, 부모의 낮은 교육수준과 경제적 수준, 학업중단 여부 등이 청소년 아르바이트 참여에 영향을 미치는 변수로 확인되었다. 특히 학업중단 청소년의 64.1~68.8%가 아르바이트를 하고 있는 것으로 나타났다.

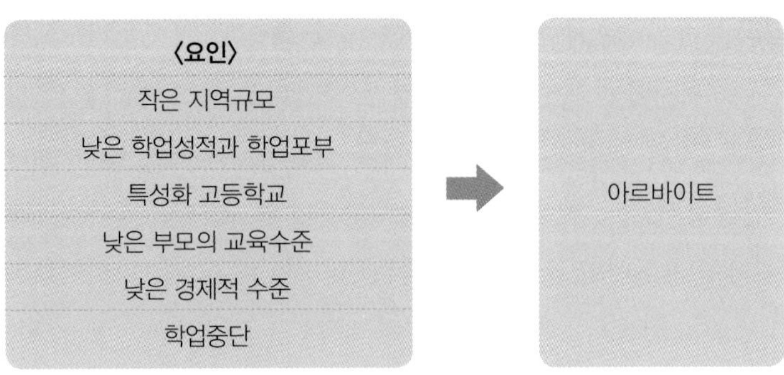

[그림 11-4] 아르바이트 참여에 영향을 미치는 요인

(8) 청소년 노동보호 실태

① 노동인권교육 실태

아르바이트를 하는 청소년의 권리에 대해 학교에서 설명을 듣거나 교육을 받은 적이 있다고 답한 비율은 36.1%로 2014년(16.5%)에 비해 2배 이상 향상되었지만 여전히 낮은 상황임을 확인할 수 있다.

② 서류 작성 및 제출

아르바이트를 시작할 때 근로계약서를 작성했다고 답한 비율은 38.4%로 2014년 조사(25.5%)와 비교해 크게 개선되지 못했다. 특히 중학생의 경우 불과 19.0%만이 근로계약서를 작성(2014년 13.0%)하는 것으로 나타나, 나이가 어린 청소년일수록 노동권익 보호의 사각지대에 놓여 있을 가능성이 큼을 시사하였다. 특히 업종별로는 전단지 배포, 편의점 아르바이트를 했을 경우 근로계약서 작성이 낮게 나타났다(전단지 배포 12.9%, 편의점 22.7%).

③ 부당처우

임금체불, 초과근무수당 미지급, 초과근무 요구 등 부당 행위를 경험했다

는 응답 비율은 30.5%로 2014년 조사 31.9%와 유사한 수준으로 파악되었다.

④ 부당처우 대처 방법

부당처우를 경험했을 때 '참고 계속 일했다'는 응답이 70.9%로 2014년 조사의 결과 71.7%와 크게 다르지 않는 것으로 나타났다. 특히 중학생의 경우 그냥 일을 그만두었다고 응답한 비율이 48.1%로 나타나 전체 평균 20.2%보다 크게 상회하였다.

우리 사회의 청소년 노동환경이 여전히 낙후한 것은 우리 사회 전반의 노동환경의 수준과 관련성이 있다. 2014년 국제노동조합총연맹(ITUC)의 노동권 침해 상황 조사 평가 결과를 살펴보면, 세계노동권리지수(GRI)에서 139개국 중 한국은 중국, 인도, 나이지리아, 방글라데시, 이집트, 그리스, 과테말라, 라오스, 말레이시아, 필리핀, 스와질란드, 터키, 잠비아, 짐바브웨 등 24개국과 함께 최하위등급인 5등급으로 분류되었다. 5등급은 노동권이 지켜질 보람이 없는 나라(no guarantee for rights)를 뜻하며, 노동법이 명시적으로 있으나 노동자들이 그 혜택을 받지 못한다는 뜻이다(연합뉴스, 2014. 5. 22.).

〈간략히 살펴보는 「근로기준법」〉

- 노동 가능 연령과 필요서류
  - 「근로기준법」에서 정하는 노동 가능한 최저 연령은 15세임
  - 15세 미만 청소년이 근로할 경우 고용노동부장관이 발급한 취직인허증이 필요함
  - 사용자가 연소근로자를 고용하는 경우 나이를 증명하는 가족관계기록사항에 관한 증명서, 친권자 또는 후견인의 동의서 등을 사업장에 비치해야 함

○ 고용 금지 직종

- 연소근로자의 경우 도덕상 또는 보건상 유해하고 위험한 일에 고용 금지
- 연소근로자 사용 금지 직종
  - 「산업보건기준에 관한 규칙」 제69조 제2호 및 제3호에 따른 고압작업 및 잠수작업
  - 「건설기계관리법」, 「도로교통법」 등에서 18세 미만인 자에 대하여 운전·조종면허 취득을 제한하고 있는 직종 또는 업종의 운전·조종 업무
  - 「청소년 보호법」 등 다른 법률에서 19세 미만 청소년의 고용이나 출입을 금지하고 있는 직종이나 업종. 유류를 취급하는 업무(주유업무 제외), 2-브로모프로판을 취급하거나 노출될 수 있는 업무. 갱내(坑內) 근로의 금지

○ 노동 시간 제한

- 일하는 시간 등의 제한
- 「근로기준법」은 하루 8시간 근로, 일주일 40시간 근로 원칙/연소근로자에 대하여는 하루 7시간 근로, 일주일 40시간 근로
- 연소근로자의 연장근로: 하루 1시간, 일주일 6시간을 초과할 수 없음
- 연소근로자의 밤 10시~다음 날 오전 6시 사이의 근로와 휴일근로를 원칙적으로 금지
- 하루 7시간과 일주일 40시간 초과(연장근로) 근로: 연소근로자의 동의 필요
- 야간근로와 휴일근로: 연소근로자의 동의와 고용노동부장관의 허가 필요
- 연소근로자가 연장, 야간 및 휴일근로를 한 경우 사용자는 50% 이상의 가산임금 지급 원칙

○ 근로계약서 작성와 내용

- 근로계약서 서면 교부와 위약 예정의 금지
- 근로계약서 작성: 사용자와 연소근로자가 근로계약서를 서면으로 작성하여 한 부씩 보관
- 근로계약 대리작성 금지: 친권자나 후견인은 미성년자의 근로계약을 대리할 수 없음
- 근로계약서 명시 근로조건: '임금' '소정근로시간' '주휴일' '연차 유급휴가' 등

- 근로조건의 위반의 경우: 근로계약서에 명시한 조건이 실제 근로조건과 다를 경우에는 '근로자는 근로조건 위반을 이유로 손해의 배상을 청구' 가능. 혹은 '즉시 근로계약을 해제'
- 제20조 위약예정의 금지: 사용자는 근로자에게 근로계약에 정한 내용을 이행하지 않을 경우 위약금이나 손해배상 책임을 묻는 내용을 근로계약서에 담을 수 없음

○ 독자적 임금 청구

- 「근로기준법」 제68조(임금의 청구): 미성년자의 독자적 임금 청구 명시
- 같은 법 제67조(근로계약) 제1항의 친권자나 후견인의 근로계약 대리 금지 규정과 함께 연소근로자의 강제노동 예방

〈청소년 아르바이트 부당 처우 관련 언론 보도〉

- 2011. 3. 17. 아시아투데이

  만 18세 미만 청소년을 아르바이트생으로 고용한 일부지역의 사업장 80% 이상이 「노동관계법」 위반

- 2011. 3. 29. 제주일보

  겨울방학 동안 지역 내 패스트푸드점과 주유소, 편의점 등 18세 미만 연소자를 고용하고 있는 사업장 18개소를 대상으로 노동관계법 이행 여부를 점검한 결과: 실제 점검 사업장 가운데 89%인 16개소에서 29건의 법 위반 사실 적발

- 2012. 12. 31. 경향일보

  2012년 고용노동부가 패스트푸드점, 주유소, 편의점 등 청소년을 고용하고 있는 918곳을 조사한 결과, 이 중 304곳이 임금을 제대로 지급하지 않음. 점검 대상 사업장의 무려 3분의 1이 청소년들에게 임금을 제대로 지급하지 않고 있는 것임

• 2013. 3. 12. 한국일보

2013년 겨울방학기간 동안 연소자, 대학생을 다수 고용하는 사업장 919개소를 대상으로 노동관계법 위반 여부에 대한 감독을 실시함. 이 중 789개소, 즉 85.8%가 기본적인 근로조건 위반. 아르바이트생에게 최저임금이 얼마인지 알려 주지 않은 것이 584건으로 가장 많았고, 근로조건을 명시한 근로계약서를 서면 미작성 543건, 성희롱 예방교육 미실시 331건, 임금체불 140건이었음

• 2014. 12. 여성가족부

여성가족부와 고용노동부는 2014년 12월 17일부터 22일까지 4일 동안 13개 시·도 24개 지역에서 청소년 근로 권익 보호를 위한 관계기관 합동 점검을 실시하여 총 163건의 위반 사례를 적발함. 적발 사례를 살펴보면, 근로조건 명시 위반이 가장 많았고 다음으로 근로자 명부 미작성, 최저임금 미고지, 임금체불, 성희롱 예방교육 미실시 등이었음

3. 청소년 아르바이트와 청소년 발달

1) 학업적 발달

(1) 긍정적 영향

아르바이트를 경험한 청소년은 학교에서의 성공이 사회에서 좋은 일자리를 얻는 데 필수적이라는 사실을 일 경험을 통해 직접적으로 확인하고, 본인 스스로 학업성적을 높이고자 하는 동기를 부여받게 된다(김기헌, 유성렬, 2006; Ruscoe et al., 1996). 또한 학업성취에 필요한 인성 발달, 미래에 대한 긍정적인 인식을 고취시켜(Ruscoe et al., 1996), 장기적으로는 청소년기에 학업과 일을 병행하는 경험이 생애 전반에 걸쳐 긍정적인 효과를 발휘할 수 있는 기회를 제공한다(김기헌, 유성렬, 2006).

(2) 부정적 영향

청소년 아르바이트가 학업에 미치는 부정적 영향은 제로섬(zero-sum) 이론으로 설명할 수 있는데, 청소년의 노동시간의 증가는 학교 참여와 학업성취 수준을 낮게 만든다는 것이다(김예성, 2006). 실제로 외팅어(Oettinger, 1999)의 연구에서도 물리적 · 신체적 에너지가 제한된 상태에서 아르바이트 참여 경험을 하게 되면 청소년의 피로감이 증가하고 이는 학업에 대한 집중을 방해하여 결국엔 학업 수행에 불리하게 작용한다고 보고하고 있다. 청소년의 노동 경험은 성적, 대학진학 계획, 유급경험 등 교육과 관련된 모든 준거에 대해 부정적인 영향을 미치는데(Bachman & Schulenberg, 1993), 아르바이트 경험이 학교 출석에 부정적 영향을 주고, 피로로 인해 학업에 지장을 초래하게 되는 것이다(McKechnie, Lindsay, Hobbs, & Lavalett, 1996: 김예성, 2006에서 재인용). 이러한 아르바이트로 인한 학교 적응과 학업성적에 대한 지장은 결국엔 청소년들의 미래에 대한 기회를 제한하게 된다(Singh et al., 2007).

청소년들의 주당 노동시간, 노동부담, 스트레스적 노동경험은 노동-학업 간 갈등을 야기하고 이것이 다시 정서문제를 거쳐 학교 적응 수준에 유의한 영향을 미치는 것으로 나타났다. 특히 노동시간은 학교 적응에 직접적으로 부정적 영향을 미친다. 청소년의 장시간 노동에 대한 노출은 과거의 낮은 학업성취와 학교에서의 낮은 흥미가 영향을 미치고 있었다(김예성, 2006). 노동시간이 길고 근무일수가 길수록 학업 및 또래관계에 지장을 초래한다(안선영 외, 2014).

2) 심리 · 정서적 발달

(1) 긍정적 영향

아르바이트가 청소년의 심리 · 정서적 발달에 미치는 영향 가운데 가장 많이 언급되는 것은 청소년의 자아개념 발달에 긍정적 영향을 미친다는 것이다. 아르바이트 경험이 청소년에게 독립성, 책임성, 실제적인 직업 결정, 좋은 습관과 노동태도를 육성하고(김기헌, 2003), 자율성과 권한의 증가, 일을 함으로써 변화된 자아개념과 새로운 정체성의 형성 경험은 궁극적으로 사회적 자아개념을 형성하는 데 도움이 된다(Marsh, 1991: 김정현, 2009에서 재인용).

노동 영역에서의 성취를 통해 적절한 보상을 받는 경험 또한 학업성취 영역에서의 실패로 저하되었던 자기효능감을 증진시키는 기회가 된다(Larsen & Shertzer, 1987). 노동현장에서의 시간엄수와 신뢰성 형성은 청소년 발달에 큰 도움이 될 수 있다(Mortimer, 2003).

(2) 부정적 영향

아르바이트를 경험한 청소년은 경험하지 않은 청소년에 비해 우울, 불안, 신체화 증상, 대인관계 문제 등의 어려움이 상대적으로 높았고, 이러한 영향은 일의 부담이 클 경우 두드러지는 것으로 나타났다(Koeske & Koeske, 1989). 하지만 노동경험 자체의 부정적 영향보다는 노동현장에서의 부정적 사건이나 부정적 경험을 한 경우 청소년의 심리·정서적 발달에 더욱 부정적 영향을 미치게 된다. 브라운과 코웬(Brown & Cowen, 1989)의 연구를 보면, 아르바이트 과정에서 사고를 경험하거나 부당행위 경험(임금 및 수당 미지급, 부당해고, 신체적 학대, 성희롱, 상해 또는 상해에 대한 치료비 미지급, 고용 및 급여에서의 차별, 계약 불이행 등)은 청소년에게 주요한 스트레스 요인으로 작용하는 것을 알 수 있다. 또한 스트레스 외에도 노동현장의 부정적 경험은 청소년의 정신건강과 음주행위에 부정적인 영향을 미치는 것으로 나타났으며(최수찬, 전지영, 조영은, 원경림, 정선아, 2015), 서비스 업종에서의 경험은 강요된 웃음과 같은 감정노동으로 인해 스트레스를 경험하고 감정노동이 심하면 대인기피증과 우울증을 불러일으킬 수 있는 것으로 나타났다(이수정, 2008). 또한 부당해고나 일터에서의 부정적인 경험은 사회에 대한 불신과 무기력감을 느끼게 되고, 우울을 증가시키고 자존감을 저하시키는 요인으로 작용한다(Jex & Beehr, 1991: 김예성, 2006에서 재인용). 위험한 노동환경은 상해 발생률을 높이는 요인으로 작용하며, 비위생적인 노동환경도 노동자의 직업 불만족과 불안을 야기하며 자존감을 저하시킨다(Kohn et al., 1983: 김예성, 2006에서 재인용). 이러한 노동현장에서의 부정적 경험은 궁극적으로는 청소년 발달에 부정적 영향을 미치게 된다.

3) 사회적 발달

(1) 긍정적 영향

아르바이트 경험은 주변의 유의미한 타자(significant others)와의 관계를 비롯해 청소년의 사회성 발달에도 영향을 미칠 수 있다. 즉, 아르바이트 경험은 자신감이나 책임감, 인내력을 키우는 기회를 제공하고, 만나게 되는 사람과의 관계로 인해 인적 네트워크를 형성하는 기회가 된다(김정현, 2009). 또한 성인과 접촉하는 기회를 제공함으로써 청소년의 사회화에 긍정적 영향(김예성, 2006)을 미친다.

안선영 등(2014)의 조사에서는 아르바이트를 경험한 청소년은 아르바이트가 돈의 가치 및 노동의 의미에 대한 이해, 사회생활에 대한 이해, 환경 및 인간관계에 대한 적응력 제고, 행동에 대한 책임감 제고 등에 도움을 준다고 인식하는 것으로 나타났다.

아르바이트는 부모와 긍정적 관계를 형성하지 못한 청소년에게는 부모와의 관계 악화를 예방하기도 한다.

(2) 부정적 영향

한편, 청소년의 노동 경험은 가족과 보내는 시간을 감소시키고, 부모와의 관계를 저하시키는 요인으로도 작용한다(한경혜, 2000; Safyer, Leahy, & Colan,

1995). 가족과의 관계의 소원함 외에도 청소년의 노동 경험과 비행과의 관련성을 보고하고 있는 연구들이 많이 발견된다.

아르바이트 경험 청소년은 시간제 노동을 통해 연장자나 일찍이 성인문화를 경험한 또래들을 만나 어울리거나 비행 친구들과의 교제가 강화되면서 비행에 합류할 가능성이 높은 것으로 나타났다(김성언, 2012; 김예성, 김선숙, 2009; Ploeger, 1997). 노동시장 참여 경험이 있는 청소년이 참여 경험이 없는 청소년에 비해 음주, 흡연, 약물사용, 폭력과 가출 등의 문제행동과 관련이 높은 것으로 보고하고 있다(문성호, 2003; Rajeev et al., 2009). 특히 노동 강도는 흡연, 음주, 가출, 무단결석 등에 정적으로 유의한 영향을 미치며(이경상, 유성렬, 박창남, 2005), 노동의 지속강도 또한 비행에 영향을 미친다(문성호, 2003). 또한 노동시간이 증가할수록 동료의 비행 성향이 증대되고, 용돈의 소비수준이 증가하며, 학교 적응 수준이 떨어진다. 이러한 경로를 거쳐 경비행(흡연, 음주, 유흥업소 출입 등) 및 중비행(절도, 폭력, 약물)이 증가됨을 확인하였다. 중비행에 미치는 영향보다는 경비행에 미치는 영향력이 컸다(김예성, 김선숙, 2009). 하지만 주당 노동시간이 높더라도 학교에 대한 애착이 높고 학교생활을 잘해 나갈 수 있을 경우 비행에 빠질 가능성은 낮아진다(김예성, 김선숙, 2009). 또한 일 유형에 따라 비행에 미치는 영향력이 다름을 보고한다. 즉, 음식점 서빙, 배달은 흡연, 음주, 절도, 패싸움에 정적 영향을 미치고, 유해업소 서빙은 흡연, 패싸움에, 제조·건설은 흡연, 절도에, 전단지 배포는 절도에, 기타 서비스는 흡연에 각각 정적 영향을 미쳤고, 신문·우유 배달과 판매는 비행에 아무런 영향을 미치지 않았다. 이러한 결과는 일의 유형에 따라 일 경험이 비행에 미치는 효과가 다르다는 것을 의미한다(박창남, 2006).

4) 진로·직업 발달

(1) 긍정적 영향

청소년 아르바이트는 청소년이 자신의 미래를 구체화하고 준비해 가는 기회로 작용하며(육혜련, 2014), 향후 진로를 위한 사회적 · 정서적 준비와 관련된 정서적인 독립과 사회적 책임 행동을 수행할 수 있는 기회가 되기도 한다(Johnson, 2004). 실례로, 아르바이트 경험이 있는 청소년이 아르바이트 경험이 없는 청소년에 비해 진로성숙의 태도, 행동 등의 진로성숙도가 높았다(전방연, 2003). 또한 가출청소년의 아르바이트 경험에 대해 질적 연구(육혜련, 2014)에 따르면, 아르바이트 과정에서 겪는 사회의 현실적 장벽(열악한 노동환경과 제한된 직업군, 부당 노동행위와 차별)을 깨닫고 일반청소년의 경우 가정으로 복귀하기도 하고, 돌아갈 가정이 없거나 돌아갈 수 없는 가출청소년의 경우 자신의 삶에 책임을 져야 한다는 막중한 임무를 가지고 자신의 미래를 계획하고 준비하며 현실에 적응하기도 하였다.

(2) 부정적 영향

안선영 등(2014)의 실제 아르바이트를 경험한 청소년들에 대한 조사에서는 아르바이트 경험이 진로 · 직업 탐색에는 별다른 도움이 되지 못한다는 응답이 우세하였다.

표 11-3 아르바이트가 청소년 발달에 미치는 영향

구분	긍정적 영향	부정적 영향
학업적 발달	• 학업성적 향상에 대한 동기부여 • 미래에 대한 긍정적 인식 고취	• 낮은 학교 참여 • 낮은 학업성취 • 학교 출석에 부정적 영향 • 학교에서의 낮은 흥미

심리 · 정서적 발달	• 자아개념 발달 • 독립성 • 책임성 • 실제적인 직업 결정 • 좋은 습관 • 근로태도 육성 • 자율성 • 권한의 증가 • 변화된 자아개념 • 새로운 정체성의 형성 • 자기효능감 증진	• 우울 • 불안 • 신체화 증상 • 대인관계 문제 • 스트레스 • 대인기피증 • 사회에 대한 불신 • 무기력감 • 자존감 저하 • 직업 불만족
사회적 발달	• 사회성 발달 • 책임감 • 인내력 • 인적 네트워크 형성 • 부모와의 관계 악화 예방 • 돈의 가치 • 노동의 의미에 대한 이해 • 환경 및 인간관계에 대한 적응력 제고	• 부모와의 관계 저하 • 가족과의 관계 소원 • 비행
진로 · 직업 발달	• 미래를 구체화하고 준비해 가는 기회 • 자신의 삶에 책임 • 정서적인 독립 • 사회적 책임 행동 수행 • 높은 진로성숙도	• 진로 · 직업 탐색에 도움이 안 됨

4. 청소년 노동 문제의 예방과 대처

1) 고용노동부의 예방과 대처

정부는 최근 들어 상승하고 있는 청년 실업을 줄이기 위해 각종 정책을 수립하여 시행하고 있다. 대표적인 사업 내용을 살펴보면, 취업정보를 제공하는 워크넷, 취업 · 진로 지원의 청년취업아카데미와 정부지원 일자리사업, 직업체험의 청년인턴제, 해외 취업의 글로벌 취업지원(K-Move), 능력 중심 채용문화 확산을 위한 핵심 직무역량강화와 스펙초월 멘토스쿨을 운영하고 있다(고용노동부 홈페이지 참조).

고용노동부의 청년 정책의 세부적인 내용을 살펴보면, 첫째, 취업 정보의 워크넷(http://www.work.go.kr)은 대한민국의 모든 일자리 정보를 모아둔 사이트로 구인, 구직, 직업정보 및 심리검사, 고용정책에 대한 정보를 제공한다. 둘째, 취업 · 진로 지원의 청년취업아카데미는 기업, 사업주단체, 대학 또는 민간 우수훈련기관이 직접 산업현장에서 필요한 직업능력 및 인력 등을 반영하고 청년 미취업자에게 대학 등과 협력하여 연수과정 또는 창조적 역량 인재과정(창직과정)을 실시한 후 취업 또는 창직, 창업활동과 연계하는 사업을 말한다(취업아카데미 홈페이지 참조). 셋째, 직업체험 영역의 청년인턴제는 경력 부족으로 취업 애로를 겪는 청년층의 직무능력 배양과 채용난을 겪는 기업의 인력 미스매치를 해소하기 위한 목적으로 사업이 전개되었는데, 기업은 상시 노동자의 20%를 인턴으로 채용하여 청년에게 인턴십 과정을 제공하고 이 인턴십 과정을 통해 정규직으로의 취업 가능성을 제고하여 기업에게 인건비 일부를 지원(2016년 기준, 최대 3개월간 월 50~60만 원, 정규직 전환 시 6개월간 65만 원 지원)하는 제도다. 넷째, 해외취업 영역의 글로벌 취업지원은 청년의 도전적인 해외진출을 지원하는 국정과제 K-MOVE 사업의 일환

표 11-4 고용노동부 청년 정책

취업정보	취업 · 진로 지원	직업체험	해외 취업	능력 중심 채용문화
• 워크넷 –강소기업 –직업진로상담	• 청년 취업아카데미 • 정부지원 일자리사업	• 청년인턴제 –중소기업인턴제 –창직인턴제	• 글로벌 취업지원(K–Move) –맞춤형 해외취업연수 –글로벌 청년취업(GE4U) –민간 해외취업알선 –해외취업장려금	• 핵심 직무역량강화 • 스펙초월 멘토스쿨

으로, 흩어져 있는 해외 취업 · 창업 · 인턴 · 봉사 등의 해외진출 관련 정보를 통합하여 해외통합정보망인 월드잡플러스(https://www.worldjob.or.kr)를 구축하고 해외진출 정보 확인부터 화상면접, 학습까지 전 과정을 지원하고 있다. 다섯째, 능력 중심 채용문화 정책의 핵심 직무역량강화 사업은 직무능력(NCS기반)과 역량 중심으로 직원을 채용할 수 있도록 지원하는 종합적인 선발 시스템으로 채용컨설팅, 채용 모델 활용교육, 능력 중심 채용 모델로 구성되어 있다(http://assessment.korcham.net). 스펙초월 멘토스쿨은 스펙이 없더라도 열정과 잠재력 있는 청년을 대상으로 해당 분야를 대표하는 멘토들이 현장 맞춤형 멘토링을 거쳐 취업으로 연계하는 프로그램이다. 스펙초월 채용 시스템 과정을 살펴보면, 상담을 통해 열정과 잠재력만으로 멘티를 선발하여 멘토스쿨을 온 · 오프라인으로 실시하고 인터뷰 등의 멘토 평가를 통해 청년인재은행 데이터베이스를 구축하고 취업과 매칭하게 된다.

2008년 6월 '연소근로자 보호대책'을 마련하여 연소자 다수 고용사업장에 대한 지속적인 지도 · 점검, 피해사례 일제 신고기간 운영, 한국청소년단체협의회 등 유관기관과의 협조체제 구축 등을 통해 기본적인 노동조건 보호를 위한 정책적 노력을 기울이고 있다. 고용노동부는 관계부처와 합동으로 '청소년 근로환경개선 종합대책'(2012. 11.)을 마련하고 청소년 고용 사업장에 대한 지도 · 점검을 강화하고, 청소년 권리구제를 위한 다양한 신고체계 구축, 청소년 눈높이에 맞는 교육 홍보 실시, 사업주들의 법 준수 의식 확립 및 청소년의 노동관계법 인지 등을 통해 권리를 보장받을 수 있도록 노력하고 있다. 2014년에는 '청소년 근로 권익 보호방안'(2014. 5.)을 마련하였는데, 청소년 근로권익보호를 위해 최저임금 위반 제재를 강화하고 청소년의 근로 권익 인식 개선을 위해 교육·홍보 콘텐츠를 제작해 취업사이트 등에 제공하고 있다. 또한 청소년이 손쉽게 상담 받을 수 있도록 민관 협력 네트워크를 구축해 실질적인 도움을 줄 수 있도록 하였다(여성가족부, 2019).

고용노동부에서는 2006년 10월부터 '일하는 1318 알자알자 캠페인'을 통해 중·고등학교 및 연소근로자 아르바이트 관련 법정 근로조건 보호를 위한 홍보활동을 전개하였다. 2013년에는 '일하는 1318 알자알자 캠페인'을 '청소년 근로조건 보호 캠페인'으로 더욱 발전시켰다.

고용노동부는 법 위반 사업장에 대한 신고 편의성을 높이기 위해 은퇴 전문 인력을 '청소년 근로조건 지킴이'로 위촉(반기별 130명)하고, 권역별 알바 신고센터(10개소)를 지정·운용해 청소년이 어디에 도움을 요청하더라도 근로감독관이 즉시 대응할 수 있는 체계를 구축하였다. 전국 공인노무사 131명을 '청소년 근로조건 보호위원'으로 위촉하여 무료로 권리구제, 상담 등을 실시하고 있다.

2) 여성가족부의 예방과 대처

여성가족부는 2013년부터 서울 및 수도권 일부지역을 대상으로 청소년 아르바이트 부당처우 사례에 대해 24시간 문자 상담(#1388) 제공 및 청소년이 아르바이트 현장에서 근로계약서 미작성, 최저임금 미지급, 성희롱 등의 부당처우 문제가 있을 때, 이를 구제하기 위해 현장에 근로현장도우미를 파견해서 문제를 해결하는 '청소년 근로현장도우미' 사업을 실시하고 있다(여성가족부, 2019). 청소년에 대한 근로권익침해 구제를 강화하기 위하여 2019년 4개 권역에서 '청소년 근로보호센터'를 운영하고 있다.

2018년에는 여성가족부는 아르바이트 청소년의 노동인권 제고를 위하여 중 · 고등학교 외에도 청소년쉼터, 학교밖청소년지원센터 등으로 근로권익 전문 강사를 파견하여 '찾아가는 노동권익 교육'을 실시 · 운영 중에 있다.

여성가족부는 전국 청소년유해환경감시단(256개 단체, 1만 8천여 명 활동)을 활용하여 청소년 고용이 많은 업소를 대상으로 아르바이트 길잡이 책자를 배포하여 업주의 청소년 근로자 보호의식을 제고하고, 노동관계법 · 「청소년 보호법」 계도 및 캠페인 활동을 상시 추진하고 있으며, 지역단위 민관 협업체계(경찰청, 지방자치단체 등)를 구축하여 청소년 고용금지업소 등에 대한 합동

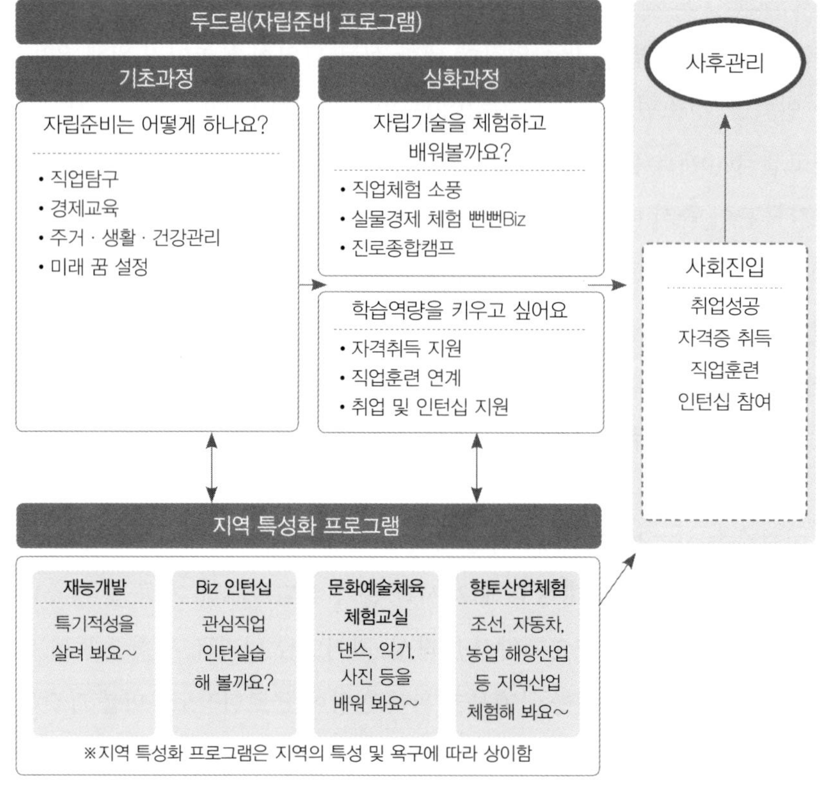

[그림 11-5] 학교밖 청소년지원센터 꿈드림의 자립 프로그램

점검 · 단속을 병행하고 있다.

그리고 전국 214개소(2019년 기준)에 청소년지원센터 꿈드림(www.kdream.or.kr)을 설치하고 학업중단 청소년을 포함하여 학교 밖 청소년을 대상으로 진로교육활동과 직업체험, 경제활동 참여 등의 직업체험 및 취업지원 서비스와 생활지원, 문화공간지원, 의료지원, 정서지원 등의 자립지원 서비스를 실시하고 있다.

연습문제

1. 청소년 노동을 바라보는 두 가지 시각에 대해 설명하시오.
2. 연소자를 고용할 때 사업장에 구비해야 하는 서류 등에 대해 설명하시오.
3. 청소년의 노동 가능 연령과 「근로기준법」에서 제시하는 노동 가능 시간에 대해 설명하시오.
4. 우리나라에서 청소년 노동에 대한 정책을 어떤 것들이 시행 중인지 설명하시오.

참고문헌

국회예산정책처(2016). NABO 경제동향 & 이슈, 42.

김기헌(2003). 일하는 고등학생들: 재학 중 시간제취업이 학업성취에 미치는 영향. 한국사회학, 37(6), 115-144.

김기헌, 유성렬(2006). 청소년 아르바이트 경험에 관한 종단분석. 서울: 한국청소년개발원.

김성언(2012). 청소년의 아르바이트와 비행 간 관계의 검토. 경찰학논총, 7(2), 431-458.

김예성(2006). 중고등학생 아르바이트 경험에 관한 연구. 아동권리연구, 10(4), 553-575.

김예성, 김선숙(2009). 청소년 아르바이트 경험이 경비행 및 중비행에 영향을 미치게 되는 경로 탐색. 사회복지연구, 40(1), 139-161.

김정현(2009). 학생 청소년의 아르바이트 경험에 대한 문화기술지. 청소년복지연구, 11(3), 69-98.

김지경, 연보라, 정은진(2018). 2018년 청소년 매체이용 및 유해환경 실태조사. 서울: 여성가족부.

문성호(2003). 학생청소년의 노동시장 참여와 비행간의 관계. 청소년학연구, 10(3), 83-103.

박창남(2004). 청소년노동에서 인권의 의미에 관한 연구-중, 고등학교 재학생의 아르바이트 노동을 중심으로-. 청소년복지연구, 6(1), 25-36.

박창남(2006). 중학생의 아르바이트 경험이 청소년비행에 미치는 효과. 청소년학 연구, 13(5-2), 197-220.

박창남(2007). 청소년 노동권 분야-청소년 노동참여권 · 노동보호권실태 분석. 국제기준 대비 청소년 인권 실태조사 연구II-청소년인권 영역별 실태분석. 서울: 한국청소년정책연구원.

서울특별시실업대책위원회(2000). 십대청소년 아르바이트 현장 연구.

실업계 고등학생의 아르바이트 경험 유무에 따른 진로성숙도 차이 연구. 한국기술교육대학교 대학원 석사학위논문.

안선영, 김희진, 강영배, 배경내(2013). 청소년 직업체험 및 아르바이트 실태조사 연구 I. 서울: 한국청소년정책연구원.

안선영, 황여정, 이수정, 이로사(2014). 청소년 아르바이트 실태조사 및 정책방안 연구 I. 세종: 한국청소년정책연구원.

여성가족부(2015). 2016 청소년백서.

여성가족부(2019). 2019 청소년백서.

오문완(1997). 단시간 근로에 관한 외국의 법. 서울: 한국노동연구원.

육혜련(2014). 가출청소년의 아르바이트 경험에 대한 현상학적 연구. 청소년복지연구, 16(1), 327-353.

이경상, 박창남(2006). 학업중단이후 첫번째 아르바이트 참여실태 및 지원방안: 기관소속 학업중단 청소년을 대상으로. 한국청소년연구, 17(2), 265-289.

이경상, 유성렬, 박창남(2005). 청소년 아르바이트 참여경험의 실태 및 학교부적응 관련 효과. 서울: 한국청소년개발원.

이수정(2008). 서비스 청소년 노동자의 건강권 실태와 대응과제. 비정규노동(월간), 70, 38-57.

임영식, 남기성, 조금주, 정경은, 김윤나(2011). **2011 청소년 아르바이트 실태조사**. 과천: 고용노동부.

전경숙(2003). **중퇴청소년의 아르바이트 실태와 보호대책 연구**. 서울: 한국청소년개발원.

전경숙(2006). 10대 학업중단 청소년의 근로 실태에 관한 실증적 고찰 연구-가출경험 학업중단 청소년을 중심으로-. **청소년상담연구, 14**(1), 3-21.

전방연(2003). 실업계 고등학생의 아르바이트 경험 유무에 따른 진로성숙도 차이 연구. 한국기술교육대학교 대학원 석사학위논문.

최수찬, 전지영, 조영은, 원경림, 정선아(2015). 한국청소년의 아르바이트 경험이 정신건강, 음주, 흡연에 미치는 영향. **한국사회복지조사연구, 45**, 1-22.

한경혜(2000). 청소년의 아르바이트 경험: 그 과정과 의미에 대한 질적 연구. **청소년학연구, 11**(2), 153-180.

Bachman, J. G., & Schulenberg, J. (1993). How part-time work intensity relates to drug use, problem behavior, time use, and satisfaction among high school seniors: Are these consequences or merely correlates? *Developmental psychology, 29*(2), 220-235.

Brown, L. P., & Cowen, E. L. (1989). Stressful life events, support and children's school adjustment. *Journal of Clinical Child Psychology, 18*, 214-220.

Jex, S. M., & Beehr, T. A. (1991). Emerging theoretical and methodological issues in the study of work-related stress. *Research in Personnel and Human Resources Management, 9*, 311-365.

Johnson, M. K. (2004). Further evidence on adolescent employment in the transition to adulthood. *J. Health Soc. Behaw, 41*, 276-294.

Koeske, R. D., & Koeske, G. F. (1989). Working and non-working students: Roles, support and well-being. *Journal of Social Work Education, 25*(3), 244-256.

Kohn, M. L., Schooler, C., Miller, J., Miller, K. A., Schoenbach, C., & Schoenberg, R. (1983). *Work and personality: An inquiry into the impact of social stratification.* NJ: Norwood.

Larsen, P., & Shertzer, B. (1987). The high school dropout: Everybody's problem?

The School Counselor, 34, 163-169.

Marsh, H. W. (1991). Employment during high school: Character building or a subversion of academic goals? *Sociology of Education, 64*(July), 172-189.

McKechnie, J., Lindsay, S., Hobbs, S., & Lavalett, M. (1996). Adolescents' perceptions of the role of part-time work. *Adolescence, 121*, 193-204.

Mortimer, J. T. (2003). *Working and growing up in America.* Cambridge: Harvard University.

Oettinger, G. S. (1999). Does high school employment affect high school academic performance? *Industrial and Labor Relations Review, 53*(1), 136-151.

Ploeger, M. (1997). Youth employment and delinquency: Reconsidering a problematic relationship. *Criminology, 35*(4), 659-676.

Rajeev, P., Madan, M. S., & Jayarajan, K. (2009). Revisiting Kirkpatrick' model-an evaluation of an academic training course. *Current Science, 96*(2), 272-276

Ruscoe, G. C., Morgan, J. C., & Peebles, C. (1996). Students who work. *Adolescence, 31*, 625-632.

Safyer, A. W., Leahy, B. H., & Colan, N. B. (1995). The impact of work on adolescent development. *Families in Society, 76*(1), 38-45.

Singh, K., Chang, M., & Dika, S. (2007). Effects of part-time work on school achievement during high school. *The Journal of Educational Research, 101*(1), 12-22.

연합뉴스(2014. 5. 22.). 한국 노동자 권리보장 세계 최하위 등급.

연합뉴스(2016. 3. 16.). 청년실업률 12.5% '역대최고'.

고용노동부. http://www.moel.go.kr

꿈드림. www.kdream.or.kr

능력 중심 채용 모델. http://assessment.korcham.net

여성가족부. http://www.mogef.go.kr

워크넷. http://www.work.go.kr

월드잡플러스. https://www.worldjob.or.kr

위키백과. https://ko.wikipedia.org/ 2016. 9. 7.에 인출.

취업아카데미. http://www.myjobacademy.kr

제3부

청소년 보호를 위한 법률

청소년 보호 관련법

청소년 문제를 이해하는 데 있어 우리나라의 청소년 보호정책을 이해하는 것은 아주 중요하다. 우리나라의 청소년 정책은 대부분 법적 테두리 내에서 실시되는 경우가 많기 때문이다. 따라서 이 장에서는 청소년 문제와 관련되어 청소년을 보호하려는 국내 법규들을 살펴보고자 한다. 법률은 양이 방대할 뿐만 아니라 일반인들이 법을 잘 알아야 함에도 법적 구성과 내용 자체를 어려워하기에 모든 내용을 상세히 소개하기보다는 가급적 쉽게 이해할 수 있도록 핵심적인 내용들만 간추려 소개하고자 한다.

1. 청소년 보호 관련법의 개요

청소년 보호는 우리나라에서 법률로 구체화되어 있다. 청소년 보호를 정하고 있는 법률은 1997년에 제정된「청소년 보호법」과 2000년「청소년 성보호에 관한 법률」로 제정되어 2010년「아동 · 청소년의 성보호에 관한 법률」로 변경된 법이 대표적이라 할 수 있다.「청소년 보호법」이 제정된 이후 1961년 미성년자의 흡연과 음주 및 선량한 풍속을 해하는 행위 제한과 미성년자 선도 및 육성을 목적으로 제정된「미성년자보호법」을 폐지하고 1999년「청소년 보호법」으로 일원화하였다.

이 외에 근로하는 청소년을 보호하는「근로기준법」과 비행 및 범죄를 저지

표 12-1 청소년 보호 관련법

구분	제정연도	시행연도	청소년 연령	관할부처
「청소년 보호법」	1997. 3. 1.	1997. 7. 1.	만 19세 미만 (만 19세가 되는 해의 1월 1일을 맞이한 사람은 제외/즉, 만 19세가 되는 해의 1월 1일을 맞이한 청소년부터는 대상이 아님)	여성가족부
「아동 · 청소년의 성보호에 관한 법률」 (제정 당시,「청소년 성보호에 관한 법률」)	2000. 2. 3.	2000. 7. 1.	만 19세 미만 (만 19세가 되는 해의 1월 1일을 맞이한 사람은 제외/즉, 만 19세가 되는 해의 1월 1일을 맞이한 청소년부터는 대상이 아님)	여성가족부
「근로기준법」	1997. 3. 13.	1997. 3. 13.	15세 미만인 자 (「초 · 중등교육법」에 따른 중학교에 재학 중인 18세 미만인 자 포함)	고용노동부
「소년법」	1958. 7. 24.	1958. 7. 24.	19세 미만	법무부

른 청소년을 선도할 목적을 지닌 「소년법」 등이 있다. 「청소년 보호법」과 「아동 · 청소년의 성보호에 관한 법률」은 여성가족부 관할로서, 만 19세 미만의 청소년을 보호하는 법률이고, 「근로기준법」은 고용노동부 관할 법령으로 보호대상은 15세 미만의 청소년으로 규정되어 있지만 청소년이 「초 · 중등교육법」에 따른 중학교에 재학 중인 경우 18세 미만인 자도 「근로기준법」의 보호대상이 된다. 「소년법」은 19세 미만의 청소년을 대상으로 법무부 관할 법령으로서 법의 성격 및 특징에 따라 보호대상 청소년의 연령이 다소 상이함을 알 수 있다.

2. 청소년 보호법

「청소년 보호법」은 현재 청소년 보호와 관련된 종합적 법률이라 할 수 있다. 하지만 모든 청소년 보호와 관련된 법들의 종합은 아니다. 예를 들어, 아동 및 청소년의 학대와 방임은 「아동복지법」에서 다루고 있고, 아동 · 청소년 대상 성폭력은 「아동 · 청소년의 성보호에 관한 법률」에서, 청소년 비행 및 범죄는 「소년법」에서, 청소년 노동 관련은 「근로기준법」 등에서 다루고 있다.

「청소년 보호법」은 법령의 제1조의 목적에서 제시하였듯이, 청소년을 둘러싼 유해한 환경으로부터의 보호와 규제에 초점을 두고 있다. 여기서 유해한 환경이란 청소년유해매체물, 청소년유해약물 등, 청소년유해업소 및 청소년 폭력 · 학대를 말한다(「청소년 보호법」 제2조 제8항). 따라서 「청소년 보호법」에서는 청소년에게 유해한 매체물과 약물, 청소년에게 유해한 업소 등이 유해한 환경이기에, 청소년이 유해한 업소를 출입하는 것과 유해한 매채물과 약물 등이 유통되는 것에 대한 규제 등이 명시되어 있다.

제1조(목적) 청소년에게 유해한 매체물과 약물 등이 청소년에게 유통되는 것과 청

소년이 유해한 업소에 출입하는 것 등을 규제하고 청소년을 유해한 환경으로부터 보호 · 구제함으로써 청소년이 건전한 인격체로 성장할 수 있도록 함을 목적으로 하고 있다.

1) 유해매체물에 대한 규제

(1) 유해매체물의 정의

매체물이란 〈표 12-2〉와 같이 영화 및 비디오물, 게임물, 음반, 음악파일, 음악영상물 및 음악영상파일, 공연, 음향 및 영상정보, 방송프로그램, 신문, 잡지, 정보간행물, 전자간행물, 광고물 등을 말한다. 이러한 매체물 가운데 청소년보호위원회가 청소년에게 유해한 것인지 심의하여 청소년에게 유해하다고 인정되는 매체물을 청소년유해매체물로 결정한다. 다만, 다른 법령에 따라 해당 매체물의 윤리성 · 건전성을 심의할 수 있는 기관이 있는 경우에는 예외로 하고 있다.

청소년보호위원회

기능: 여성가족부장관 소속으로 청소년유해매체물, 청소년유해약물 등 청소년유해업소 등의 심의 · 결정 기구

위원: 11명 이내(여성가족부장관의 제청으로 대통령이 임명 위촉)

임기: 2년(연임 가능)

청소년보호위원회가 청소년에게 유해한 것으로 결정하거나 확인하여 여성가족부장관이 고시한 매체물과 각 심의기관이 청소년에게 유해한 것으로 심의하거나 확인하여 여성가족부장관이 고시한 매체물을 청소년유해매체물이라 한다. 쉽게 표현하여 선정적이고 폭력적인 내용을 담고 있어 청소년

표 12-2 매체물의 종류

구분	관련 법률
영화 및 비디오물	「영화 및 비디오물의 진흥에 관한 법률」
게임물	「게임산업진흥에 관한 법률」
음반, 음악파일, 음악영상물 및 음악영상파일	「음악산업진흥에 관한 법률」
공연(국악공연 제외)	「공연법」
부호 · 문언 · 음향 또는 영상정보	「전기통신사업법」
방송프로그램(보도 방송프로그램 제외)	「방송법」
일반일간신문(주로 정치 · 경제 · 사회에 관한 보도 · 논평 및 여론을 전파하는 신문 제외) 특수일간신문(경제 · 산업 · 과학 · 종교 분야 제외) 일반주간신문(정치 · 경제 분야 제외) 특수주간신문(경제 · 산업 · 과학 · 시사 · 종교 분야 제외) 인터넷신문(주로 정치 · 경제 · 사회에 관한 보도 · 논평 및 여론을 전파하는 신문 제외) 인터넷뉴스서비스	「신문 등의 진흥에 관한 법률」
잡지(정치 · 경제 · 사회 · 시사 · 산업 · 과학 · 종교 분야 제외) 정보간행물 전자간행물 및 그 밖의 간행물	「잡지 등 정기간행물의 진흥에 관한 법률」
간행물, 전자출판물 및 외국간행물	「출판문화산업 진흥법」
옥외광고물과 가목부터 자목까지의 매체물에 수록 · 게재 · 전시되거나 그 밖의 방법으로 포함된 상업적 광고선전물	「옥외광고물 등의 관리와 옥외광고산업 진흥에 관한 법률」

의 이용이 부적절한 매체물, 흔히 '19금' 콘텐츠라고 불리는 것들이라 할 수 있다.

(2) 청소년유해매체물의 결정

① 매체물의 청소년유해성 심의·결정 기관

청소년유해매체물을 심의하는 기관은 청소년보호위원회가 대표적이나, 앞서 언급하였듯이 각종 법률에 의해 매체별로 심의기관을 별도로 두는 경우가 있기 때문에 청소년보호위원회에서 각 매체물별로 심의가 필요하다고 판단되는 매체물은 각 심의기관에 심의를 요청할 수 있다. 각 심의기관별로 심의 매체물을 살펴보면, 청소년보호위원회는 주로 음반, 음악파일, 음악영상파일 등과 심의기관에서 심의하지 않은 매체물을 심의한다. 방송통신심의위원회는 정보통신물, 방송프로그램을 심의한다. 간행물윤리위원회는 간행물, 전자출판물 및 외국간행물, 잡지, 정보간행물, 전자간행물을 심의하고, 영상물등급위원회는 영화 및 비디오물, 뮤직비디오를 심의한다. 그리고 게임물관리위원회는 게임물을 심의하고 있다.

표 12-3 매체물의 청소년유해성 심의 · 결정 기관

심의기관	매체물
청소년보호위원회	음반, 음악파일, 음악영상파일/각 기관에 심의 요청할 수 있음
방송통신심의위원회	정보통신물, 방송프로그램
간행물윤리위원회	간행물, 전자출판물 및 외국간행물, 잡지, 정보간행물, 전자간행물
영상물등급위원회	영화 및 비디오물, 뮤직비디오
게임물관리위원회	게임물

② 유해매체물 심의·결정 절차

유해매체물의 심의 · 결정 절차를 살펴보면 [그림 12-1]과 같다. 먼저, 각 심의기관의 신고센터 및 자체 모니터링과 관계기관 및 30명 이상의 서명을 받은 사람은 각 심의기관에 청소년 유해정보를 심의 신청할 수 있다. 청소년보호위원회 또한 각 심의기관에 청소년유해매체물 심의를 의뢰한다. 간행물윤리위원회, 게임물관리위원회 등의 각 심의기관은 청소년 유해성을 심의하여 청소년유해매체물을 결정하게 되고, 결정된 청소년유해매체물의 목록과 그 사유를 청소년보호위원회에 통보한다. 청소년보호위원회와 각 심의기관이 동일한 매체물을 심의한 결과 상당한 차이가 있을 경우, 청소년보호위원

청소년 유해정보 심의 신청	각 심의기관의 신고센터 및 자체모니터링 청소년보호위원회→ 각 심의기관에 의뢰(「청소년 보호법」 제8조) 관계기관 및 30인 이상의 서명받은 자(「청소년 보호법 시행령」 제5조 3항)
⇓	
청소년 유해성 심의/결정	청소년보호위원회(음반 심의, 심의기관에서 심의하지 않은 매체물) 각 심의기관(방송통신위원회, 간행물윤리위원회 등)
⇓	
여성가족부장관 고시	청소년보호위원회 및 각 심의기관 → 여성가족부장관에 고시 요청 (「청소년 보호법」 제22조)
⇓	
청소년 유해매체물 목록 통보	여성가족부 장관 고시, 관계기관에 통보 청소년유해매체물 목록표 작성(홈페이지 게재)
⇓	
「청소년 보호법」상 의무행위 점검	청소년유해표시 의무(「청소년 보호법」 제14조) 판매금지 의무, 성인여부 확인 의무(「청소년 보호법」 제17조) 포장 의무, 구분격리 의무, 광고제한 의무 등 발생

[그림 12-1] 유해매체물 심의 · 결정 절차

출처: 여성가족부(www.mogef.go.kr).

회는 심의기관에 심의 결과의 조정을 요구할 수 있으며, 각 심의기관은 특별한 사유가 없으면 청소년보호위원회의 요구에 따라야 한다.

여성가족부장관은 청소년보호위원회와 각 심의기관이 결정하고 확인한 청소년유해매체물의 목록과 그 사유 및 효력 발생 시기를 구체적으로 밝힌 청소년유해매체물 목록표를 고시하게 된다. 또한 여성가족부장관은 청소년유해매체물 목록표를 각 심의기관, 청소년 또는 매체물과 관련이 있는 중앙행정기관, 지방자치단체, 청소년 보호와 관련된 지도·단속 기관, 그 밖에 청소년 보호를 위한 관련 단체 등에 통보하고, 필요한 경우 매체물의 유통을 업으로 하는 개인·법인·단체에 통보할 수 있으며, 친권자 등의 요청이 있는 경우 친권자 등에게 통지할 수 있다.

청소년보호위원회나 각 심의기관은 매체물 심의 결과, 그 매체물의 내용이 「형법」 등 다른 법령에 따라 유통이 금지되는 내용이라고 판단하는 경우에는 지체 없이 관계기관에 형사처벌이나 행정처분을 요청해야 한다. 다만, 각 심의기관별로 해당 법령에 따로 절차가 있는 경우에는 그 절차에 준하여 따르게 된다.

③ 청소년유해매체물 심의기준(「청소년 보호법」 제9조)

청소년보호위원회와 각 심의기관은 청소년유해매체물을 심의할 때 유해매체물을 선정할 때, 각 심의기관의 심의기준은 사회통념에 따르지만, 그 매체물이 지니는 문화적·예술적·교육적·의학적·과학적 측면과 매체물의 특성을 동시에 고려하게 된다. 그리고 해당 매체물이 다음의 어느 하나에 해당하는 경우에는 청소년유해매체물로 결정한다.

- 청소년에게 성적인 욕구를 자극하는 선정적인 것이거나 음란한 것
- 청소년에게 포악성이나 범죄의 충동을 일으킬 수 있는 것
- 성폭력을 포함한 각종 형태의 폭력행위와 약물의 남용을 자극하거나 미

화하는 것
- 도박과 사행심을 조장하는 등 청소년의 건전한 생활을 현저히 해칠 우려가 있는 것
- 청소년의 건전한 인격과 시민의식의 형성을 저해(沮害)하는 반사회적 · 비윤리적인 것
- 그 밖에 청소년의 정신적 · 신체적 건강에 명백히 해를 끼칠 우려가 있는 것

청소년보호위원회나 각 심의기관은 다음의 어느 하나에 해당하는 매체물에 대하여는 신청을 받거나 직권으로 매체물의 종류, 제목, 내용 등을 특정하여 청소년유해매체물로 결정할 수 있다.

- 제작 · 발행의 목적 등에 비추어 청소년이 아닌 자를 상대로 제작 · 발행된 매체물
- 매체물 각각을 청소년유해매체물로 결정하여서는 청소년에게 유통되는 것을 차단할 수 없는 매체물

게임물등급위원회는 〈표 12-4〉에서와 같이, 내용 정보의 종류에 따라 선정성(음란), 폭력성, 사행성, 범죄 모방의 위험성, 언어의 부적절성, 약물남용의 조장 가능성 등에서 4단계(없음, 낮음, 보통, 높음)로 구분하여 유해매체를 판단하는 기준으로 삼고 있다.

표 12-4 게임물등급위원회 심의기준과 결정

구분	전체이용가	12세 이용가	15세 이용가	청소년이용불가
선정성	선정적 내용 없음	성적 욕구를 자극하지 않음	여성의 가슴과 둔부가 묘사되나 선정적이지 않은 경우	선정적인 노출이 직접적이고 구체적으로 묘사
폭력성	폭력적 요소 없음	폭력을 주제로 하나 표현이 경미	폭력을 주제로 하며, 선혈, 신체 훼손이 비사실적	폭력을 주제로 하며, 선혈, 신체 훼손이 사실적
사행성	사행적 요소 없음	사행적 요소가 다소 있지만 경미	사행적 요소가 다소 있지만 경미	게임물등급위원회 심의기준과 결정
범죄 모방의 위험성	범죄 및 약물 내용 없음	범죄 및 약물 내용이 있으나 표현이 경미	범죄 및 약물 내용이 있으나 표현이 경미	범죄 및 약물 등 행동 조장
언어의 부적절성	저속어, 비속어 없음	저속어, 비속어가 있으나 경미	저속어, 비속어가 있으나 경미	언어 표현이 청소년에게 유해하다고 인정되는 경우

출처: 진혜경(2012), p. 260.

④ **매체물의 등급구분형태**

매체물의 내용 정보 종류 및 표시방법은 [그림 12-2]에서와 같이 매체물에 따라 다소 상이하다. 먼저, 방송물 등급구분은 모든 연령 시청가, 7세 이상 시청가, 12세 이상 시청가, 15세 이상가, 19세 이상가로 구분하고, 게임물 등급구분은 전체이용가, 12세 이상가, 15세 이상가, 청소년 이용불가로 구분한다. 영상물(영화 · 비디오) 등급구분은 전체관람가, 12세 이상 관람가, 15세 이상 관람가, 청소년관람불가로 구분하고, 정보통신물 등급구분은 19세 미만 이용불가, 간행물 등급구분은 19세 미만 구독불가로 구분하고 있다.

방송물 등급구분

게임물 등급구분

영상물(영화 · 비디오) 등급구분

정보통신물 등급구분　　간행물 등급구분

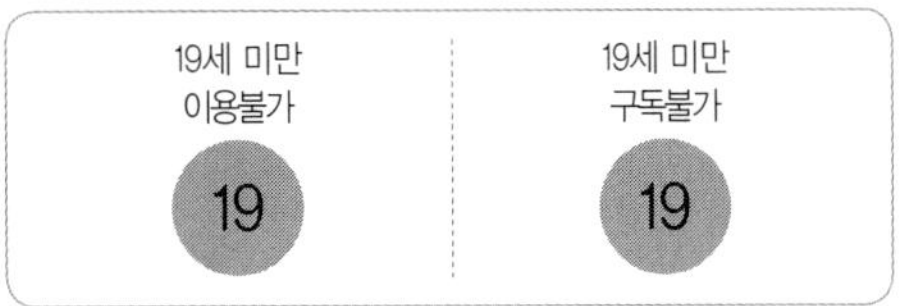

[그림 12-2] 매체물의 내용 정보 종류 및 표시방법

출처: 여성가족부(www.mogef.go.kr).

⑤ 유해매체물의 재심의

청소년보호위원회의 심의결정에 이의가 있는 경우 심의결정 결과를 통보받은 날로부터 30일 이내 재심의 청구가 가능(재심의가 어려운 경우 청소년보호위원회의 의결을 거쳐 30일의 범위 기간 연장 가능)하다.

(3) 청소년유해약물

청소년에게 유해하다고 인정되는 약물과 물건을 의미하며, 청소년유해약물과 청소년유해물건은 다음과 같다.

- 청소년유해약물: 주류, 담배, 마약류, 환각물질 등/그 밖에 중추신경에 작용하여 습관성, 중독성, 내성 등을 유발하여 인체에 유해하게 작용할 수 있는 약물 등 청소년의 사용을 제한하지 않으면 청소년의 심신을 심각하게 손상시킬 우려가 있는 약물 중 청소년보호위원회가 결정하고 여성가족부장관이 고시한 것
- 청소년유해물건: 청소년의 심신을 손상시킬 우려가 있는 성관련 물건

중 청소년보호위원회가 결정하고 여성가족부장관이 고시한 것/청소년에게 음란성 · 포악성 · 잔인성 · 사행성 등을 조장하는 완구류 등 청소년의 사용을 제한하지 않으면 청소년의 심신을 심각하게 손상시킬 우려가 있는 물건 중 청소년보호위원회가 결정하고 여성가족부장관이 고시한 것

(4) 청소년유해업소

청소년유해업소란 청소년의 출입과 고용이 청소년에게 유해한 것으로 인정되는 청소년 출입 · 고용 금지업소를 말한다.

① 청소년 출입·고용 금지업소

- 일반게임제공업 및 복합유통게임제공업 중 대통령령으로 정한 것
- 사행행위영업
- 식품접객업 중 대통령령으로 정한 것
- 비디오감상실업 · 제한관람가비디오물소극장업 및 복합영상물제공업
- 노래연습장 중 대통령령으로 정한 것
- 무도학원업 및 무도장업
- 전기통신설비를 갖추고 불특정한 사람들 사이의 음성대화 또는 화상대화를 매개하는 것을 목적으로 하는 영업
- 불특정한 사람 사이의 신체적인 접촉 또는 은밀한 부분의 노출 등 성적 행위가 이루어지거나 이와 유사한 행위가 이루어질 우려가 있는 서비스를 제공하는 영업으로서 청소년보호위원회가 결정하고 여성가족부장관이 고시한 것
- 청소년유해매체물 및 청소년유해약물 등을 제작 · 생산 · 유통하는 영업 등 청소년의 출입과 고용이 청소년에게 유해하다고 인정되는 영업으로서 대통령령으로 정하는 기준에 따라 청소년보호위원회가 결정하고 여

성가족부장관이 고시한 것
- 경마 장외발매소
- 경륜 · 경정 장외매장

② **청소년고용금지업소**
- 청소년게임제공업 및 인터넷컴퓨터게임시설제공업
- 숙박업, 목욕장업, 이용업 중 대통령령으로 정하는 것
- 식품접객업 중 대통령령으로 정하는 것
- 비디오물소극장업
- 유해화학물질 영업, 다만 유해화학물질 사용과 직접 관련이 없는 영업으로서 대통령령으로 정하는 영업 제외
- 회비 등을 받거나 유료로 만화를 빌려 주는 만화대여업
- 청소년유해매체물 및 청소년유해약물 등을 제작 · 생산 · 유통하는 영업 등 청소년의 고용이 청소년에게 유해하다고 인정되는 영업으로서 대통령령으로 정하는 기준에 따라 청소년보호위원회가 결정하고 여성가족부장관이 고시한 것

※ 청소년유해환경 규제에 관한 형사처벌을 할 때 다른 법에 우선하여 적용

2) 청소년유해물품 등의 규제와 처벌

(1) 음반, 비디오, 게임물에 대한 규제 및 처벌

청소년보호위원회 등에서 청소년 유해매체물로 고시된 매체물은 반드시 '19세 미만 불가' 표시를 해야 하고, 청소년유해매체물 중 간행물 등의 포장은 포장에 이용되는 용지 등을 훼손하지 않고는 그 내용물을 열람할 수 없는 방법으로 포장하며, 심의기준에 의하여 청소년에게 유해한 것으로 따로 결정하

표 12-5 음반, 비디오, 게임물에 대한 위반 시 처벌 내용

구분	규제 및 처벌 내용
청소년 유해 표시 불이행	2년 이하의 징역 또는 1천만 원 이하 벌금
표시 훼손 금지 위반	500만 원 이하 벌금
청소년 대상 판매 등 금지위반	3년 이하 징역 또는 2천만 원 이하 벌금

여 고지한 경우에는 겉표지의 내용이 보이지 않도록 불투명한 용지를 사용하여 포장해야 한다. 청소년 유해 표시를 불이행한 경우 2년 이하의 징역 또는 1천만 원 이하 벌금이 부과되며, 19세 미만 불가 표시를 훼손하게 되면 500만 원 이하 벌금, 청소년에게 판매가 금지된 물품을 판매한 경우에는 3년 이하 징역 또는 2천만 원 이하 벌금이 부과된다.

(2) 유해업소 출입 · 고용에 대한 규제 및 처벌

청소년 고용 금지업소에서 청소년을 고용하게 되면 3년 이하의 징역 또는 2천만 원 이하 벌금(행정처분 또는 1명 1회 고용 1천만 원 과징금)이 부과되고, 청소년 출입금지 위반 업소는 2년 이하 징역 또는 1천만 원 이하 벌금(행정처분 또는 출입허용 1회 300만 원 과징금)이 부과된다. 청소년 이용이 제한된 업소에는 이용제한(출입 · 고용금지업소)에 대한 표시를 해야 하는데, 이러한 표시를 하지 않은 업소는 2년 이하 징역 또는 1천만 원 이하 벌금이 부과된다.

또한 청소년은 청소년이 이용 가능한 노래연습장, PC방과 찜질방 등을 이용할 수 있지만, 오후 10시부터 다음 날 오전 9시까지는 야간 노래연습장이나 PC방을 이용할 수 없으며, 찜질방 등은 오후 10시부터 다음 날 오전 5시까지 출입할 수 없다. 따라서 이러한 사항을 위반한 경우에는 각 관련법률에 의해 형사 처분을 받게 된다. 노래연습장의 청소년출입제한 시간 위반의 경우 2년 이하의 징역 또는 2천만 원 이하의 벌금이 부과되고, PC방의 청소년 출입위반의 경우 1년 이하의 징역 또는 1천만 원 이하의 벌금, 찜질방의 청소년

표 12-6 유해업소 출입·고용 위반 시 처벌 내용

구분	규제 및 처벌 내용
고용금지 위반자	3년 이하의 징역 또는 2천만 원 이하 벌금 (행정처분 또는 1명 1회 고용 1천만 원 과징금)
출입금지 위반자	2년 이하 징역 또는 1천만 원 이하 벌금 (행정처분 또는 출입허용 1회 300만 원 과징금)
이용제한(출입 · 고용 금지업소) 표시위반자	2년 이하 징역 또는 1천만 원 이하 벌금

출입 위반의 경우 6개월 이하의 징역 또는 500만 원 이하의 벌금이 부과된다.

(3) 유해약물·유해물건에 대한 규제 및 처벌

청소년에게 유해한 약물 또는 물건에 대해서 청소년유해표시를 해야 한다. 주변에서 술이나 담배 등의 포장지를 보면, "19세 미만의 미성년자에게는 판매하지 않습니다."와 같은 표식을 볼 수 있고, 매장에도 이와 같은 문구를 쉽게 볼 수 있다. 이러한 청소년유해약물 등의 청소년유해표시를 하지 아니한 자는 2년 이하 징역 또는 1천만 원 이하 벌금(행정처분)이 부과되고, 표

표 12-7 유해약물, 유해물건 규제 위반 시 처벌 내용

구분	규제 및 처벌 내용
청소년에게 주류나 담배를 판매한 자	2년 이하 징역 또는 1천만 원 이하 벌금 (행정처분 또는 위반 횟수마다 100만 원 과징금)
청소년에게 환각물질이나 유해약물 · 유해물건 (여성가족부 고시)를 판매한 자	3년 이하 징역 또는 1천만 원 이하 벌금 (행정처분 또는 위반 횟수마다 100만 원 과징금)
청소년유해약물 등의 청소년유해표시를 하지 아니한 자	2년 이하 징역 또는 1천만 원 이하 벌금 (행정처분)
표시훼손 금지위반	500만 원 이하 벌금

시훼손 금지위반은 500만 원 이하 벌금이 부과된다. 또한 청소년에게 주류나 담배를 판매한 자에게는 2년 이하 징역 또는 1천만 원 이하 벌금(행정처분 또는 위반 횟수마다 100만 원 과징금)이 부과되고, 청소년에게 환각물질이나 유해약물 · 유해물건(여성가족부 고시)을 판매한 자는 3년 이하 징역 또는 1천만 원 이하 벌금(행정처분 또는 위반 횟수마다 100만 원 과징금)이 부과된다.

3. 아동 · 청소년의 성보호에 관한 법률

「아동 · 청소년의 성보호에 관한 법률」은 앞서 언급하였듯이 2000년 「청소년의 성보호에 관한 법률」로 출발하였다. 우리나라에는 「윤락행위 등 방지법」이 1961년에 제정 · 시행되고 있었지만 「윤락행위 등 방지법」은 성을 판매한 사람에 대해 초점을 두고 있었다. 하지만 성산업이 발달하는 사회분위기 속에서 가출청소년의 성매매가 늘어나고, 원조교제와 청소년을 이용한 호객행위 등에서 청소년을 보호하며, 청소년의 성을 상품화하거나 청소년에 대한 성범죄를 예방하기 위한 차원에서 청소년의 성을 보호하는 장치가 필요하였다. 이후 아동에까지 성범죄가 늘어나면서 보다 강력한 법률의 필요성이 제기되었고, 2010년 「청소년의 성보호에 관한 법률」이 「아동 · 청소년의 성보호에 관한 법률」로 전부 개정되어 아동 · 청소년대상 성범죄의 처벌과 절차에 관한 특례를 규정하고, 피해 아동 · 청소년을 위한 구제 및 지원 절차를 마련하며 아동 · 청소년대상 성범죄자를 체계적으로 관리함으로써 아동 · 청소년을 성범죄로부터 보호하고 아동 · 청소년이 건강한 사회구성원으로 성장할 수 있도록 하고 있다.

그리고 2010년에는 「성폭력방지 및 피해자보호 등에 관한 법률」도 제정되었다.

1) 아동·청소년대상 성범죄 처벌

「아동 · 청소년의 성보호에 관한 법률」은 제2장에서 아동 · 청소년대상 성범죄의 처벌과 절차에 관한 특례 내용으로, 특히 제2장 제7조부터 제18조까지는 청소년관련법 중 가장 강력한 처벌 내용을 다루고 있다. 아동 · 청소년대상 성범죄의 처벌은 〈표 12-8〉과 같이 성범죄 내용별로 그 처벌이 상당히 중함을 알 수 있다.

표 12-8 아동 · 청소년대상 성범죄의 처벌

법률	내용	처벌
아동 · 청소년에 대한 강간 · 강제추행 등 (제2장 제7조)	폭행 또는 협박으로 아동 · 청소년을 강간한 사람	무기징역 또는 5년 이상의 유기징역
	아동 · 청소년에 대하여 폭행이나 협박으로 1. 구강 · 항문 등 신체(성기는 제외한다)의 내부에 성기를 넣는 행위 2. 성기 · 항문에 손가락 등 신체(성기는 제외한다)의 일부나 도구를 넣는 행위	5년 이상의 유기징역
	폭행 또는 협박으로 사람에 대하여 추행을 한 자	2년 이상의 유기징역 또는 1천만 원 이상 3천만 원 이하의 벌금
장애인인 아동 · 청소년에 대한 간음 등 (제8조)	19세 이상의 사람이 장애 아동 · 청소년을 간음하거나 장애 아동 · 청소년으로 하여금 다른 사람을 간음하게 하는 경우	3년 이상의 유기징역
	19세 이상의 사람이 장애 아동 · 청소년을 추행한 경우	10년 이하의 징역 또는 1,500만 원 이하의 벌금
강간 등 상해 · 치상(제9조)	아동 · 청소년을 강간 · 강제추행한(제7조의 죄) 사람이 다른 사람을 상해하거나 상해에 이르게 한 때	무기징역 또는 7년 이상의 징역
강간 등 살인 · 치사 (제10조)	아동 · 청소년을 강간 · 강제추행한(제7조의 죄) 사람이 다른 사람을 살해한 때	사형 또는 무기징역
	아동 · 청소년을 강간 · 강제추행한(제7조의 죄) 다른 사람을 사망에 이르게 한 때	사형, 무기징역 또는 10년 이상의 징역

아동 · 청소년이용음란물의 제작 · 배포 등 (제11조)	아동 · 청소년이용음란물을 제작 · 수입 또는 수출한 자	무기징역 또는 5년 이상의 유기징역
	영리를 목적으로 아동 · 청소년이용음란물을 판매 · 대여 · 배포 · 제공하거나 이를 목적으로 소지 · 운반하거나 공연히 전시 또는 상영한 자	10년 이하의 징역
	아동 · 청소년이용음란물을 배포 · 제공하거나 공연히 전시 또는 상영한 자	7년 이하의 징역 또는 5천만 원 이하의 벌금
	아동 · 청소년이용음란물을 제작할 것이라는 정황을 알면서 아동 · 청소년을 아동 · 청소년이용음란물의 제작자에게 알선한 자	3년 이상의 징역
	아동 · 청소년이용음란물임을 알면서 이를 소지한 자	1년 이하의 징역 또는 2천만 원 이하의 벌금
아동 · 청소년 매매행위 (제12조)	아동 · 청소년의 성을 사는 행위 또는 아동 · 청소년이용음란물을 제작하는 행위의 대상이 될 것을 알면서 아동 · 청소년을 매매 또는 국외에 이송하거나 국외에 거주하는 아동 · 청소년을 국내에 이송한 자	무기징역 또는 5년 이상의 징역
아동 · 청소년의 성을 사는 행위 등 (제13조)	아동 · 청소년의 성을 사는 행위를 한 자	1년 이상 10년 이하의 징역 또는 2천만 원 이상 5천만 원 이하의 벌금
	아동 · 청소년의 성을 사기 위하여 아동 · 청소년을 유인하거나 성을 팔도록 권유한 자	1년 이하의 징역 또는 1천만 원 이하의 벌금
아동 · 청소년에 대한 강요행위 등 (제14조)	1. 폭행이나 협박으로 아동 · 청소년으로 하여금 아동 · 청소년의 성을 사는 행위의 상대방이 되게 한 자 2. 선불금(先拂金), 그 밖의 채무를 이용하는 등의 방법으로 아동 · 청소년을 곤경에 빠뜨리거나 위계 또는 위력으로 아동 · 청소년으로 하여금 아동 · 청소년의 성을 사는 행위의 상대방이 되게 한 자 3. 업무 · 고용이나 그 밖의 관계로 자신의 보호 또는 감독을 받는 것을 이용하여 아동 · 청소년으로 하여금 아동 · 청소년의 성을 사는 행위의 상대방이 되게 한 자 4. 영업으로 아동 · 청소년을 아동 · 청소년의 성을 사는 행위의 상대방이 되도록 유인 · 권유한 자	5년 이상의 유기징역
	제14조 제1항 제1호부터 제3호까지의 죄를 범한 자가 그 대가의 전부 또는 일부를 받거나 이를 요구 또는 약속한 때	7년 이상의 유기징역
	아동 · 청소년의 성을 사는 행위의 상대방이 되도록 유인 · 권유한 자	7년 이하의 징역 또는 5천만 원 이하의 벌금

<table>
<tr><td rowspan="3">알선영업행위 등(제15조)</td><td>1. 아동 · 청소년의 성을 사는 행위의 장소를 제공하는 행위를 업으로 하는 자
2. 아동 · 청소년의 성을 사는 행위를 알선하거나 정보통신망에서 알선정보를 제공하는 행위를 업으로 하는 자
3. 제1호 또는 제2호의 범죄에 사용되는 사실을 알면서 자금 · 토지 또는 건물을 제공한 자
4. 영업으로 아동 · 청소년의 성을 사는 행위의 장소를 제공 · 알선하는 업소에 아동 · 청소년을 고용하도록 한 자</td><td>7년 이상의 유기징역</td></tr>
<tr><td>1. 영업으로 아동 · 청소년의 성을 사는 행위를 하도록 유인 · 권유 또는 강요한 자
2. 아동 · 청소년의 성을 사는 행위의 장소를 제공한 자
3. 아동 · 청소년의 성을 사는 행위를 알선하거나 정보통신망에서 알선정보를 제공한 자
4. 영업으로 제2호 또는 제3호의 행위를 약속한 자</td><td>7년 이하의 징역 또는 5천만 원 이하의 벌금</td></tr>
<tr><td>아동 · 청소년의 성을 사는 행위를 하도록 유인 · 권유 또는 강요한 자</td><td>5년 이하의 징역 또는 3천만 원 이하의 벌금</td></tr>
<tr><td>피해자 등에 대한 강요행위(제16조)</td><td>폭행이나 협박으로 아동 · 청소년대상 성범죄의 피해자 또는 보호자를 상대로 합의를 강요한 자</td><td>7년 이하의 유기징역</td></tr>
<tr><td rowspan="2">온라인서비스 제공자의 의무(제17조)</td><td>① 자신이 관리하는 정보통신망에서 아동 · 청소년이용음란물을 발견하기 위하여 대통령령으로 정하는 조치를 취하지 아니하거나 발견된 아동 · 청소년이용음란물을 즉시 삭제하고, 전송을 방지 또는 중단하는 기술적인 조치를 취하지 아니한 온라인서비스제공자
다만, 온라인서비스제공자가 정보통신망에서 아동 · 청소년이용음란물을 발견하기 위하여 상당한 주의를 게을리하지 아니하였거나 발견된 아동 · 청소년이용음란물의 전송을 방지하거나 중단시키고자 하였으나 기술적으로 현저히 곤란한 경우 제외</td><td>3년 이하의 징역 또는 2천만 원 이하의 벌금</td></tr>
<tr><td>②「저작권법」 제104조에 따른 특수한 유형의 온라인서비스제공자는 이용자가 컴퓨터 등에 저장된 저작물 등을 검색하거나 업로드 또는 다운로드를 할 경우 해당 화면이나 전송프로그램에 아동 · 청소년이용음란물을 제작 · 배포 · 소지한 자는 처벌을 받을 수 있다는 내용이 명확하게 표현된 경고문구를 대통령령으로 정하는 바에 따라 표시하여야 한다.</td><td></td></tr>
</table>

신고의무자의 성범죄에 대한 가중처벌 (제18조)	아동·청소년성범죄 신고의무 기관·시설 또는 단체의 장과 그 종사자가 자기의 보호·감독 또는 진료를 받는 아동·청소년을 대상으로 성범죄를 범한 경우	죄에 정한 형의 1/2까지 가중처벌
벌칙(제7장)	직무상 알게 된 등록정보를 누설한 자 공개정보의 출판 및 정보통신을 통한 재공개 정당한 권한 없이 등록정보를 변경하거나 말소한 자	5년 이하의 징역 또는 5천만 원 이하의 벌금
	보호처분 위반한 자	2년 이하의 징역 또는 2천만 원 이하의 벌금
	제21조 제2항에 따라 징역형 이상의 실형과 이수명령이 병과된 자가 보호관찰소의 장 또는 교정시설의 장의 이수명령 이행에 관한 지시에 불응하여 법에 따른 경고를 받은 후 재차 정당한 사유 없이 이수명령 이행에 관한 지시에 불응한 경우	1년 이하의 징역 또는 1천만 원 이하의 벌금
	성범죄 신고의무자가 신원을 알 수 있는 정보나 자료를 출판물에 게재하거나 방송 또는 정보통신망을 통하여 공개한 자 공개정보확인자가 성범죄보호 목적 외 공개대상자의 차별 금지를 위반한 자	1년 이하의 징역 또는 500만 원 이하의 벌금
	벌금형과 이수명령이 병과된 자가 보호관찰소의 장의 이수명령 이행에 관한 지시에 불응하여 「보호관찰 등에 관한 법률」에 따른 경고를 받은 후 재차 정당한 사유 없이 이수명령 이행에 관한 지시에 불응한 경우	1천만 원 이하의 벌금

2) 성범죄 신고

(1) 성범죄 신고 의무대상

누구든지 아동·청소년대상 성범죄의 발생 사실을 알게 된 때에는 수사기관에 신고할 수 있는데, 특히 다음의 기관 및 단체장과 종사자는 직무상 아동·청소년대상 성범죄의 발생 사실을 알게 된 때에는 즉시 수사기관에 신고해야 한다. 신고 의무 종사자가 직무상 아동·청소년대상 성범죄 발생 사실을 알고 수사기관에 신고하지 아니하거나 거짓으로 신고한 경우에는 300만

원 이하 과태료가 부과된다.

성범죄 신고 의무대상

–유치원	–학교
–의료기관	–아동복지시설
–장애인복지시설	–어린이집
–학원 및 교습소	–한부모가족복지시설

–가정폭력 관련 상담소 및 가정폭력피해자 보호시설
–성폭력피해상담소 및 성폭력피해자보호시설
–청소년활동시설
–청소년상담복지센터 및 청소년쉼터
–청소년 보호 · 재활센터
–성매매피해자 등을 위한 지원시설 및 성매매피해상담소

(2) 아동 · 청소년대상 성매수 유인행위 신고

아동 · 청소년대상 성매수 유인행위도 1년 이하의 징역 또는 1천만 원 이하의 벌금이 부과된다. 휴대폰 문자 메시지, 인터넷 채팅, 기타 방법 등으로 성매수 제의를 발견했을 경우, 관련 증거화면 등을 캡처하여 경찰청 Dream 센터(아동 · 여성 · 장애인 경찰지원센터, www.safe182.go.kr)에 24시간 온 · 오프라인 신고가 가능하다. 성매수 제의란 성인이 아동 · 청소년의 성을 사기 위하여 돈이나 먹을 것, 잠자리, 기타 편의제공 등의 의사표시를 한 경우를 말한다.

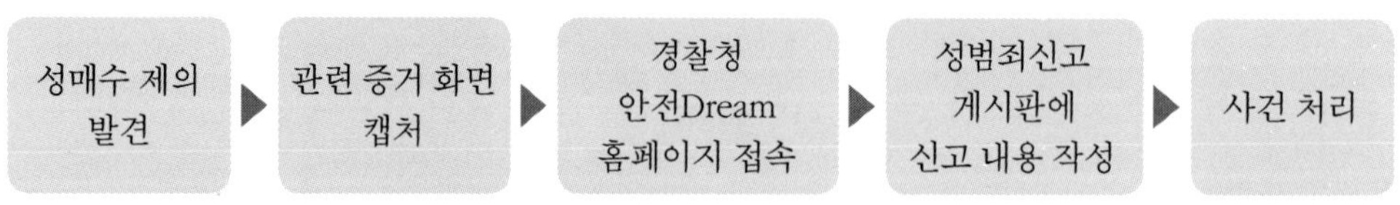

[그림 12-3] 아동 · 청소년대상 성매매 유인행위 신고 과정

출처: 여성가족부 홈페이지(www.mogef.go.kr)

(3) 아동 · 청소년 성매수 행위 신고 포상금 제도 운영

아동 · 청소년을 대상으로 성을 사는 행위를 하거나 성을 사기 위해 유인 · 권유하는 행위, 아동 · 청소년으로 하여금 성을 사는 행위의 상대방이 되도록 강요하는 행위 또는 알선행위 등의 범죄를 신고하면 포상금을 지급해 주는 제도를 실시하고 있다.

신고는 수사기관(검찰, 경찰)에 하고 신고자는 여성가족부에 포상금 지급 신청서를 작성 · 제출하여 포상금을 신청하고, 여성가족부는 수사결과 확인을 검토한 후 포상금을 지급하게 된다. 포상금 지급대상은 신고자 누구든지

표 12-9 신고종류별 포상금액

포상금 지급액	포상금 지급 신고 범죄
100만 원	• 장애인인 아동 · 청소년을 간음(또는 추행)하는 범죄, 장애인인 아동 · 청소년을 이용, 간음(또는 추행)하게 하는 범죄 • 강요행위(폭행, 협박, 위계, 고용, 영업 등)를 통하여 아동 · 청소년에게 성을 사는 행위의 상대방이 되게 하는 범죄 • 아동 · 청소년의 성을 사는 행위에 장소를 제공하거나, 알선을 영업으로 하는 범죄 등
70만 원	• 아동 · 청소년의 성을 사는 행위 –아동 · 청소년의 성을 사는 행위를 하는 범죄 • 아동 · 청소년의 성을 사기 위하야 유인(또는 권유)하는 범죄 등

출처: 여성가족부 성범죄자 알림e 홈페이지(www.sexoffender.go.kr).

포상금을 받을 수 있지만, 「아동 · 청소년의 성보호에 관한 법률」에 따라 수사기관에 신고할 의무가 있는 사람과 범죄 단속을 하고 있는 공무원은 포상 대상에서 제외된다.

3) 청소년 성보호정책

청소년 성보호정책은 여성가족부의 주관 정책인데, 여성가족부에서 고지하고 있는 성보호정책을 살펴보면 다음과 같다.

(1) 아동·청소년대상 성범죄자 신상정보 등록 · 공개 제도

아동 · 청소년대상 성범죄자 신상정보 등록 · 공개 제도는 아동 · 청소년대상 또는 성인대상 성범죄자의 신상정보를 국민에게 알려 아동 · 청소년을 성

표 12-10 아동·청소년대상 성범죄자 신상정보 등록·공개 제도

구분	등록 제도	공개 제도
등록기간	20년(형집행 종료 후)	10년 이내(형집행 종료 후)
등록 · 공개 대상	아동 · 청소년대상 또는 성인대상 성범죄로 유죄 판결이 확정된 자	아동 · 청소년대상 또는 성인대상 성범죄자 등(법원의 공개명령에 의함)
등록 · 공개 정보	성명, 주민등록번호, 주소 및 실제거주지, 직업 및 직장 등의 소재지, 신체정보(키와 몸무게), 사진, 소유차량의 등록정보, 아동 · 청소년대상 성범죄 요지, 성폭력범죄전과(죄명 및 횟수), 전자장치 부착 여부	성명, 나이, 주소 및 실제거주지(도로명, 건물번호), 신체정보(키와 몸무게), 사진, 아동 · 청소년대상 성범죄 요지, 성폭력범죄전과(죄명 및 횟수), 전자장치 부착 여부
공개정보 확인		성범죄자 알림e (www.sexoffender.go.kr) 성범죄자 알림e 스마트폰 앱

범죄로부터 보호하고 아동 · 청소년이 건강한 사회구성원으로 성장하는 것을 지원하기 위해 실시하고 있는 제도다. 성범죄자 신상정보 등록 · 공개 제도 운영에 대한 주요 내용은 〈표 12-10〉과 같다.

성범죄자 신상정보 등록 · 공개 절차는 [그림 12-4]와 같이 법원의 성범죄자 확정 판결 후 14일 이내 법무부에 대상자를 통보하고, 신규대상자는 30일 이내 관할 경찰서에 신상정보를 제출하고, 기존 대상자가 주소 등이 변경되면 20일 이내 관할 경찰서에 주소 등을 제출해야 한다. 이때 성범죄자의 사진은 경찰관서에서 직접 촬영한다.

경찰청은 신상정보를 법무부로 송부하고, 법무부는 성범죄자의 신상정보

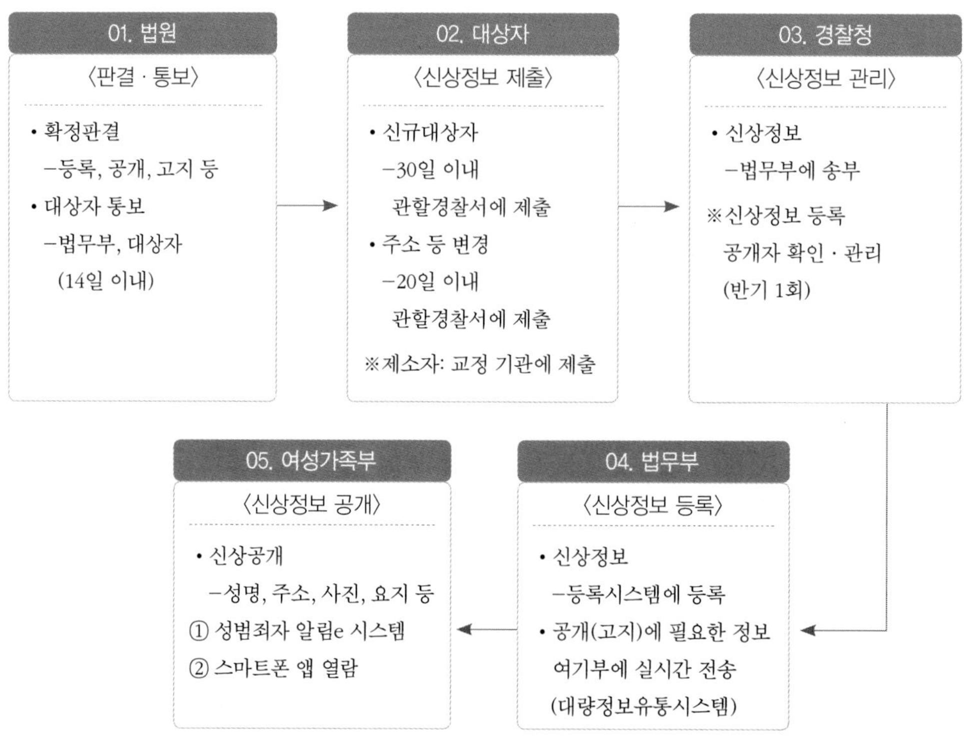

[그림 12-4] 성범죄자 신상정보 등록 · 공개 절차

출처: 여성가족부(www.mogef.go.kr).

를 등록시스템에 등록하고 여성가족부에 실시간으로 성범죄자의 신상을 전송하며, 여성가족부는 성범죄자 알림e시스템과 스마트폰앱에서 열람이 가능하도록 신상을 공개한다.

(2) 아동·청소년대상 성범죄자 신상정보 지역주민에게 우편고지

아동 · 청소년대상 성범죄자 신상정보를 지역주민에게 우편고지하는 제도는 법원으로부터 신상공개 및 우편고지 명령을 선고받은 성범죄자의 신상정보를 전용 웹사이트(성범죄자 알림e)에 공개하고, 성범죄자가 거주하고 있는 지역(읍 · 면 · 동)의 아동 · 청소년 보호세대와 학교 등에 우편으로 정보를 제공하는 제도다.

① 고지대상

성범죄자 신상정보 고지 명령권자는 법원이며, 고지대상 성범죄자는 성폭력범죄를 저지른 자와 성폭력범죄를 범하였으나 처벌할 수 없는 자로서, 재범 위험성이 있는 자다.

② 고지집행 기간

- 집행유예자: 신상정보 최초 등록일로부터 1개월 이내
- 금고 이상의 실형을 받은 자: 출소 후 거주할 지역에 전입한 날부터 1개월 이내
- 전출할 경우 변경정보 등록일로부터 1개월 이내

③ 고지정보

- 성범죄자의 성명, 나이, 주소 및 실제거주지(상세주소 포함), 신체정보(키와 몸무게), 사진, 성범죄 요지(판결일자, 죄명, 선고형량), 성폭력범죄 전과사실, 전자장치 부착 여부, 전출 정보(성범죄자 전출 시)

④ 고지명령 집행

- 법원: 고지명령 판결문을 법무부에 송달
- 고지대상 성범죄자: 자신의 신상정보를 경찰관서 경유 법무부에 제출
- 법무부: 등록한 신상정보를 여성가족부에 전송
- 여성가족부: 고지대상자의 신상정보 및 성범죄요지를 포함한 고지명령 집행

⑤ 고지명령 송부

- 아동·청소년의 친권자 또는 법정대리인이 있는 가구
- 어린이집·유치원원장 및 초·중·고등학교장, 청소년수련시설의 장, 읍·면·동사무소 등

(3) 성범죄자 취업제한제도 운영

아동·청소년대상 성범죄 또는 성인대상 성범죄자로 형(치료감호 포함)이 확정되고 집행이 종료·면제된 날로부터 10년간 아동·청소년 관련기관 등을 운영하거나 취업할 수 없도록 하는 제도다.

① 취업제한 대상기관

성범죄자 취업제한 대상기관은 아동·청소년이 주로 이용하는 모든 시설이라고 보면 된다. 〈표 12-11〉의 성범죄자 취업제한 대상 기관의 장은 그 기관에 취업 중이거나 사실상 노무를 제공 중인 자 또는 취업하려고 하거나 사실상 노무를 제공하려는 자에 대하여 성범죄 경력을 확인해야 한다.

표 12-11 성범죄자 취업제한 대상 기관

취업제한 대상 기관	소관부처
유치원, 초 · 중 · 고등학교	교육부
학원 · 교습소 및 개인과외 교습자	
체육시설	문화체육관광부
인터넷 컴퓨터 게임시설제공업소(일반PC방), 복합유통게임제공업(멀티방), 청소년게임제공업(일반오락실)	
청소년노래연습장, 대중문화예술기획업소	
어린이집	보건복지부
아동복지시설(아동양육시설, 지역아동센터 등)	
의료기관(의사, 간호사, 치과의사, 한의사, 조산사만 해당)	
청소년활동시설: 청소년수련관, 청소년수련원, 청소년문화의집, 야영장, 유스호스텔, 청소년이용시설(공연장, 영화관, 미술관, 화랑, 도서관, 과학관, 수목원, 자연휴양림, 사회복지관, 시민회관, 어린이회관, 공원 등)	여성가족부
청소년상담복지센터, 청소년쉼터, 청소년보호센터, 청소년재활센터	
성매매피해상담소 및 청소년지원시설	
가정방문 학습지교사	
청소년활동 기획업소	
공동주택관리사무소(경비업무종사자만 해당)	국토교통부
경비업 법인(경비업무종사자만 해당)	경찰청

② 성범죄 경력 조회 실시방법

기관의 장이 취업(예정)자로부터 동의서를 제출받아 성범죄경력 조회 신청서를 작성하여 경찰서에 동의서를 첨부한 성범죄 경력 조회 신청서를 제출하면, 경찰서에서는 성범죄 경력 회신서에 취업제한 대상자 여부를 작성하여 회신한다. 최근 범죄경력회보서 발급시스템(www.crims.police.go.kr)에서 신청인 본인은 열람이 가능하고, 기관(시설)의 장은 취업제한용 회보서 발급이 가능하다.

③ 법조치 위반 시 조치사항

성범죄자가 아동·청소년 관련기관 등에 취업하거나 사실상 노무를 제공하는 자가 있으면 중앙행정기관의 장은 아동·청소년 관련기관의 장에게 해당자의 해임을 요구할 수 있다. 만약 아동·청소년 관련기관의 장이 해임요구를 정당한 사유 없이 거부하거나 1개월 이내 이행하지 않은 경우 1천만 원 이하의 과태료가 부과된다. 또한 기관장이 성범죄 경력자 조회 의무 위반 시 500만 원 이하의 과태료가 부과된다.

(4) 성범죄 피해·가해 청소년 교육

성범죄 피해·가해 청소년 교육은 성폭력 가해아동·청소년에 대한 인지행동상담·치료교육 등을 통해 성폭력 재발을 방지하고, 성매매 피해청소년에 대한 치료·재활교육 강화로 성매매 재유입 방지 및 건강한 사회인으로의 복귀를 지원하기 위한 제도다.

① 성폭력 가해아동·청소년에 대한 인지행동상담·치료교육

- 교육대상: 보호관찰(수강명령)대상 성폭력 가해아동·청소년, 학교성폭력 가해 아동·청소년 등으로 특별교육이 필요한 아동·청소년 등
- 교육방법: 법무부 보호관찰소, 소년원 및 교육부 Wee 센터 등에 전문치료강사가 방문하여 교육
- 교육내용: 성폭력 재범방지를 위한 상담·치료교육 실시(100시간 이내)

② 성매매 피해청소년 치료·재활교육

- 교육대상: 검사의 교육·상담과정 이수명령자 및 경찰에 의해 발견된 성매매 피해청소년 등

- 교육방법: 권역별 위탁교육기관에서 5박 6일 숙박교육 후 사례관리지원 등
- 주요 내용: 전문가가 24시간 숙식을 함께 하며 심리치료, 자존감 증진 프로그램, 성교육, 역할극, 문화활동, 진로탐색 등 교육을 실시하며, 교육수료 후 의료 · 법률 · 학업 · 자립 · 자활 등 대상별 맞춤형 지원

4. 근로기준법

1953년에 제정된 「근로기준법」은 근로자의 근로조건에 관한 통일적 보호법전으로 제정되었지만, 실질적으로 근로자들의 기본권 보장이 미흡하여 1997년 이전 「근로기준법」을 폐지하고 다시 「근로기준법」을 제정 · 공포하였다. 「근로기준법」은 근로조건의 기준을 정함으로써 근로자의 기본적 생활을 보장 · 향상시키며 균형 있는 국민경제의 발전을 꾀하는 것을 목적으로 하고 있다.

「근로기준법」에서 소년 근로자에 대한 부분을 별도로 규정하고 있는데, 그 내용을 살펴보면 다음과 같다.

1) 노동 최저 연령

노동 가능 연령은 15세부터 64세까지이기 때문에 15세 미만인 자(「초 · 중등교육법」에 따라 중학교에 재학 중인 18세 미만인 자를 포함한다)는 근로자로 고용하지 못한다. 다만 고용노동부장관이 발급한 취직인허증(就職認許證)을 지닌 자는 근로자로 사용이 가능하며, 취직인허증은 본인의 신청에 따라 의무교육에 지장이 없는 경우에는 직종(職種)을 지정해서만 발행할 수 있다.

2) 근로 금지 직종

18세 미만인 자는 도덕상 또는 보건상 유해 · 위험한 사업장에 근로가 금지되어 있으며, 청소년의 금지 직종은 대통령령으로 별도로 규정하고 있다.

청소년근로 금지 직종

- 고압작업 및 잠수작업
- 18세 미만인 자에 대하여 운전 · 조종면허 취득을 제한하고 있는 직종 또는 업종의 운전 · 조종업무
- 18세 미만 청소년의 고용이나 출입을 금지하고 있는 직종이나 업종
- 교도소 또는 정신병원에서의 업무
- 소각 또는 도살의 업무
- 유류를 취급하는 업무(주유업무 제외)
- 2-브로모프로판을 취급하거나 노출될 수 있는 업무
- 그 밖에 고용노동부장관이 산업재해보상보험 및 예방심의위원회의 심의를 거쳐 지정하여 고시하는 업무

3) 청소년고용자의 의무

청소년을 근로자로 고용하는 사용자는 근로자의 연령을 증명하는 가족관계기록사항에 관한 증명서, 친권자 또는 후견인의 동의서를 사업장에 비치해야 한다.

사용자가 18세 미만의 청소년과 근로계약을 체결하는 경우에는 근로조건을 서면으로 명시하여 교부해야 하며, 근로계약은 친권자나 후견인이 미성년자의 근로계약을 대리할 수 없다. 이때 친권자, 후견인 또는 고용노동부장관

은 근로계약이 미성년자에게 불리하다고 인정하는 경우에는 이를 해지할 수 있다.

4) 근로조건

(1) 근로시간의 제한

15세 이상 18세 미만인 청소년의 근로시간은 1일에 7시간, 1주일에 40시간을 초과하지 못한다. 다만, 당사자 사이의 합의에 따라 1일에 1시간, 1주일에 6시간을 한도로 연장이 가능하다.

(2) 야간과 휴일 근로의 제한

18세 미만의 청소년은 오후 10시부터 다음 날 오전 6시까지의 시간 및 휴일 근로가 원칙적으로 금지된다. 하지만 청소년의 동의가 있는 경우, 고용노동부장관의 인가를 받은 경우는 야간 및 휴일 근무가 가능하다.

(3) 갱내 근로 금지

갱내 근로란 광산, 굴, 터널 등의 지하 작업을 말한다.

18세 미만의 청소년은 갱내(坑內) 근로가 금지되어 있다. 다만, 보건 · 의료, 보도 · 취재, 학술연구를 위한 조사 업무, 관리 · 감독 업무 등 대통령령으로 정하는 업무를 수행하기 위하여 일시적으로 필요한 경우에는 가능하다.

5. 소년법

1958년 제정된 「소년법」은 반사회성이 있는 소년의 환경 조정과 품행 교정(矯正)을 위한 보호처분 등의 필요한 조치를 하고, 형사처분에 관한 특별조치를 함으로써 소년이 건전하게 성장하도록 돕는 것을 목적으로 제정되었다. 이 법에서 소년은 19세 미만인 자를 말한다.

1) 소년보호 사건처리

(1) 소년보호 사건 대상

소년보호 사건 대상은 10세 이상 19세 미만의 청소년이라고 할 수 있다. 소년보호 사건 대상은 크게 세 가지로 분류할 수 있는데, 범죄소년, 촉법소년, 우범소년이다. 이들은 소년부의 보호사건으로 심리하게 된다.

- 범죄소년: 14세 이상 19세 미만의 죄를 범한 소년 중 벌금형 이하 또는 보호처분 대상 소년
- 촉법소년: 형벌법령에 저촉되는 행위를 한 10세 이상 14세 미만의 소년
- 우범소년: 성격 또는 환경에 비추어 형벌법령에 저촉되는 행위를 할 우려가 있는 10세 이상 19세 미만의 소년 중 집단으로 몰려다니며 주위에 불안감을 조성하는 성벽이 있거나, 정당한 이유 없이 가출하거나, 술을 마시고 소란을 피우거나 유해환경에 접하는 성벽이 있는 소년

(2) 송치 및 통고

경찰은 촉법소년과 우범소년이 있을 때 경찰에서 선도하거나 직접 관할법원 소년부에 송치(送致)하고 보호자 · 학교 또는 복리시설의 장은 범죄소년 · 촉법소년 · 우범소년을 발견하였을 때 법원 소년부에 통고할 수 있다.

검찰은 벌금 이하의 형에 해당하는 범죄 등의 소년 사건은 법원 소년부에 송치하고, 형사법원은 벌금 이하의 형에 해당하는 범죄 등의 소년 사건은 법원 소년부에 송치한다.

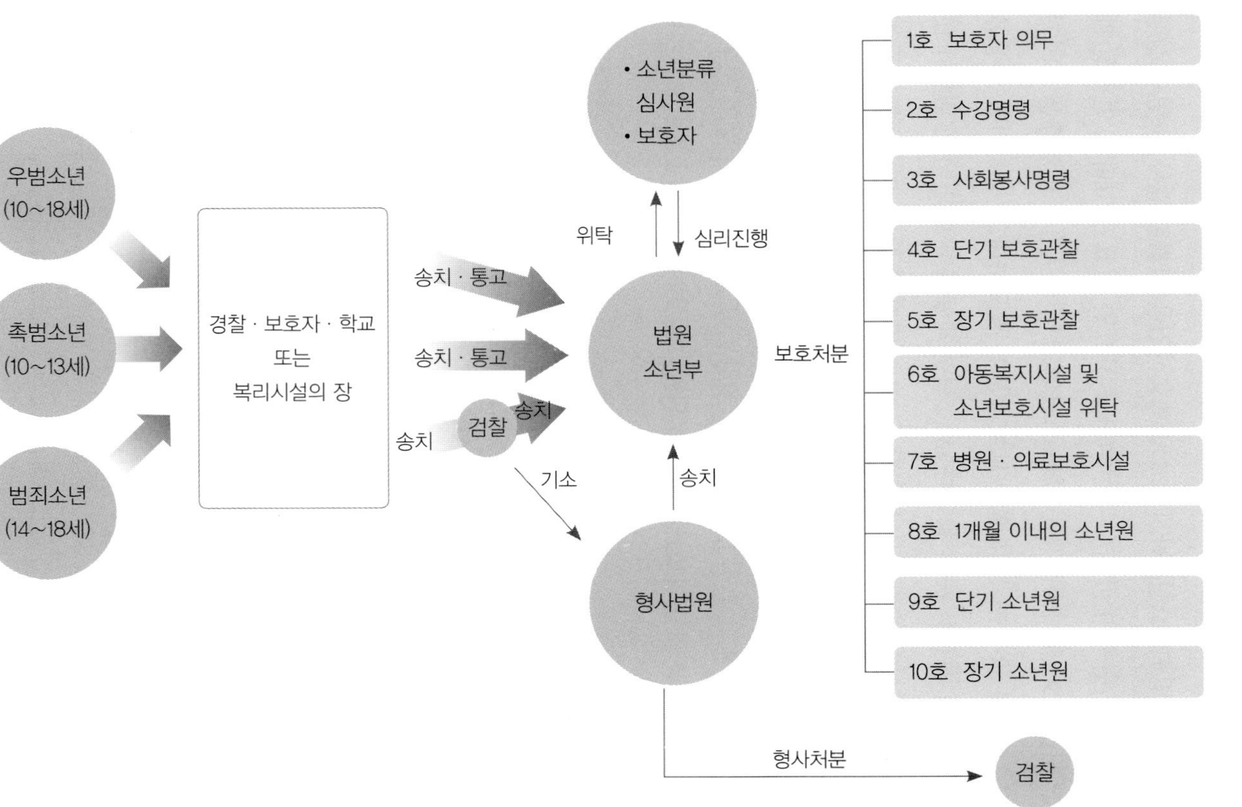

[그림 12-5] **소년보호사건 처리절차**

출처: 범죄예방정책국(www.cppb.go.kr).

2) 보호처분

보호처분은 법원 소년부 판사가 소년보호사건을 심리한 결과, 소년의 성행 및 환경개선을 위하여 국가가 적극적으로 보호할 필요가 있다고 인정될 때 내리는 처분으로, 형사처분과는 달리 소년의 장래에 부정적인 영향을 미치지 않는다. 소년부 판사는 심리 결과 보호처분이 필요하다고 인정되면 10종류 처분 중 하나의 처분을 내리게 된다. 보호처분의 종류를 보면, 1호 보호자 또는 보호자를 대신하여 소년을 보호할 수 있는 자에게 감호 위탁, 2호 수강명령, 3호 사회봉사명령, 4호 보호관찰관의 단기(短期) 보호관찰, 5호 보호관찰관의 장기(長期) 보호관찰, 6호 「아동복지법」에 따른 아동복지시설이나 그 밖의 소년보호시설에 감호 위탁, 7호 병원, 요양소 또는 「보호소년 등의 처우에 관한 법률」에 따른 소년의료보호시설에 위탁, 8호 1개월 이내의 소년원 송치,

표 12-12 소년 보호처분

구분	내용	기간
1호	보호자 또는 보호자를 대신하여 소년을 보호할 수 있는 자에게 감호 위탁	6개월(6개월 범위 내에서 1회 연장 가능)
2호	수강명령	100시간
3호	사회봉사명령	200시간 이내
4호	보호관찰관의 단기(短期) 보호관찰	1년
5호	보호관찰관의 장기(長期) 보호관찰	2년(1년 연장 가능)
6호	「아동복지법」에 따른 아동복지시설이나 그 밖의 소년보호시설에 감호 위탁	6개월(6개월 범위 내에서 1회 연장 가능)
7호	병원, 요양소 또는 「보호소년 등의 처우에 관한 법률」에 따른 소년의료보호시설에 위탁	6개월(6개월 범위 내에서 1회 연장 가능)
8호	1개월 이내의 소년원 송치	1개월 이내
9호	단기 소년원 송치	6개월 이내
10호	장기 소년원 송치	2년 이내

9호 단기 소년원 송치, 10호 장기 소년원 송치다.

이러한 보호처분의 결정에 법령의 위반이 있거나 중대한 사실에 대한 오인이 있는 경우, 처분이 현저히 부당하다고 여겨지는 경우 등에는 처분 결정 후 7일 이내 사건 본인 · 보호자 · 보조인 또는 그 법정대리인은 관할 가정법원 또는 지방법원 본원 합의부에 항고할 수 있다.

법원 소년부는 소년분류심사원에 위탁하여 보호처분 전 청소년들을 1개월 이내(1회에 한해 연장 가능)로 수용하여 상담조사 및 심리자료를 제공한다. 법원 소년부 외에 소년원장 또는 보호관찰소장이 의뢰한 소년의 분류심사를 진행하거나, 검사가 조사를 의뢰한 소년의 품행 및 환경 등을 조사하기도 한다. 청소년들이 소년분류심사원에 입원하는 것부터 법원소년부에 분류심사서가 제출되기까지의 분류심사 과정은 [그림 12-6]과 같다.

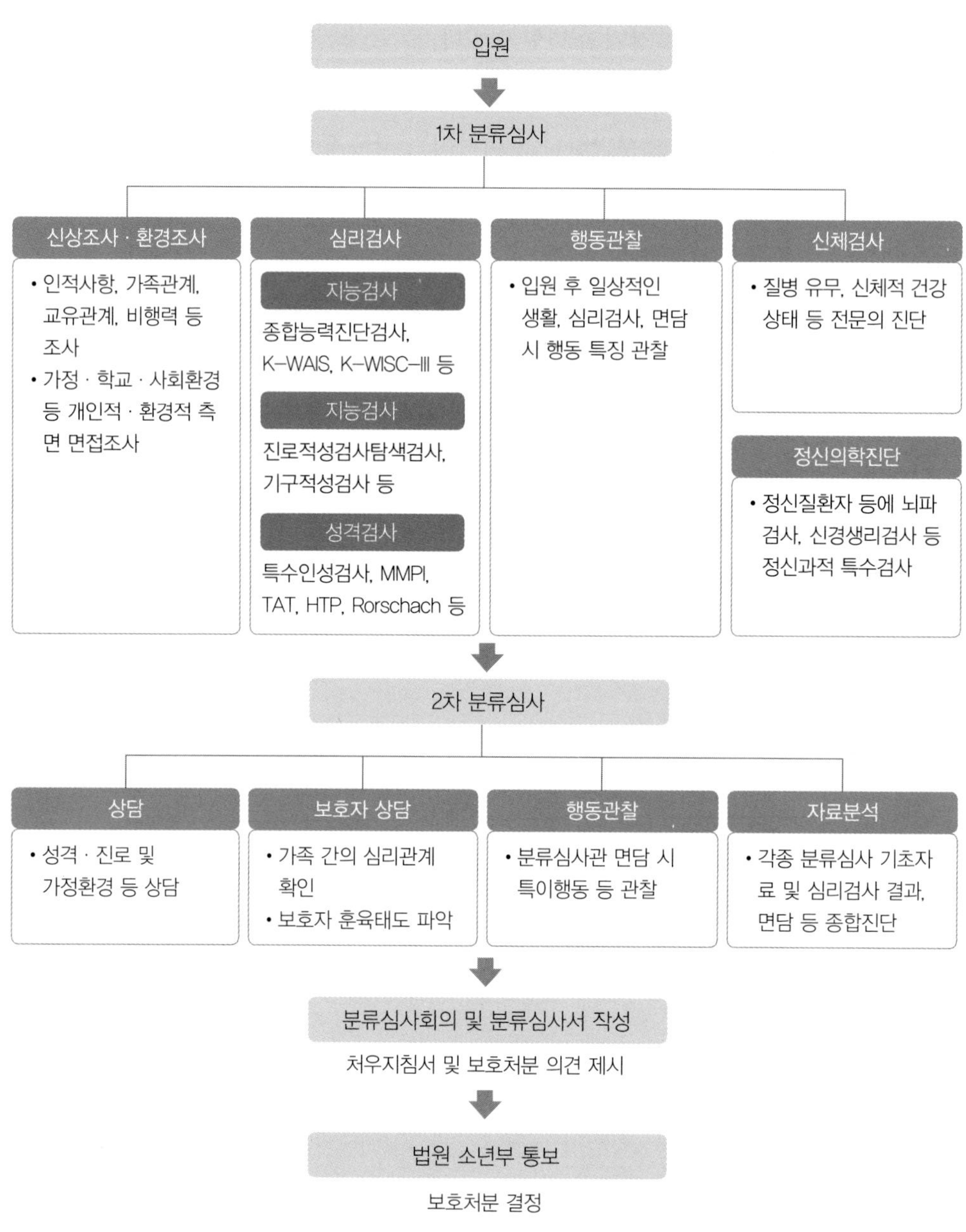

[그림 12-6] 소년분류 심사과정

출처: 범죄예방정책국(www.cppb.go.kr).

연습문제

1. 「청소년 보호법」의 규제 대상에 대해 설명하시오.
2. 우리나라 아동 · 청소년 성보호정책에 대해 설명하시오.
3. 「근로기준법」 내 연소자 보호 정책에 대해 설명하시오.
4. 「소년법」 내 보호처분에 대해 설명하시오.

참고문헌

진혜경(2012). **청소년정책론**. 서울: 학지사.

범죄예방정책국. http://www.cppb.go.kr
법제처 국가법령정보센터. http://www.moleg.go.kr/main.html
여성가족부. http://www.mogof.go.kr
여성가족부 성범죄자 알림e. http://www.sexoffender.go.kr

청소년정책 용어집*

가족치유캠프

여성가족부가 주최하고 한국청소년상담복지개발원이 주관하는 것으로 인터넷 중독 청소년 가족치유캠프와 스마트폰 중독 청소년 가족치유캠프가 있다. 이는 인터넷과 스마트폰 문제로 인하여 학업이나 일상생활에 어려움을 겪는 4~6학년 초등학생과 보호자를 대상으로 2박 3일간 진행되는 치료캠프다.

경제활동인구(經濟活動人口, economically active population)

일정 연령 이상의 인구 가운데 노동능력이나 노동의사가 있어 재화나 서비스의 생산과 같은 경제활동에 기여할 수 있는 인구를 말한다. 일반적으로 취업이 가능한 14~15세 이상의 인구 중 학생·주부·환자 등 노동능력이나 노동의사가 없는 사람을 제외한 인구이며, 취업자와 실업자를 포함한다.

교육복지우선지원사업(敎育福祉于先支援事業)

저소득층이 밀집한 학교를 선정하여 집중 지원함으로써 학생의 교육·문화·복지 수준을 제고하고 교육격차를 해소하는 데 목적이 있다. 시·도교육청에서 사업학교 선정기준을 정하며 선정된 학교에서는 지역사회 교육전문가가 심리정서 등 교육프로그램을 운영한다.

* 『2019 청소년백서』(여성가족부, 2020)에서 청소년정책 용어 가운데 청소년 문제 관련 용어만 발췌함

교육환경보호구역

학생의 보건·위생, 안전, 학습 등에 지장이 없도록 하고자 학교 및 학교 주변에 교육환경위생에 지장이 있는 행위 및 시설을 제한한 지역을 말하며, 쾌적하고 명랑한 교육환경을 조성하는 것을 목적으로 '교육부'에서 지정하고 있다. 교육환경 보호구역은 '절대보호구역'과 '상대보호구역'으로 구분되는데, 절대보호구역은 학교출입문으로부터 직선거리로 50미터까지인 지역(학교설립예정지의 경우 학교 경계로부터 직선거리 50미터까지인 지역)을 의미하고, 상대보호구역은 학교경계 등으로부터 직선거리로 200미터까지인 지역 중 절대보호구역을 제외한 지역을 의미한다.

국민기초생활보장수급자(國民基礎生活保障受給者)

국민기초생활보장제도는 국가의 보호를 필요로 하는 최저생계비 이하의 가구에 대하여 최저생계비와 가구 소득의 차액을 보충적으로 지급하는 제도이다. 근로능력이 있는 수급자에 대해서는 자활사업에 참가할 것을 조건으로 생계급여를 지급할 수 있으며, 조건 불이행 시 생계급여의 일부 또는 전부가 중지될 수 있다. 국민기초생활보장수급자는 부양의무자가 없거나, 부양의무자가 있어도 부양 능력이 없거나 또는 부양을 받을 수 없는 가구의 소득인정액이 최저생계비 이하인 경우 선정될 수 있다.

국제금장총회(International Gold Event: IGE)

영국의 에든버러 공작과 교육학자들이 고안한 국제청소년 성취포상제 활동을 통해 금장을 포상받은 청소년 중 20~35세의 청(소)년을 대상으로 하는 글로벌 리더십 연수 프로그램으로 매 3년마다 개최된다. 우리나라가 주최한 2014년 에는 40개국에서 100명의 금장 포상 청소년인 차세대 리더들이 참석해 자신의 포상활동 경험을 지역사회에 환원할 수 있는 실천방안에 대해 논의했다.

국제청소년성취포상제(The Duke of Edinburgh's International Award)

만 14~24세의 청소년들이 신체단련, 자기개발, 봉사활동 및 탐험활동을 통해 체계적으로 역량을 개발할 수 있도록 지원하는 국제적 청소년 자기성장 프로그램으로 1956년 영국에서 시작되어 현재까지 143개 국가에서 운영되고 있다.

국제학업성취도평가(Programme for International Student Assessment: PISA)

만 15세 학생들의 읽기, 수학, 과학 소양 수준 파악 및 소양 수준에 영향을 주는 배경 변인과의 연계 분석을 통해 각국 교육정책 수립의 기초 자료를 제공하는 것을 목적으로 한다. 이는 지식을 상황과 목적에 맞게 대안교육특성화고등학교에 활용할 수 있는 기본적인 '소양'을 강조하는 평가로서 평가 주기는 3년이다. 대부분의 나라에서 의무교육이 종료되는 시점인 만 15세 학생을 대상으로 평가가 이루어진다.

기소유예제도(起訴猶豫制度)

기소편의주의(起訴便宜主義)에 따라 검사가 공소(公訴)를 제기하지 않는 처분으로 소송 조건을 구비하여 범죄의 객관적 혐의가 있는 경우라도 범인의 연령 · 성행 · 지능 · 환경 · 피해자와의 관계 · 범행동기 · 수단 · 결과 · 범죄후의 정황 등 사항을 참작하여, 공소를 제기할 필요가 없다고 판단될 때에는 검사가 공소를 제기하지 않는 제도이다.

꿈드림(학교밖청소년지원센터)

학교라는 울타리를 벗어나 세상으로 나온 청소년들이 자신감을 회복하고 당당하게 미래를 설계하고 꿈을 키울 수 있도록 돕는 '청소년 공간'으로, 학교밖에서 학업을 희망하거나, 적성에 맞는 직업을 찾기를 원하는 등, 끼와 재능을 마음껏 펼치고 싶은 청소년들에게 유익한 프로그램을 지원한다.

※ '꿈'과 '드림(Dream)'의 합성어로 청소년에게 꿈과 희망을 드린다는 의미

내일이룸학교

「학교 밖 청소년 지원에 관한 법률」 제10조를 근거로 청소년의 성공적인 사회진출과 경제적 자립을 지원하고자 여성가족부에서 추진하고 있다. 내일이룸학교는 '청소년의 내일(미래 또는 나의 일)을 이룬다'는 의미로 학교 밖 청소년, 비진학청소년, 청소년한부모, 가출청소년 등 만 15세 이상 24세 이하의 청소년을 대상으로 하는 맞춤형 직업훈련 프로그램이다.

다문화 중점학교

다문화가정 학생과 일반 학생이 서로 다름을 존중하고 서로 어울려 살 수 있도록 학교 교육과정을 통해 다문화 감수성 제고, 다문화 이해, 반(反)편견 교육 등을 실시하는 학교로 교육부에서 운영하고 있다.

드림스타트(Dream Start)

드림스타트의 시초는 학대 · 방임 아동이 증가하는 가운데 아동복지사각지대 해소를 위해 2006년 20개 보건소에서 시범사업으로 실시한 아동보호 보건복지 통합서비스다. 2007년 희망스타트라는 이름으로 16개 시 · 군 · 구에서 시범사업을 실시하였으며, 2008년 사업명을 희망스타트에서 드림스타트로 변경해 현재에 이르고 있다. 취약계층아동에게 맞춤형 통합서비스를 제공하여 아동의 건강한 성장과 발달을 도모하고 공평한 출발 기회를 보장함으로써 건강하고 행복한 사회구성원으로 성장할 수 있도록 지원하고자 한다.

레드존(Red Zone)

윤락가나 유흥가, 숙박업소 밀집지역 등 청소년의 범죄 · 비행 · 탈선 위험이 있는 유해환경에 청소년이 접근하거나 출입하는 것을 막기 위해 지정한 구역을 일컫는 말이다. 레드존은 「청소년보호법」 제4장 제1조에 '청소년 통행금지 · 제한구역'이라는 명칭으로 명시되어 있다.

마스트리히트 조약(Maastricht Treaty)

1992년 2월 7일 네덜란드 마스트리히트에서 유럽 공동체 가입국이 서명하고 1993년 11월 1일부터 발표한 조약으로 유럽 연합의 기초가 되는 조약이다. 유럽중앙은행 창설과 단일통화 사용의 경제 통화 동맹, 노동조건 통일의 사회부문, 공동방위정책, 유럽시민규정 등을 내용으로 하고 있다.

명목임금(名目賃金, nominal wage)

노사 간 임금교섭을 통하여 매년 결정되는 임금을 보통의 화폐단위로 나타낸 것을 명목임금이라 한다. 임금을 특히 명목임금이라고 부르는 경우는 임금의 인상이 있었을 때 그것이 당시의 화폐단위로 표시되었을 뿐 물가상승과의 비교 등이 되지 않았다는 것을 의미한다.

명예경찰소년단

경찰, 학교, 선도단체의 유기적인 협조하에 스스로가 각종범죄 및 제반사고로부터 자신을 보호할 수 있는 능력을 배양하고 봉사활동과 교통질서 등 기초질서 의식을 함양하기 위해 초등학교 4~6학년과 중학생 중에서 선발하는 제도이다. 명예경찰소년단은 경찰서에서 호신술을 배우는 명예경찰 무도학교, 경찰관서 치안시스템 견학, 지역경찰관과 합동순찰 등 현장체험활동을 실시하고 있으며, 교내에서도 학교폭력예방활동, 교통질서 · 기초질서 캠페인, 봉사활동 등을 수행한다.

방과후학교

학생과 학부모의 요구와 선택을 반영하여, 수익자 부담 또는 재정지원으로 이루어지는 정규수업 이외의 교육 및 돌봄활동으로, 학교계획에 따라 일정한 기간 동안 지속적으로 운영하는 학교교육활동을 말한다.

보호대상아동

「아동복지법」 제3조 제4호 상 '보호대상아동'을 의미한다. 보호대상아동이란,

보호자가 없거나 보호자로부터 이탈된 아동 또는 보호자가 아동을 학대하는 경우 등 그 보호자가 아동을 양육하기에 부적당하거나 양육할 능력이 없는 경우의 아동을 말한다.

사랑의교실

폭력, 절도 등 범죄나 비행으로 인해 경찰조사 단계에 있는 청소년들을 선도하여 재비행 방지를 위한 맞춤형 선도 프로그램이다. 보호자와 청소년이 사랑의 교실 입교에 동의한 경우에 해당경찰관서에서 청소년(상담)지원센터, 청소년수련관 등 전문선도기관에 의뢰하여 다양한 인성교육 및 재범방지 교육을 실시한다.

새천년개발목표(Millennium Development Goals: MDGs)

2000년 9월, 뉴욕 국제연합 본부에서 개최된 밀레니엄 서미트에서 채택된 빈곤 타파에 관한 범세계적인 의제이다. 당시에 참가했던 191개의 국제연합 참여국은 2015년까지 빈곤의 감소, 보건, 교육의 개선, 환경보호에 관해 지정된 8가지 목표를 실천하는 것에 동의하였다. 주요 내용은 ① 극심한 빈곤과 기아 퇴치, ② 초등교육의 완전보급, ③ 성평등 촉진과 여권 신장, ④ 유아 사망률 감소, ⑤ 임산부의 건강개선, ⑥ 에이즈와 말라리아 등의 질병과의 전쟁, ⑦ 환경 지속 가능성 보장, ⑧ 발전을 위한 전 세계적인 동반관계의 구축이다.

성범죄 신고의무제도

「아동 · 청소년의 성보호에 관한 법률」 제34조에 의해 누구든지 아동 · 청소년 대상 성범죄의 발생 사실을 알게 된 때에는 수사기관에 신고할 수 있다. 또한 관련기관 · 시설 또는 단체의 장과 그 종사자는 직무상 아동 · 청소년 대상 성범죄의 발생 사실을 알게 된 때에는 즉시 수사기관에 신고하여야 한다.

소년 · 소녀가정

부모의 사망, 이혼, 질병, 심신장애, 가출, 수형 등으로 인해 「국민기초생활보장법」에 의한 가구 중 만 18세 미만 출생일 기준, 부득이한 경우 20세까지 연장 가능의 아동이 실질적으로 가정을 이끌어 가고 있는 세대를 말한다.

소년법

반사회성이 있는 소년의 환경 조정과 품행 교정을 위한 보호처분 등의 필요한 조치를 하고, 형사처분에 관한 특별조치를 함으로써 소년이 건전하게 성장하도록 돕는 것을 목적으로 제정되었으며 여기에서 소년이란 19세 미만인 자를 의미한다.

아동 이익 최우선의 원칙(Devotion to Best Interests of the Child)

무차별 원칙, 생존과 발달의 권리 원칙, 어린이 의견 존중 원칙과 함께 「유엔아동권리협약」의 기본이 되는 원칙이다. 같은 법 제3조에서는 공공 또는 민간 사회복지기관, 법원 · 행정 · 입법 기관 등에 의하여 실시되는 모든 아동 관련 활동에서 아동의 이익이 최우선으로 고려되어야 한다고 규정하고 있다. 우리나라 「아동복지법」 제2조에서도 아동에 관한 모든 활동에 있어서 아동의 이익이 최우선적으로 고려되어야 한다고 규정하고 있다.

아동보호전문기관(Child Protection Agency)

「아동복지법」 제45조에 의거하여 학대아동의 발견 · 보호 · 치료에 대한 신속한 처리 및 아동학대 예방을 전담하는 기관이다.

아동학대(兒童虐待, child abuse)

보호자를 포함한 성인이 아동의 건강 또는 복지를 해치거나 정상적 발달을 저해할 수 있는 신체적 · 정신적 · 성적 폭력이나 가혹행위를 하는 것과 아동의 보호자가 아동을 유기하거나 방임하는 것을 말한다.

※ 아동학대 피해아동을 발견한 경우 전국의 아동보호 전문기관(아동학대 예방센터)으로 신고

※ 아동학대 신고 및 전화상담: 1577-1391

아웃리치(outreach)

일반적으로는 보다 넓은 지역사회에 대한 봉사활동이라는 의미로 사용되기도 하는 아웃리치는 도움이 필요한 소외계층을 기다리기보다는 직접 현장에 나가 그들에게 도움과 정보를 제공하는 서비스를 말한다. 여러 이유로 인해 복지기관이나 상담소를 찾지 않는 사람들에게 직접 찾아가서 실시하는 구제 · 지원활동을 말한다. 그 예로, 성매매집결지 현장시범활동에서는 정기적으로 성매매 현장에 찾아가 여성들에게 탈성매매와 자립에 관련한 상담 및 정보를 제공하며, 노숙인 지원단체나 청소년단체 등에서도 직접 거리로 나가 노숙인이나 청소년을 만나 상담활동을 전개한다.

우범소년(虞犯少年)

죄를 범하지는 아니하였으나 그 성격이나 환경으로 보아 장차 죄를 범할 우려가 있는 10세 이상 19세 미만의 소년을 일컫는다. 우범소년에 대하여는 범죄를 미연에 방지하고 본인을 보호 · 교도 · 개선시키기 위하여 형사 · 정책적으로 보안처분(보호처분)을 과하는 것이 세계 각국의 예로 되어 있다. 우리나라의 「소년법」은 반사회성(反社會性)이 있는 소년에 대하여 그 환경의 조정과 품행의 교정(矯正)을 위하여 보호처분을 하도록 하고 있다.

유엔 아동권리협약(UN Convention of the Rights of the Child)

아동을 단순한 보호대상이 아닌 존엄성과 권리를 지닌 주체로 보고 이들의 생존 · 발달 · 보호에 관한 기본 권리를 명시한 협약이다. 이 협약은 1989년 11월 20일 유엔 총회에서 만장일치로 채택돼 우리나라(1991년 가입)과 북한을 포함하여 세계 193개국이 비준했다. 협약은 18세 미만 아동의 생명권, 의사표시권, 고문 및 형벌 금지, 불법 해외이송 및 성적 학대 금지 등 각종 아동 기본권의 보장을 규정하고 있으며, 협약가입국은 이를 위해 최대한의 입법 · 사법 · 행정적 조치를 취하도록 의무화하고 있다.

유엔 지속가능발전목표(SDGs)

17가지로 구성되며, 2000년부터 2015년까지 시행된 새천년개발목표(MDGs)를 종료하고 2016년부터 2030년까지 새로 시행되는 유엔과 국제사회의 최대 공동목표를 의미한다. 인류의 보편적 사회문제(빈곤, 질병, 교육, 여성, 아동, 난민, 분쟁 등), 지구 환경 및 기후변화문제(기후변화, 에너지, 환경오염, 물, 생물다양성 등), 경제문제(기술, 주거, 노사, 고용, 생산 소비, 사회구조, 법, 인프라구축, 대내외경제)를 2030년까지 17가지 주요 목표와 169개 세부목표로 해결하고자 이행하는 국제사회의 최대 공동목표이다.

이주배경청소년

「청소년복지 지원법」 제18조에 따라 다문화가족의 청소년과 그 밖에 국내로 이주하여 사회 · 문화 적응 및 언어 학습 등에 지원이 필요한 청소년을 말한다.

인터넷치유캠프

인터넷과 단절된 청소년 수련시설에서 11박 12일간 기숙 형태로 운영되는 치료 프로그램으로, 인터넷 중독 전문가에게 개인상담과 집단상담을, 임상심리전문가에게 심리상태 진단 및 평가를, 수련활동 전문가에게 수련활동과 대안활동을 지원받을 수 있는 전문 치료프로그램이다.

조사망률(粗死亡率, crude death rate)

1년간의 사망 수를 그 해의 인구로 나눈 것으로 보통 1,000배하여 인구 1,000대로 표시한다. 연령, 계층, 성별, 사인 등을 고려하지 않고 정정하지 않은 채로 나타낸 사망률을 말한다.

※ 조사망률(‰) = (특정 1년간의 총 사망건수 / 당해 연도의 연앙인구) × 1,000

조이혼율(粗離婚率, crude divorce rate)

1년간 발생한 총 이혼건수를 당해 연도의 주민등록에 의한 연앙인구로 나눈 수치를 1,000분비로 나타낸 것이다.

※ 조이혼율(%) = (특정 1년간의 총 이혼건수 / 당해 연도의 연앙인구) × 1,000

조출생률(粗出生率, crude birth rate)

특정인구집단의 출산수준을 나타내는 기본적인 지표로서 1년간의 총 출생아 수를 당해 연도의 총인구로 나눈 수치를 1,000분비로 나타낸 것이다.

※ 조출생률(%) = (특정 1년간의 총 출생아 수 / 당해 연도의 연앙인구) × 1,000

조혼인율(粗婚姻率, crude marriage rate)

1년간 발생한 총 혼인건수를 당해 연도의 주민등록에 의한 연앙인구로 나눈 수치를 1,000분비로 나타낸 것이다.

※ 조혼인율(%) = (특정 1년간의 총 혼인 수 / 당해 연도의 연앙인구) × 1,000

주의력결핍 과잉행동장애(Attention Deficit/Hyperactivity Disorder: ADHD)

아동기에 많이 나타나는 장애로, 지속적으로 주의력이 부족하여 산만하고 과잉활동, 충동성을 보이는 상태를 말한다. 이러한 증상들을 치료하지 않고 방치할 경우 아동기 내내 여러 방면에서 어려움이 지속되고, 일부의 경우 청소년기와 성인기가 되어서도 증상이 남게 된다.

중도입국청소년

결혼이민자가 한국인 배우자와 재혼하여 본국의 자녀를 데려온 경우와 국제결혼가정의 자녀 중 외국인 부모의 본국에서 성장하다 청소년기에 재입국한 청소년의 경우를 말한다.

지방청소년활동진흥센터

「청소년활동 진흥법」 제7조에 따라 청소년활동의 진흥을 위한 청소년 정책 전달 체계상의 정책기관으로 해당 지역의 청소년활동을 진흥하는 중추적인 역할을 수행하는 기관이다. 주요 사업은 지역청소년활동 요구 조사, 청소년활동 프로그램의 개발과 보급, 청소년활동에 대한 교육과 홍보, 청소년활동 정보 제공, 지역 교육기관과의 연계 및 지원, 지역 청소년자원봉사활동의 활성화, 청소년 수련활동 인증제도 · 신고제 지원 등이다.

지역사회 청소년통합지원체계(Community Youth Safety Network: CYS-Net)

위기청소년 보호지원을 위한 프로그램으로서 지역사회 시민 및 청소년 관련 기관, 단체들이 위기 상황에 빠진 청소년을 발견 · 구조 · 치료하는 데 참여하여 건강한 민주시민으로 성장하도록 지원하기 위해 협력하는 연계망으로, 위기청소년 지원을 위한 사회안전망이다. 2019년 7월 1일부터는 청소년안전망으로 명칭이 변경되었다.

지역아동센터

「아동복지법」 제52조 제1항 8호에 따른 아동복지이용시설로서, 18세 미만의 방과 후 돌봄이 필요한 지역사회 아동에게 보호 · 교육, 건전한 놀이와 오락의 제공, 보호자와 지역사회의 연계 등 종합적인 복지 서비스를 제공함으로써 아동의 건전한 성장을 지원하고 있다.

지방자치단체 청소년육성위원회

「청소년 기본법」 제11조에 따라 특별시장, 광역시장, 특별 자치시장, 도지사, 특별자치도지사 및 시장, 군수, 구청장(자치구의 구청장에 한함)의 소속하에 청소년육성에 관한 지방자치단체의 주요 시책을 심의 및 자문하는 기구로, 지방청소년육성위원회의 구성, 조직, 그 밖의 운영에 관하여 필요한 사항은 조례로 정하도록 되어 있다.

청소년방과후아카데미

「청소년 기본법」 제48조의 2에 의해 여성가족부와 지방자치단체에서 청소년 수련시설 등을 기반으로 청소년의 건강한 방과후 생활과 삶의 질 향상을 위해 가정이나 학교에서 체험하지 못했던 다양한 청소년활동 프로그램 및 생활관리 등 청소년을 위한 종합 돌봄 서비스를 지원하는 국가 정책사업이다.

청소년유해매체물

「청소년 보호법」 제2조에 의거해 청소년보호위원회가 청소년에게 유해한 것으로 결정하거나 확인하여 여성가족부 장관이 고시한 매체물로 「청소년 보호법」 규정에 따른다. 같은 법 제7조에 의해 청소년유해매체물을 심의 · 결정하는 곳은 여성가족부 산하 '청소년보호위원회'이다.

청소년유해약물

「주세법」에 의한 주류, 「담배사업법」에 의한 담배, 「마약류 관리에 관한 법률」에 의한 마약류, 「유해화학물질 관리법」에 의한 환각물질 및 그 밖에 중추신경에 작용하여 습관성, 중독성, 내성 등을 유발해 인체에 유해하게 작용할 수 있는 약물로서 여성가족부 장관이 결정하여 고시한 약물을 말한다.

청소년유해환경

「청소년 보호법」 제2조에 의거해 청소년유해매체물, 청소년유해약물, 청소년유해업소 및 청소년 폭력 · 학대를 말한다.

청소년(靑少年, youth)

「청소년 기본법」 제3조에 의거해 9세 이상 24세 이하인 사람을 말한다. 다른 법률에서 청소년에 대한 적용을 다르게 할 필요가 있는 경우에는 따로 정할 수 있는데, 「청소년 보호법」 제2조에 따르면 만 19세 미만인 사람을 말한다.

청소년동반자(Youth Companion: YC)

여성가족부의 '청소년동반자' 사업의 핵심인력으로 가출, 비행 · 폭력, 학업중단, 성매매 피해 등 심화된 위기 상황에 직면한 청년들에게 찾아가서 맞춤형 상담서비스를 제공하는 전문가를 말한다. 전일제 동반자의 경우 주 40시간 근무를 실시하되, 청소년의 시간에 맞추어 저녁, 휴일 등에 탄력적으로 근무한다. 반면, 시간제 동반자는 주 12시간 근무하며, 이들은 청소년 상담지원센터를 근거로 움직이나 실제적인 사무실은 '청소년이 있는 현장'이다.

청소년매체환경보호센터

「청소년 보호법」 제35조에 따라 청소년을 보호하고 청소년의 건강한 성장을 지원하기 위한 매체물(인터넷, 음반, 게임물, 영상물 등) 모니터링 사업이다. 민간위탁으로 운영되며, 주요 업무로 청소년유해정보의 유통을 차단하고, 청소년 유해매체물제도의 실효성을 확보하는 데 주력하고 있다.

청소년문화의 집

「청소년활동 진흥법」 제10조 및 제11조에 따르면, 청소년문화의 집은 간단한 청소년수련활동을 실시할 수 있는 시설 및 설비를 갖춘 정보, 문화, 예술 중심의 수련시설로 시 · 도 지사 및 시장, 군수, 구청장은 읍 · 면 · 동에 청소년문화의 집을 1개소 이상 설치하고 운영할 의무가 있다.

청소년 보호법(靑少年 保護法)

청소년에게 유해한 매체물과 약물 등이 청소년에게 유통되는 것과 청소년이 유해한 업소에 출입하는 것 등을 규제하고, 폭력학대 등 청소년유해행위를 포함한 각종 유해한 환경으로부터 청소년을 보호구제함으로써 청소년이 건전한 인격체로 성장할 수 있도록 함을 목적으로 하는 법률이다(1997. 3. 7., 법률 제5297호).

청소년보호위원회

「청소년 보호법」 제36조에 따라 청소년유해매체물, 청소년유해약물 등, 청소년유해업소 등의 심의 · 결정 등에 관한 사항을 결정하기 위해 여성가족부장관 소속으로 구성되어있다.

청소년복지 지원법(青少年福祉 支援法)

「청소년 기본법」 제49조 4항의 규정에 따라 청소년복지 증진에 관한 사항을 정하기 위해 제정한 법이다(2004. 2. 9., 법률 제7164호). 청소년복지란 청소년이 정상적인 삶을 영위할 수 있는 기본적인 여건을 조성하고 조화롭게 성장발달 할 수 있도록 제공되는 사회적경제적 지원을 말한다(「청소년 기본법」 제3조의 4호). 청소년은 이 법의 규정을 적용함에 있어 인종 · 종교 · 성 · 연령 · 학력 · 신체조건 등의 조건에 의해 차별을 받아서는 안 된다. 청소년은 사회의 정당한 구성원으로서 본인과 관련된 의사결정에 참여할 권리를 가진다.

청소년상담복지센터

「청소년복지 지원법」 제29조, 제42조의2에 근거하여 청소년상담, 긴급구조, 자립, 의료지원 등 통합지원 서비스를 제공하여 청소년의 건강한 성장 및 복지증진을 도모하는 것을 목적으로 2019년 기준, 전국 17개 시 · 도 및 214개 시 · 군 · 구에 설치되어 운영되고 있다.

청소년성문화센터

「아동 · 청소년의 성보호에 관한 법률」 제47조에 따라 아동 · 청소년의 건전한 성가치관 조성과 성범죄 예방을 위하여 아동 · 청소년을 대상으로 성교육을 실시하는 전문기관이다. 청소년성문화센터는 다양한 매체를 활용한 체험형 현장 중심의 성교육장으로 청소년 스스로 자기주도적 · 실천적 체험학습을 통해 올바른 성지식을 습득하게 하도록 하여 건강한 성 가치관을 지닌 개인으로 성장하도록 지원한다.

청소년수련관

「청소년활동 진흥법」 제10조 및 제11조에 따르면, 청소년수련관은 다양한 청소년수련거리를 실시할 수 있는 각종 시설 및 설비를 갖춘 종합수련시설로 시 · 도지사 및 시장, 군수, 구청장은 청소년 수련관을 1개소 이상 설치 및 운영할 의무가 있다.

청소년수련활동 신고제

「청소년활동 진흥법」 제9조의2에 따라 19세 미만의 청소년을 대상으로 하는 청소년수련활동계획을 사전에 신고하도록 하고, 관련 정보를 참가자가 편리하게 확인할 수 있도록 인터넷에 공개하는 제도이다. 신고를 준비하는 과정에서 활동 운영 전반의 안전을 점검하게 되고, 범죄경력자 등 결격 사유가 있는 지도자의 활동 운영을 막을 수 있으며, 보험 가입을 의무화하여 보다 안전한 환경에서 수련활동을 운영할 수 있도록 하였다.

청소년수련활동 인증제

「청소년활동 진흥법」 제35조에 따라 국가 및 지방자치단체 또는 개인·법인·단체 등이 실시하고자 하는 청소년 수련활동을 인증하고, 인증수련활동에 참여한 청소년의 활동 기록을 유지·제공하는 국가인증제도이다. 국가가 청소년수련활동의 공공성과 신뢰성을 인증함으로써 청소년활동 정책의 실효성을 제고하고 청소년의 교육적·사회적 환경 변화에 따른 양질의 청소년활동 정책과 참여 기회를 제공한다. 또한 다양한 청소년활동 정보제공 및 청소년활동 참여 활성화 기능을 하며, 자기 계발 및 진로모색 등에 활용 가능한 활동 기록을 관리하고 제공한다.

청소년쉼터

「청소년복지 지원법」 제31조 제1호에 따라 가출청소년에 대하여 가정·학교·사회로 복귀하여 생활할 수 있도록 일정 기간 보호하면서 상담·주거·학업·자립 등을 지원하는 시설을 말한다. 가출청소년의 일시보호 및 숙식제공, 상담·선도·수련활동, 학업 및 직업훈련 지원활동, 청소년의 가출예방을 위한 거리상담지원 활동 등을 주요 업무로 삼고 있다. 「청소년복지 지원법」, 「청소년 기본법」, 「사회복지 사업법」 등을 법적 근거로 한다.

청소년어울림마당

문화예술, 스포츠 등을 소재로 한 공연, 경연, 전시, 놀이 체험 등 문화체험이 펼쳐지는 장으로 청소년의 접근이 용이하고 다양한 지역사회 자원이 결합된 일정한 공간(상설공간)을 의미한다. 청소년어울림마당 지원 사업은 청소년의 건전한 여가 활용 육성을 위해 놀이 마당식 체험 공간에 지역적 특성을 살린 각종 문화 프로그램을 제공하고자 「청소년활동 진흥법」 제60조, 제61조에 근거하여 각 지방자치단체에서 추진되고 있다.

청소년운영위원회

「청소년활동 진흥법」 제4조에 따라 청소년수련시설의 운영 및 프로그램 등을 청소년들이 직접 자문 · 평가하도록 함으로써 청소년의 수요와 의견을 반영하는 청소년이 주인이 되는 시설이 되도록 설치한 위원회를 말한다.

청소년육성기금

「청소년 기본법」 제53조에 의거하여 청소년 육성 등을 위한 사업의 지원에 필요한 재원을 확보하기 위하여 설치 및 운영되고 있다. 청소년육성기금은 청소년 참여지원, 청소년방과후 활동지원, 청소년사회안전망 구축, 청소년쉼터 운영지원, 국립중앙청소년치료재활센터 운영 등에 사용되고 있으며, 청소년육성기금의 주요 조성 재원은 기금 조성 초기에는 정부출연금, 국민체육진흥기금 전입액 등이었으나 2019년 현재 경륜경정사업 법정 분담금과 복권기금전입금으로 조성되고 있다.

청소년의 달

청소년의 능동적이고 자주적인 주인의식을 고취하고 청소년 육성을 위한 국민의 참여 분위기를 조성할 목적으로 제정한 달로, 해마다 5월이다(「청소년 기본법」 제16조). 행사 주관부처는 여성가족부이며, 국가지방자치단체, 공공단체, 청소년단체 및 직장별로 각각 실정에 따라 기념행사를 연다. 행사 내용은 ① 청소년의 문화 · 예술 · 수련 · 체육에 관한 행사, ② 청소년의 인권증진 및 육성 등에 관한 연구 발표 행사, ③ 모범 청소년, 청소년 지도자 및 우수 청소년단체 등에 대한 포상, ④ 대중 매체 등을 이용한 홍보 행사, ⑤ 그 밖에 청소년 육성에 관하여 범국민적인 관심을 높이기 위하여 필요한 행사 등이다.

청소년자기도전포상제

우리나라 「청소년 기본법」에서 규정하고 있는 청소년 중 저연령인 만 9~13세(초등학교 3학년~중학교 2학년)의 청소년이 참여할 수 있도록 국제청소년성취포상제를 모태로 하는 프로그램으로, 자기개발, 신체단련, 봉사 및 탐험활동 등 네 가지 활동영역에서 일정 기간 동안 자기 스스로 정한 목표를 성취해 가며, 숨겨진 끼를 발견하고 꿈을 찾아가는 자기성장 프로그램이다.

청소년상담 1388

청소년의 일상적인 고민 상담부터 가출, 학업중단, 인터넷 중독 등 위기에 이르기까지 상담을 제공하는 서비스로, 전국의 청소년상담복지센터와 연계하여 운영되고 있다. 청소년상담사, 청소년지도사, 사회복지사 등 국가자격을 소지하거나 일정 기간 청소년상담복지 관련 실무경력을 갖춘 전문상담사화 상담이 진행되며, 365일 24시간 운영되고 있다.

청소년정책위원회

「청소년 기본법」 제10조에 근거하여 청소년 육성에 관한 기본계획 수립, 청소년정책의 분야별 주요 시책 및 제도 개선, 청소년정책분석 · 평가, 유관부처 간 청소년정책의 조정에 관한 사항 등에 대해 심의 · 조정하는 기구이다. 여성가족부 장관을 위원장으로 청소년 관련 중앙행정기관의 차관과 청장, 여성가족부 차관이 위촉하는 민간 청소년 전문가 등 총 20명으로 위원회가 구성된다. 2018년 12월에는 청소년정책위원회 위원 정수를 20명에서 30명 이내로 변경하고, 청소년정책을 수립함에 있어서 청소년 참여권 보장을 위해 청소년정책위원회 위원 구성 시 청소년을 일정비율 이상 반드시 포함토록 하는 방향으로 「청소년 기본법」을 개정하여 운영하고 있다.

청소년증

「청소년복지 지원법」 제4조에 따라 만 9~18세 청소년의 공적 신분증으로 대학수학능력시험, 검정고시, 운전면허 시험, 어학시험 등 각종 시험과 금융기관에서 본인 확인, 대중교통, 박물관, 공원, 미술관, 유원지 등에서 청소년 우대 요금 적용이 된다. 2017년 1월 11일부터 교통카드 기능이 추가되어 대중교통 및 편의점, 베이커리 등 가맹점에서 선불결제도 가능하고, 청소년 또는 대리인이 주소지와 관계없이 가까운 읍 · 면 · 동 주민센터에서 신청할 수 있다.

청소년참여위원회

「청소년기본법」 제5조의2에 따라 여성가족부 및 지방자치단체가 청소년 관련 정책의 수립과 시행과정에 청소년의 의견을 수렴하고 참여를 촉진하기 위하여 구성 · 운영하는 청소년참여기구이다. 청소년참여위원회를 통해 청소년이 청소년정책의 형성 · 집행 · 평가 과정에 주체적으로 참여할 수 있고, 청소년 친화적 정책의 구현이 가능하다.

청소년특별회의

「청소년 기본법」 제12조에 의하여 17개 시 · 도 청소년과 청소년 분야의 전문가가 토론과 활동을 통해 청소년이 바라는 정책과제를 발굴하고, 정부에 제안하여 정책화하는 전국 규모의 청소년참여기구이다.

학교전담경찰관(school police officer)

각 초 · 중 · 고등학교에 배치되어 학교폭력 예방 교육과 상담 등을 담당한다. 학교전담경찰관의 역할은 강의로 학교폭력에 대한 경각심을 높이고, 상담으로 학교폭력 가해 · 피해 학생을 선도 및 보호하며, 학부모 및 교사와의 유기적 관계를 유지하여 학교폭력을 예방 및 근절하는 것이다.

학교폭력(學校暴力)

「학교폭력예방 및 대책에 관한 법률」 제2조에 의거하여 학교 내외에서 학생을 대상으로 발생한 상해, 폭력, 감금, 협박, 약취유인, 명예훼손·모욕, 공갈, 강요·강제적 심부름 및 성폭력, 따돌림, 사이버 따돌림, 정보통신망을 이용한 음란폭력 정보 등에 의하여 신체, 정신 또는 재산상의 피해를 주는 행동 모두를 말한다.

학령인구(學齡人口)

학령인구는 교육인구 규모를 가늠할 수 있는 일차적 요인으로 우리나라 학령인구는 만 6세 이상부터 만 21세 인구, 즉 6~11세는 초등학교 해당 인구이고, 12~17세는 중등학교, 18~21세는 고등교육 인구에 해당한다.

한국청소년단체협의회

국내 청소년단체들의 자발적인 민간협의체로 약칭 '청협(靑協)'이라 한다. 국가발전에 이바지할 수 있는 바람직한 청소년 육성을 목적으로 청소년문제에 대한 공동연구, 정보교환, 청소년단체 간의 상호 협력을 도모하고 있으며 청소년관련 정부부처, 유관 사회단체, 각급 학교 및 세계청소년기구와의 연계적인 협력체계를 구축하여 활동하고 있다.

한국청소년상담복지개발원

여성가족부 산하 공공기관으로 국책 상담복지 중추기관으로서 청소년 문제의 예방 및 해결을 위해 일하고 있다. 주요 사업으로는 청소년 상담 및 복지와 관련된 정책의 연구, 청소년 상담복지 사업의 개발 및 운영지원, 청소년 상담기법의 개발 및 상담 자료의 제작보급, 청소년 상담복지 인력의 양성 및 교육 등이 있다.

한국청소년활동진흥원

「청소년활동 진흥법」 제6조에 의해 청소년활동 현장과 정책을 총괄 지원하여 청소년 육성을 지원하고자 설립된 공공기관이다. 주요 정책지원 사업으로는 청소년활동 프로그램을 인증하고 그 기록을 유지·관리·제공하는 '청소년 수련활동 인증제', 청소년 자원봉사 활동의 지원과 기록 관리, 청소년들이 신체단련·자기개발·자원봉사·탐험활동을 고르게 지속적으로 수행하여 꿈과 끼를 개발할 수 있도록 하는 '국제청소년 성취포상제', 수련시설 종합 안전점검 지원 및 안전 관련 컨설팅 홍보, 국내외 청소년 및 청소년지도자의 글로벌 역량강화를 위한 교류활동의 진흥 및 지원 사업 등이 있다. 이와 함께 청소년활동 활성화의 근간이 되는 국립 청소년수련시설의 운영과 청소년지도자 양성 및 전문성 제고를 주된 기능으로 하고 있다.

Wee센터

Wee는 We(우리들)와 education(교육), emotion(감성)의 합성어로, 학교, 교육청, 지역사회가 연계하여 학생들의 건강하고, 즐거운 학교생활을 지원하는 다중의 통합 지원 서비스망이다.

찾아보기

인명

내용

저자 소개

이자영(Lee Jayoung)

한양대학교 대학원 교육학 상담심리 석사

고려대학교 대학원 교육학 상담심리 박사

전 한국청소년상담복지개발원 선임상담원

서울사이버대학교 군경상담학과 교수

현 한양사이버대학교 상담심리학과 교수

대한군상담학회 편집위원장

한국상담심리학회 이사

대한군상담학회 이사

정경은(Chung Kyoungeun)

중앙대학교 대학원 사회복지학 박사

현 초당대학교 사회복지상담학과 교수

한국청소년복지학회 편집위원장

미래를여는청소년학회 이사

청소년문화포럼 편집위원

전라남도 정책자문위원회 위원

하정희(Ha Junghee)

한양대학교 대학원 교육학 상담심리 박사

현 한양대학교 상담심리대학원 교수

한국상담심리학회 이사

한국학교심리학회 이사

청소년 문제와 보호(2판)

Youth Problem and Protection (2nd ed.)

2017년 2월 15일 1판 1쇄 발행
2020년 9월 10일 1판 4쇄 발행
2021년 3월 25일 2판 1쇄 발행
2024년 9월 25일 2판 3쇄 발행

지은이 • 이자영 · 정경은 · 하정희

펴낸이 • 김 진 환
펴낸곳 • (주) 학지사
04031 서울특별시 마포구 양화로 15길 20 마인드월드빌딩 5층
대표전화 • 02) 330-5114 팩스 • 02) 324-2345
등록번호 • 제313-2006-000265호
홈페이지 • http://www.hakjisa.co.kr
인스타그램 • https://www.instagram.com/hakjisabook

ISBN 978-89-997-2372-8 93370

정가 17,000원

저자와의 협약으로 인지는 생략합니다.
파본은 구입처에서 교환하여 드립니다.